《中国名人大传》
ZHONGGUO MINGREN DAZHUAN

纪晓岚传

陈亚强◎著

北京联合出版公司
Beijing United Publishing Co.,Ltd.

图书在版编目(CIP)数据

纪晓岚传/陈亚强编著 . —北京:北京联合出版公司,2013.11(2022.1重印)
(中国名人大传/马道宗主编)
ISBN 978－7－5502－2154－3

Ⅰ.①纪… Ⅱ.①陈… Ⅲ.①纪晓岚(1724～1805)—传记
Ⅳ.①K825.4

中国版本图书馆 CIP 数据核字(2013)第 253190 号

纪晓岚传

编　著:陈亚强
版式设计:东方视点

北京联合出版公司出版
(北京市西城区德外大街 83 号楼 9 层　100088)
北京一鑫印务有限责任公司印刷　新华书店经销
字数 230 千字　710 毫米×1000 毫米　1/16　15 印张
2013 年 11 月第 1 版　2022 年 1 月第 3 次印刷
ISBN 978－7－5502－2154－3
定价:49.80元

前 言

纪晓岚（1724—1805 年），名昀，字晓岚，又字春帆，晚号石云，直隶献县（今属河北）人，清代学者、文学家，乾隆十九年（1754 年）中进士，官至翰林院侍读学士。三十三年（1763 年），因卢见曾一案受牵连，贬至乌鲁木齐。三十五年（1770 年）释还，历官左都御史，兵部、礼部尚书，协办大学士。死后谥文达。

纪晓岚在学问上以汉儒为宗，博览群书，工诗及骈文，擅长考据。先后参与《热河志》《历代职官表》《河源纪略》《八旗通志》等书的编写工作。他为官五十余年，以学问文章闻名朝野，学者皆与之往来，托庇门下。他胸襟坦荡、性格直率、谈吐风趣，骤闻其语，近于诙谐；过而思之，乃是至理名言。

纪晓岚的诗歌，多歌功颂德、应制奏和之作，有"廊庙文学"之称。不过，少数述怀、纪行诗歌尚清新可诵。《乌鲁木齐杂诗》160 首，是纪晓岚流放乌鲁木齐两年后被召还时在途中所作，记述了当地的风土人情，描写优美，有一定的歌谣风味。

乾隆时，曾命辑修《四库全书》，纪晓岚担任总纂官。他负责写定的《四库全书总目提要》二百卷，将《四库全书》所著录之书，一一加以提要说明，详著述大要，叙作者爵里，辨别是非，旁通曲证，使学者知其书瑕瑜之所在；辨章学术，考镜源流，可与西汉刘向《别录》相提并论，是代表清代目录学成就的巨著，影响深远，嘉道以后，被作为读书指南。此外，他还曾主持纂修《大清会典》、"清三通"《清高宗实录》等。其他著作还有《史通削繁》《沈氏四声考》《阅微草堂笔记》《文集》《诗集》等。

《阅微草堂笔记》在写作技巧上沿袭六朝笔记小说，并有所发展、创新，内容广博，较多涉及世态人情而不局限于志怪，叙述故事简洁朴实而又富于理趣，不失为一部很有特色的作品。鲁迅评论说："纪晓岚本长文笔，多见秘书，又襟怀夷旷，故凡测鬼神之情状，发人间之幽微，托狐鬼以抒己见者，隽思妙语，时

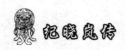
足解颐；间杂考辨，亦有灼见。叙述复雍容淡雅，天趣盎然，故后来无人能夺其席，固非仅借位高望重以传者矣。"

近二百年来，纪晓岚的形象实在是被扭曲得够久的了。在老百姓心中他是风趣幽默的大师；在学者心里，他是博闻强识的通儒；但也有些人称他是御用文人、世故老人。这些看法，都是从某个侧面评价纪晓岚的，不够准确，也不甚公平，甚至过于单一。倘若走进他内心深处，从深开掘，却是更为复杂而丰富的。作为一代通儒，他艰难地生活在夹缝中，有着各种各样的矛盾心态，比如在妇女问题上，他一方面对男女相悦的真挚爱情进行热情讴歌，一方面却又把"夫为妻纲"当成是圣训。而他那一则则短小的论为文之道和为人之道的砚铭，却大多是其真情实感的流露。可以说，纪晓岚集智慧和才干于一身，是历史上一个难得的传奇人物。

目录
Contents

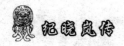

第一章　才子纪昀

一、苦难家史

1. 避难北迁

雍正二年，也就是公元 1724 年，农历六月十五日午时，纪晓岚诞生在直隶河间府献县的崔尔庄。按照当时家族内取名的风俗习惯，纪家长辈给这个刚刚出世的孩子，也选取了一个带"日"字偏旁的"昀"字，表字"晓岚"，他在家族中排行为老四。这就是中国历史上著名的一代文宗纪昀纪晓岚。

河间献县崔尔庄的首广大户纪家，算起来并不是直隶省献县的土著，但人脉却源远流长。据史料记载，纪家的祖籍是应天府上元县的纪家庄户村的村中第一富。明朝开国皇帝朱元璋的第四个儿子燕王朱棣为争夺皇位，假借"靖难"之名，举兵南下，明惠帝朱允炆下令派兵北伐，两军交战长达四年之久，最终燕王攻破南京，得以称帝，并改年号为"永乐"，迁都北京。由于北方主战场连年遭受战乱，生灵涂炭，百姓大量死亡，人口锐减，明政府于是下达全国范围内"迁大户充实畿辅"的命令，纪家大户也于明永乐二年（1404 年）开始北迁。本来迁徙之事，并没有那么大的决心，因为谁也不愿无故迁徙，恰在这时纪家吃了一场官司。当时，上元县闹灾荒，纪椒坡的父亲出于善心开仓赈饥，救济灾民。此举受到灾民的拥护，但遭到了邻村某姓一大户的嫉妒，为了报复，他便找了一刀笔吏给朝廷奏了一本，诬蔑纪氏"要买人心"，"企图造反，推翻朝廷"，接着又花钱买通官府，昏庸的地方官吏，不做任何调查，便将椒坡的父亲收监入狱，解到保定府下到提法司署大牢。为了探监方便，又不致违抗皇上"充实畿辅"的诏令，椒坡便率家北迁。可怜纪家此时已粮仓空空，银钱又都外借，一时无法收回，摊上这等冤狱大事，真好像天塌地陷一般。正在壮年的纪椒坡，只好抛下房产、地亩，连夜逃出上元县的纪家庄户，开始了逃难生活。他挑着一副箩筐，里边装着孩子们，全家十几口，沿路乞讨，夜晚宿在破庙里，白日赶路，终于逃出应天府上元县仇人的地界，然后才敢慢慢地行乞，一直朝北进发。离开老家究竟逃往何方，椒坡心里也没主意。这天恰巧在徐州地界遇到一位算卦的先生，他便向先生问了一卦。那算命先生问完生辰八字，又详细询问了北迁的情形，他便把全部实情告诉了算命先生，然后便用制钱摇了一个"观音神课，三十二卦"，哗啦一倒，那卦象属于"上平"，最后一只黄雀儿从挂在墙上的一个布袋信插里叼出来一根竹签，只见那上面写着一首签诗，先生给他读道：

> 从革宜更变，时来合动迁，龙门鱼跃过，凡骨做神仙。求官小就，谋事有成，讼事家和，病人无妨，求财七分，走失有望，婚姻有成，交易有功。

"哦，恭喜恭喜，看来你一路辛苦北来真是走对啦，一来躲开了仇人，二来可以寻块宝地，延续子孙，发家致富，岂不快哉？"

讨饭的纪椒坡，把身上的所有零钱全都掏出来给了算卦先生，鞠躬答礼，然后说：

"多谢先生吉言。只是我到如今能流落何方，何处才是我落脚安家之地呢？尚请先生赐教一二。"

算卦先生装模作样地用六爻稍加推算，便说："哎，有了，你就往西南方向走吧，看到车上树、牛上房的地方，那就是你安家落脚的地方。"

椒坡是个老实人，听罢算卦先生这话，还真的相信了，只是一心筹划着到哪儿去寻找这个怪怪的地方。他挑着担子，带着家眷，依然是一路乞讨，风餐露宿，就这样穿过了山东，进入直隶地界，经过许多村庄，也没找到这"车上树、牛上房"的地方。有一天，他们一家走进了河间献县地界，来到了一座古镇上，此时天近中午，正赶上村里人回家吃饭，他们便撂下担子，找了一个阴凉处歇歇脚。

这时椒坡的妻子忽然高兴地叫道：

"对啦，对啦！当家的，你看这不正是'车上树、牛上房'的宝地吗？"

正在发愁的椒坡，正好看到有一座毁弃的房屋，一头小牛蹿到屋顶上去吃那青草，又看到在一棵树杈上正挂着一辆纺车，他那饱经沧桑的脸上，立刻露出欣慰的笑容。他抬头看了看四周的地形地貌，觉得这小镇虽然连遭战乱，但屋舍还算整洁，又紧靠着滹沱河、子牙河、滏阳河，三面环水，风光秀丽，树木旺盛，人烟不多，便于发展。看到这一切，椒坡站起来一跺脚，喜出望外，说道：

"好了，这儿就是我们的新家啦！"

这儿就是献县的古镇景域村，距献县城九十里，距沧州城六十里。

2. 落户献县

纪椒坡借住在村中一处闹鬼的宅院，这是一户逃荒外出人家的旧屋。安顿停当之后，全家人便开荒种起地来。次年，也就是永乐三年（1405 年），纪椒坡带上干粮，徒步来到保定府，到提法司衙门的监狱探监，看望在监的老父亲。正值阳春四月，监内瘟疫流行，老太爷也被传染。椒坡见老父已奄奄一息，骨瘦如柴，老人见了自己的儿子，心中不由高兴，拉着儿子的手说：

"哎呀，真是想不到这辈子咱爷俩还能再见面，这可真是老天有眼，老佛爷的恩赐呀！……"

椒坡向父亲讲述了成祖三次下诏令大户充实畿辅北迁的命令，又讲了连夜躲避仇人出逃的经过，和如今已定居献县景城村的情况。老人听罢，枯瘦的脸上，露出一丝微笑，拉着儿子的手说道：

"椒坡哇，北迁此举是好 到底躲开了咱的仇人，我也就放心了。如今我已病入膏肓，绝对逃不出这一劫了。有几句话要嘱咐你……今后，你一定让子孙后代多读诗书，考秀才，中举人，选状元，做大官，为的是不再受别人的欺负，你千万要切记在心，……"

说完这些话，老人便流下了最后的"慈心泪"断气而死。椒坡雇了一辆小车，把父亲的尸体拉回景城掩埋了，从此以后，他就把"读诗书，做大官，不受气"作为纪家的祖训留传下来。这纪椒坡便成为纪家有名字可考的北方始祖。

椒坡不辱父命，不违父训，督促儿孙们读书识字，企盼做高官不受欺负。从此以后，二百多年来，近七世都是读书获取功名的人。比如，椒坡的十世孙纪钰——即天申老人的父亲，官至刑部江苏司郎中，赐赠中宪大夫，后加三级累赠光禄大夫。纪钰有两个儿子，长子叫纪天澄，次子是纪天申，从天申这一代起，景城纪家已是人丁兴旺，天澄、天申老哥俩只好一支留守景城，一支移住崔尔庄，两个村庄相距有二里地。从此以后，人们习惯上就有"景城纪"与"崔尔庄纪"之分。从做官的人数而言."崔尔庄纪"超过了"景城纪"。

纪天申有四个儿子，长子叫纪容舒，次子叫纪容雅，三子叫纪容恂，四子叫纪容端，也都有功名。这时的"崔尔庄纪"，已经是三代一品，建有宫殿式的豪华房屋，乾隆皇帝御笔亲书的"三世一品"的匾额，就悬在大宅门里面的"恒寿斋"大厅里。此时纪氏门庭若亍，十分荣耀，成为献县一带著名的首户望族。关于纪府当年的盛况，在民间曾流传着一首顺口溜，即：

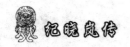

> 上有天堂，下有苏杭，
>
> 数了北京就属崔尔庄。
>
> 崔尔庄哟崔尔庄，
>
> 九门九洞九关厢。
>
> 十字街头跑开马，
>
> 南关园子立道场。

这首民谣当然是没有见过大世面的百姓杜撰的，口耳相传，但由此也可以看出，纪家当年的辉煌。

二、童年岁月

1. 天降奇才

在子牙河畔崔尔庄最大的那条东西街上坐落着一座深宅大院，这就是两代为官的纪府宅邸。

这是一座五进院的宅落，最外层的大门上有饕餮兽头门环，门心和门框都用红色的油漆漆着，大门关闭得紧紧的。纪天申是这座大院中的老主人。纪天申，字宠予，监生出身，曾做过县丞，最后官至礼部尚书，在官场中总算熬到一品，由于年岁已大，体力不支，现已告老还乡，生活在这座大院中，享受天伦之乐。他虽然已八旬高龄，但身体特别健壮，没有老态龙钟的样子。纪天申正在二进院的书房中秉烛看书。他看的是祖父纪坤写的一本诗集，由他父亲纪钰编纂成书的《花王阁剩稿》。由于天气闷热，敞着门窗，街上不时传来嘈杂吵嚷的声音。嘈杂的声音越来越近，没有多久，外面的吵闹已打搅得他没法看书了。他听到街上传来的"火精！快看火精入宅啦！"的喊声，心里特别烦。他自己本身是有学问的人，从不相信什么"火精"之类的事情。据史书记载，相传从五代时"火精"就不断出现，它是女性的化身。今晚虽有"火精"划过长空，但自己年岁太大，动作迟缓，已没有别人那么高的兴致，所以也就闭门不出，不愿看那稀罕事儿了。

深宅大院里静悄悄的，突然，从书案上高脚的烛台灯芯中爆出几朵火花，他心想："灯花爆，喜来到！"会有什么高兴事呢？他沉思了片刻：第一件喜事，纪天申感到自己能够彻底地离开那险恶的仕途，"无官一身轻"是他最好的感受。生活在这偌大的家院里，清净无为，经常到田地里转转，看看乡村人的悠闲生活，常常接受一些乡绅拜望，再看一看闲书，日子也很好打发。第二件喜事，自己的儿子纪容舒，已中康熙癸巳恩科举人。现在正在京城户部、刑部任职，他读书好学，勤勉笃职，每年来家一次，探望父母。回家后，父子俩作诗应对，过得十分惬意。他打心眼里喜欢这个为自己争气的儿子，在他的言传身教下，儿子不像其他的官宦人家的孩子，斗鹌鹑、玩蟋蟀、抽鸦片、耍大钱、嫖娼妓、泡酒楼，纨绔成风。儿子虽然没携眷进京，但闲暇之余，便以读书、编书为乐，已著有《唐韵考》《玉台新咏考异》《杜律疏》等书。纪天申知道做官的儿子谨言慎行，不会出什么问题。

次日，也就是阴历六月十五日，纪天申因为昨晚没有休息好，正在书房凉榻上歇晌，忽然被冒冒失失的丫环慌慌忙忙地叫醒了。这时他正在梦中，梦见一只伶俐的猴子正穿窗进屋，来到竹榻前掀开他的蚊帐想上床。他正惊骇不已，耳畔听见低声唤叫：

"老爷，醒醒；老爷，快醒醒！"

他睁开双眼，坐在床头，发现是儿媳妇房中的丫头桃花，这才从梦中惊醒，忙问：

"什么事？"

"桃花给老爷道喜啦，少奶奶午时刚刚生下一个小少爷。纪府增添人口，这还不是老爷的福气？！"

纪天申心想，这孙子来得有些蹊跷，不同一般，昨晚有"火精"过村入宅，今日做梦又有猕猴进屋上床，莫非孙子真有些不同凡响？！他想着昨夜与今日发生的事情，相信了这些神奇的迹象，以为这孙儿一定是个命大有福的小子，又联想到儿子在京供职，身居庙堂，也不能随便请假回乡探亲，便叹气道：

"容舒不在家，老公公又不能随便进儿媳妇产房，只有让你们多加照顾了。婴儿怎样？"

"回老爷的话，小少爷白白胖胖，一出生就哇哇哭了两声，睁开两只大眼睛四下乱看，一看就是个聪明伶俐的小少爷！"

"少奶奶产后身体怎样？"

"老爷请放心，挺好。"

"好，回去把大少爷给我叫来！"

桃花走后不一会儿，大少爷身着纺绸长衫，穿堂过院，来到纪天申的书房。

原来纪容舒已经娶过三个妻子。元配安氏，生有一个儿子，取名纪晫，安氏不幸过早逝世；继配张氏，沧州人，是纪天申妻子的侄女，也就是纪容舒的表兄妹，张氏没有生儿女就去世了；再继配的夫人就是现在的少奶奶，今天刚生下了

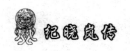

一个小少爷的张氏的胞妹。

　　纪天申所说的大少爷，就是纪晫，今年整十八岁，为人正直，性情敦厚老实。纪晫虽然不十分喜欢读诗书，但他从祖父身上，感悟到朝庭的难处，违犯了做官的法纪，动辄满门抄斩，还不如一生做个平民，倒也轻松自在，心情舒畅。父亲容舒正是看出纪晫这个特点，便把他留在乡下的老家，掌管田产，守业护宅。如今他已是纪家庄园名副其实的当家主人了。

　　他听见丫环桃花说祖父唤他，不敢怠慢，立刻来到祖父的书房，打千问安：

　　"爷爷叫我，有什么事情？"

　　"晴湖，你知道不知道你的继母给你生下了一个小弟？"

　　"桃花刚才已向我报喜。"

　　"嗯，知道就好！你兄弟俩相隔十八岁，你与他真可谓是大哥小弟了。你父亲远在京城供职，你要好好照料你的母亲才是。"

　　"是，爷爷，孙儿遵命。"

　　"有了这个孙子，爷爷非常高兴。一来是你有了做伴的，不会孤单；二来是咱纪家人口旺盛，香火不断，更说明咱宅上是'忠厚传家久，诗书继世长'。你要亲自为你母亲杀鸡炖肉熬鱼汤，让她好好坐月子……"

　　"是的，晫儿记下了。"

　　"回去吧！"

　　纪晫退出爷爷的书房，来到账房，立刻吩咐家人及老仆，赶集购买鸡鸭鱼肉。

　　时间过得很快，一晃到了小少爷出生的第十二天。那时婴儿早殇，一般是由于抽风而死，说是要熬到十二天，就算熬过了危险期，所以生孩子的家庭都有过"十二晌"的习俗。

　　孩子投胎来到为官有钱的人家，当然更要做一做"十二晌"，以为庆贺。

　　庆贺的这一天纪家大院并没张灯结彩，纪天申主要是怕这样一折腾，给孙子损寿，所以一切办得简单朴素，只是让纪家这大宅门里的人们热闹庆贺一番而已。

　　十二晌这天，天气十分晴朗，真可谓是风和日丽，由于纪晫的精心照顾，张氏月子坐得极好，奶水充足，母子健康。中午，纪天申老爷子命奶母李氏把新生的孙儿抱到阅微草堂的上房来，让全家人看看。

　　孙儿穿一身绿袄绿裤，宽宽的脑门，高高的鼻梁，圆圆的眼睛，长方的脸庞，白白胖胖。把他抱到堂屋亮处时，小孩眼珠到处乱转，嘴里还发出咿呀的声音，十分惹人喜爱。老爷子捋着花白胡子，看了许久，才对晫儿说：

"晴湖，因为你小弟出生的时辰，'火精'穿宅，太阳又格外晴朗，火乃日象，爷爷给他取名昀，字晓岚，正与你的名字晫和字晴湖排着。你看他那精灵气甚是可爱，往后你是大哥，要多多疼爱关照这个小弟才是呀！"

"是的，爷爷，孙儿一定做到，请您老人家放心。"

2. 孩童发蒙

雍正二年（1724 年）六月十五日午时，纪府出生的这个属龙的男孩，还带来不少传奇故事。

纪昀长得结实，聪明伶俐，三岁时就能背《千家诗》中的许多首诗。纪家一来客人，爷爷总要让小精灵当众背诵孟浩然的《春眠》、李白的《独坐敬亭山》、王之涣的《登鹳雀楼》、王安石的《元日》、苏轼的《春宵》等著名诗篇。听了三岁小孩童朗朗上口的背诵，客人感到非常震惊，无不称奇。纪昀从小就跟三叔纪容雅对句，四五岁时，目光炯炯有神，夜间还能识物。

除了玩耍，他最喜欢听故事。他几乎天天缠着母亲和爷爷，让他们给他讲故事听。纪天申现在一共有五个孙子，纪昀最小，排行第五。由于他天资聪颖，爷爷纪天申就最喜爱这个最小的孙子。老人每天将他抱在怀里，放到腿上，给他讲传奇故事，谈神话传说，孙子听得入神，记忆力又好，只要他听别人讲过一遍，就能详细复述梗概，故事情节分毫不差。这样爷爷更加喜爱。从五岁起，纪天申便一字一句地教纪昀背诵律诗绝句，教他三四遍，他就能一字不差地背诵出来。老太爷异常惊喜，便下决心好好培养这个孙子。

为了完成教育好孙儿的重任，督促他学习，纪天申便聘请及孺爱先生做纪昀的启蒙老师。

及孺爱先生，河间府交河县人，弱冠之年就考中了秀才，但他直到不惑之年，却还屡试不第，时间长了，他也就没有了科举进仕的想法。但他从没停止读书做学问，一边在家耕种田地，一边读书学习，已将自己培养成一位博古通今、学识渊博的学者，在十里八乡颇有名声。他接连接到纪天申的多封聘书，言词恳切，又兼着和纪家有姻亲，及孺爱实在不好推辞，便来到崔尔庄纪家大院。

及先生来到纪家之后，论姻亲他的辈分小，该叫纪昀表叔，但纪天申家风严格，按师道尊严，他让纪昀叩头正式拜及先生为老师，还让家中仆人收拾了一间朝阳的房子供及先生休息住宿之用。纪天申又专门倒腾了三间房子做塾馆，让他的子孙们在塾馆里读书识字。

开始授课的第一天，及先生以为纪昀年龄太小，开篇教的是《三字经》"人之初，性本善"，每天只教二十多字，原以为教的已经不少，没想到这孩子过目不忘，能一字不漏地背诵出来。一个月不到，《三字经》便全学完了，接着学习

《千字文》，又不到一个月，他将《千字文》倒背如流，及先生惊异地发现这孩子出奇聪颖。两个月后，纪天申听到及先生在自己面前夸奖小孙子，老爷子便要亲自考查一下孙儿究竟学得怎样。有一天，老太爷踱步来到塾馆，便把纪昀叫到眼前让他背书。纪昀一本正经地站在爷爷面前，背着两只小手，晃着小脑袋，便把所学到的功课一口气全都滚瓜烂熟地背诵出来，一字不差。老太爷边听边高兴地捋着花白的胡子开怀大笑。最后老太爷怕孙子只会数落着背诵，还单挑出一些生字要纪昀认，他也一一答对上来。老太爷高兴地拍着及先生的肩膀说：

"纪昀学问长进，全是你及先生的功劳啊！先生学识渊博，以后还望对他严加训导，少夸奖，多督促，不要使他养成骄矜、怠惰的陋习，以使其成才！"

没过多久纪昀就开始读《四书》《五经》和练习写字了。

老太爷微笑地看着孙儿，他那和蔼可亲的目光，忍俊不禁的笑容，使幼小的纪昀十分感动。爷爷抚摸着他的脑袋说：

"昀儿，好好读书吧，咱们纪家就靠你光宗耀祖了！到那时，你做了官，做了大诗人、大才子，爷爷恐怕看不到了，可是在九泉之下，爷爷也会感到十分欣慰的。"

爷爷说话时，由于激动，眼里闪着晶莹的泪光，这使纪昀幼小的心灵非常感动。爷爷和启蒙老师对他的厚望，使他产生了一种如饥似渴的学习愿望。由于他的聪明智慧，为他赢得了一个"神童"的绰号。

3. 托弟教侄

一天，纪府忽然热闹非凡，大门敞开，人来人往，门前车辆云集。纪昀跟邻里的孩子刚挖了一处田鼠的洞穴，挖得许多粮食，他把应得的那一份，给了家境贫穷的孩子，便回家了。

门前的热闹，使他停下了脚步。仆人告诉他说："小少爷，快回家吧，京城的老爷回来了。"

他直接跑进母亲的房里，惊讶地发现一个中年男人身穿朝袍，严肃认真地坐在太师椅上喝茶。

母亲看他站在那里发愣，便说：

"昀儿，快来拜见你爹！"

"爹"，对他是多么陌生的字眼，他都四岁多了，这还是第一次见到父亲。在此之前，他羡慕邻人的孩子家里都有父亲，只有他，虽然听说爹在京做官，但他想象不出爹的样子。今天首次看见他，他感觉这个深沉的男人是如此威严、冷漠，不如农家孩子的父亲那么亲切、随和。

"昀儿，父亲喜欢你，快过来，让爹好好看看你，抱抱你。"

他慢慢地一挨一蹭地走到父亲跟前，纪容舒说：

"听爷爷说你学会了不少诗书，是真的吗？"

"是，你要不信，我背给你听。"

纪容舒听见小儿子能背诵出这么多诗文，心里早已心花怒放，表情也不再那样冷漠，而脸上绽开了一层笑纹。他一把将纪昀抱在自己的怀里，脸贴着儿子那细嫩的脸蛋，说：

"啊，我聪明的儿子，叫声爹，你真让我自豪呀。"

"爹！"小纪昀面带笑容地叫了一声。

这就是纪昀第一次见到父亲的情形。说心里话，纪昀依然对父亲有些惧怕，不像纪天申那样让他感到亲切、慈爱。

纪容舒从京城回到自己的老家崔尔庄探亲，是因为他接到外任诏书不久要到云南姚安去做知府，这一去不知什么时候才能再回到家园，才得以在远行之前回家看看。他的远任，使纪家又喜又忧。喜的是外任是提升的必经之路，忧的是云南遥远，那里的气候不适宜生存，白居易的《新丰折臂翁》和王阳明的《瘗旅文》中都有详细的描述，多少从军之人都命丧于此地，这使家人非常担忧。后来还是老爷子纪天申豁达和富有远见，他揣测外任时间可能太长，路途遥远，途经千山万水，先不要携眷上任为好。纪容舒也认为父亲的主意特别好，有远见，一来免除了妻儿家小的长途跋涉，二来也免得他携家带口上任分心，于是他在家短住了半月，便带上仆人和驭手乘车骑马向云南姚安府去了。

临行之前，容舒拉着纪昀来到三弟容雅屋里，求他帮助儿子读书、作诗、对句。

三、少年时光

1. 对句神童

三叔容雅经常教导纪昀说："世间没有不可属对的事物，只要你用心考虑，总能找到恰当的绝妙好词对答上。"

经过纪容雅一段时间的训练、点拨，聪慧的纪昀便能敏捷地与三叔对答如流。叔侄俩看见事物出题属对，你出他对，一问一答，纪昀虽小，出语非凡，妙语横生，一大一小都非常恢慰惬意。他几乎每天都来三叔家练习属对。

一天，纪昀十分高兴，塾馆散学后便蹦蹦跳跳来到三叔的院里，他咳嗽一声走进屋去。容雅知道侄儿最近对句有了瘾，见他进来，便放下手里的书，说：

"昀儿，你看咱这屋里还有何物件没有对过？就以它为题出对儿吧！"

纪昀瞅着屋里的桌椅、书画、花架、文物格子，心想这些早已对过。忽然间把目光落到里间屋，看见三婶母正坐在炕沿上做针线活，双腿下垂，脚穿两只红缎子绣花软鞋，非常鲜亮，他就冲三叔挤眉弄眼，指了指三婶母的那双小脚说：

"三叔，婶母的那双脚没有对过。"

三叔不由得微微一笑，便说出一个上联道：

"三寸金莲瘦。"

纪昀眨了眨那双机灵的眼睛，马上就对出：

"一对绣鞋轻。"

"对得好，对得好！"三叔拍手称赞，哈哈大笑。

坐在一旁的三婶娘听出这对句是拿自己的脚开心，便停下手里的活儿，假装嗔怒地抄起扫炕笤帚，追着纪昀骂道："好你个小子，这也是你拿来作对的吗？"

容雅笑着拦住妻子，说：

"谁人不有脚？"

纪昀听出这是三叔说出的又一句上联，便向三婶道了一个礼说：

"何必动无名？"

"好对，好对！"三叔又拍手赞叹着。

"去去去……都给我滚！"他们叔侄俩说说笑笑地逃出了屋子，在院子里捧腹大笑起来。叔侄俩的滑稽样儿惹得三婶也笑了。

在以后的日子里纪家的子弟越来越多，再加上"景城纪"的子孙已有三四十人。由于纪家子孙逐渐增多，于是便在靠近崔尔庄与景城两村之间，盖了一处塾馆，及孺爱老先生便给这纪家子弟班每天增加了一堂对句课。因为纪昀年龄太小，这一课就不让他上了。一天，放学回家已久，玩耍心切的纪昀左等右盼也没把哥哥纪昭等回来，他心里纳闷，感觉不放心，便又重新跑回塾馆。问了刚刚放学的同学，他们说纪昭哥哥去上对句课了，其他学生都对上了，只有三叔家的纪昭没有对上，被留在塾馆的课室里。纪昀探头探脑，跷起脚来往屋里看，果真看见纪昭站在先生跟前，满脸汗水，低头苦苦思索。纪昀想到肯定是哥哥不会对句子，心里就替哥哥着急。

这时，及老先生看到了门旁的纪昀，便走出来对他说："纪昀，你自己先回去吧！你哥哥对完对子再回去。"

纪昀连忙问：

"先生，是什么对子那么难呀？"

及先生用手指了指那院里垛着的苇垛说：

"那苇草上面苫着的是席子，席是用苇子编织的，我的上联是'苇草编席席盖苇'，纪昭没有对上。"

这时，天色已晚，在地里耕作的农民都纷纷回家。一个农夫摇着鞭子赶着犍牛从塾馆门前经过。纪昀发现这一情景，立即得了一个妙句，于是便说：

"先生，这次由我替哥哥对上这个下联吧！我对的是'牛皮拧鞭鞭打牛'。"

及孺爱先生一听，深感惊疑，将纪昀对的下联接连吟了两遍，摇头晃脑地说："哎呀，纪昀你才四岁半，对句如此绝妙，反应这样敏捷，真是一位神童！"及先生因有这样奇才的学生，乐得哈哈大笑，然后又打问他："纪昀，不想你这小小的年纪就能属对，你是什么时候学对句的？"

纪昀站立着，恭恭敬敬地回答说：

"去年开始，我和哥哥就跟三叔学对句了。"

"我以为你太小，没让你上这门课，这样，从明天起，你也来上对句课。"

及老先生自从发现了这个神童之后，心里一直十分高兴。他想纪天申对他这样尊重，待遇又高，礼物丰盈，他一定要将纪家这棵幼苗培养成才。有一天，及先生想道：上次纪昀替纪昭对的句，固然准确活泼，但所对的物事太简单，等我再出一难度较大的人事让他对句，试试他能否对答上来。对句课开始了，学生们正在挖空心思做先生布置的作业，有的学生正在仰面出神。看了此景象，老塾师便随口出了一联：

"懒弟子仰面数椽，一二三四五六七八九十。"

塾馆里鸦雀无声，学生们彼此面面相觑，这对句难在十个数词难对。所以学生无一抢答。及先生便朝纪昀望去，打量他能不能对答。纪昀眨了眨眼睛，沉思片刻，便从书桌旁站起来，轻松地对答道：

"瞎先生低头算卦，甲乙丙丁戊己庚辛壬癸。"

及先生听后，连声夸道：

"对得绝妙，的确是奇才，奇才啊！"

2. 童试扬名

转眼间纪昀已经七岁，两个叔叔带着他到城里去应童子试。献县考场设在贡院大街的"瀛洲书院"。书院十分宽敞明亮，三面都有藏书楼，另一面陈列着历代皇帝的御赐石碑。院内绿树成荫，环境十分优雅。纪昀早早跟叔叔来到，与一群考生在院中追逐着戏耍。这时，忽然教谕陪着主考官来到书院大门。纪昀来不及把他手里玩耍的树枝扔掉，便塞进袖筒里。教谕发现了他这个动作，觉得这个小孩非常机灵，便走过来对纪昀说：

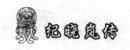

"你这娃儿，挺'调皮'，书读得怎样？"

纪昀毫不拘束，回答道：

"待会儿考试，大人就知道了。"他十分自信地说。这倒把教谕给逗乐了，他说："现在没入考场，我先考你一下。我给你出一对句，上联：小童子暗藏春色。"

纪昀笑了笑，知道教谕是说他袖筒放树枝的事，便立即对出下联："老宗师明察秋毫。"

教谕听罢，十分惊奇，想不到这个活蹦乱跳的娃子对答的联语是这样工整无误，还反应如此迅速敏捷，便称赞道：

"好，好！神童，绝对的神童，名不虚传！"

过了一会儿，参加考试的童子陆续进入考场，纪昀在教谕的陪伴下，也进入考场。他们的主考官是一名登科才三年的青年秀才，正是踌躇满志满怀信心的时候，不由得有些锋芒外露，行为张狂。纪昀被领进考场，考官得知这个孩子就是献县有名的纪府上的后生，还有"神童"的绰号。主考官便轻率地故意戏谑纪昀，又听说这学童喜欢属对，便随口说出一个上联：

"七岁儿童，岂有登科大志？"

纪昀一听这联语有蔑视他的味道，马上就回敬了青年秀才一个下联：

"三年经历，料无报国雄心！"

考官一听，不由得暗暗自语："好个七岁神童，果真出口不凡。"但考官表露出不服的样子，还想出较难的对句难为纪昀。见考场前边的寺庙里有一座七级宝塔，他就又来了一个上联：

"宝塔六七层，四面东西南北。"

纪昀不假思索，便对答如流：

"宪书十二月，一年春夏秋冬。"

考官听罢，也不得不赞叹这孩子思维迅速敏捷，才华出众，这时考官一抬头，忽然发现门上绘着神荼、郁垒两位门神，就又对纪昀出了一对句：

"门上将军，两脚未曾着地。"

小纪昀听罢，稍微考虑了一下，便出了下联：

"朝中宰相，一手可以托天。"

考官听后，非常佩服，他激动地连声叫道："好！实在是好！神童，神童！果然是神童，确实名不虚传！"

在主考官的赞扬声中纪昀的童子试通过了。从此，他"神童"的绰号很快就传遍了献县的大小角落，也给纪家带来更高荣誉。

3. 智斗狂生

有一次，塾师及先生同纪昀说：

"纪昀，你对句出了名，今天就有一位书客专门来要和你对对句。你喜欢见他吗？"

纪昀听罢及先生的话，心里暗自庆幸，他想跟这上门拜访的书客学点知识，增加点学识，这事何乐而不为呢？于是他就跟着及先生来到他的书房。

纪昀一到及先生的书房，就发现圈椅里坐着一位看上去面黄肌瘦的书客，态度十分傲慢，外表阴阳怪气。他见纪昀蹦跳着进屋，便满不在乎，盛气凌人地说：

"老生久闻'神童'大名，专程到纪府相访，看看你的庐山真面目，难道你就是那享有'神童'美誉、闻名全县的纪昀不成？"

纪昀向前恭恭敬敬地给书客行了一礼，回答道：

"承蒙先生抬举，神童不敢当，小的是顽童纪昀，先生过奖了！"

书客扫了纪昀一眼，觉着这个乳臭未干的顽童，恐怕是由于出自富豪名门，才有人把他吹捧得神乎其神吧？就算他真是那块料，又能成多大器呢？！这么一想，便也斜着眼毫不谦逊地说：

"嗯，我也是走南闯北不知到过多少地方的人，走过的桥比你走的路还多，吃盐比你吃的粮还多，真神童，还是假神童，暂且不说。我现在出一句联语，你同意对答吗？"

纪昀立刻回答：

"小生愿意献丑，请先生赐教。"

书客沉吟了一下，便出了上联：

"二猿伐弯树，看小猴子如何下锯。"

纪昀听后很不高兴，书客出的上联是一语双关，带有讽刺和贬义的味道，题目又很刁，纪昀压下心中的火，稍假思索，立即对出了下联：

"一马犁泥田，瞧老畜生怎样出蹄。"

他也同时回了一个一语双关的对联，他就用这个辛辣的句子回敬了这个书客的讥讽、轻蔑。书客一听，觉得这小小顽童不可轻视，果然对答非凡。虽然这小子骂他是"老畜生"，可是这对句十分贴切、工整，他又不好挑剔，只好吃个哑巴亏。

"好，老先生，顽童有事，先走一步了！"纪昀趁书客迟疑不决的时候，便溜之大吉了。

自从纪容舒远行外任后，纪容雅受大哥的托附，在负责教他儿子纪昭时也同

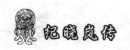

时负责教授纪昀对句的功课;四叔容端负责监督纪昀上学。

4. 太守惜才

有一天,担任纪昀童试的主考官从崔尔庄的街上路过,他现在已提升为河间太守,他看见一群孩子正在路边玩耍。忽然间,一球正打进太守的轿子里,太守忙让轿子停下,轿夫们、衙役们一块朝着玩耍的孩子们喝斥吓唬起来。那群小孩,全都让他们吓跑了。最后只剩下一个孩子站在轿前不走。他的眼睛转来转去,盯着这帮陌生人,丝毫没有畏惧的意思。太守下了轿子,感觉有点奇怪,瞧了一会儿,猛然一看,认出这个孩子正是去年参加童子试的纪昀。

纪昀看着太守笑了,他这时认出了这位太守就是他参加童子试的主考官。他连忙向前很有礼貌地施了一礼,说道:

"拜见宗师大人!"

太守拿着球,问他:

"是你的球吗?"

"正是晚生之物。"

太守有意板起脸,严肃认真地责问道:

"不在家好好读书,跑到大街上戏闹玩耍,还竟然把球打入我的轿子里,你们也太调皮了!"

纪昀低头谢罪赔着不是:

"后生知罪,所以不敢离开,站在这里等着给大人赔罪。"

太守被这伶牙俐齿的孩子说得兴奋起来,他手托着球晃了一晃说:

"这样吧,我给你出一个对句,你要对得出,我就把球还给你。"

纪昀忙答:"望大人指教。"

太守忙说上联:"童子六七人,惟汝狡!"

纪昀沉思片刻,便忙回答道:"太守两千石,独公……"

说到这里,他停住了话音,太守看着他那两只会说话的小眼,在自己的脸上望来望去。

"怎么不把最后一个字说出来呀?"太守问他。

纪昀吞吞吐吐地答道:

"大人如果把球还给后生,那我就对'独公廉';如果大人不肯把球还给我……"

"不还给你怎么对呀?"

"那便是'独公贪'啦!"

太守看这孩子聪明伶俐却又不惧怕任何人,又是名门后代,日后肯定成大器，前途不可估量，心中暗暗自喜，便把球还给了他，并说："回家禀报令尊，说本府前来拜望。"纪昀抱走球，给太守施了一礼，转头就走了。

不知不觉太守的官轿来到纪府门前，刚刚从云南外任回家探亲的纪容舒早已恭谨地迎到门外，连连作揖说："哎呀，年兄，辛苦啦！"

太守笑着说："纪大人回乡探亲，怎么不事先通知我一声呢？"

容舒笑说道："年兄公务繁忙，我怎敢打扰，在下本打算过几日到府上拜望，不想年兄先我一步，惭愧，惭愧！"

二人互相寒暄着，步入客厅。太守坐下，容舒亲自泡茶斟水，并问道：

"年兄近日别来无恙？"

太守长叹了口气，回答道：

"唉，怎么说呢，真是一言难尽啊！自从我们在丙午年间分开，在下一直在四川与贵州之间做事，历尽艰辛。去年总算承蒙圣恩，调到河间任太守一职，如今倒也心安理得了。"

太守与容舒正说着话，纪昀懂事地端来两碟枣儿来招待太守。其中一碟已经熟透，是旻枣；另一碟是鲜枣，放到桌子上，请太守大人一一品尝。太守先拣了一颗鲜枣品尝起来，味道生甜稀脆，便连声叫着：

"好枣，好枣！"

这时容舒拿了一颗熟透的旻枣，笑着递到太守手中，说道：

"年兄再尝一尝这种，你可知道我们乡村的小枣为什么同其他乡的小枣味道不同吗？"

太守听后，觉得有些愕然，问道："这样说，贵乡小枣还真有特别之处吗？"

容舒引以为豪地说："年兄请看，"边说边将枣子慢慢掰成两半，缓缓拉出无数条细细的金丝来，接着又说，"敝乡小枣因此得名，被人们誉称为金丝小枣，常吃这小枣具有健身强体之功，当地老百姓都说'日食三粒枣，岁岁不见老'，因此盛名天下。我村的枣树栽培已有数百年的历史。"

太守听容舒说后，抓起几颗旻枣，尝试着拉丝，果真颗颗金丝不断，使得太守赞不绝口，连称"妙哉，妙哉！"。这时，太守忽然抓起纪昀的手，拍着他的肩膀说道："贤契，就以这金丝小枣为题，作一首诗怎样？"

纪昀揉揉小鼻子，看看父亲。容舒用一种鼓励的眼光冲他点点头，他抬头想了一会儿，吟道：

　　　　八月剥枣时，檐瓦晒红皱；

　　　　持此奉佳宾，为饱恐不厚；

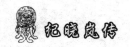

岂知备赞谒，兼可登笾豆；

桂子不可食，馨香徒满袖。

太守听了这小小的孩童赋诗朗朗，不由得赞叹道："奇才，地灵人亦杰也！"

四、科举之路

1. 连中二元

乾隆九年，纪昀已经二十一岁了，结婚也已近四年，对纪昀来说人生四大喜事，就差金榜题名了。长子汝佶也已咿呀学语，初为人父的纪昀也变得越来越精神焕发。在当年的童试中，他表现得非常突出，通过二月的县试、四月的府试，顺利参加了河间府举行的由学政大人主持的科试。学政的主要职责是"掌一省学校士习文风之政令"，三年一任，于子、卯、午、酉年八月由皇帝亲自选派，"一经领敕，次日即行赴任"。到任之后，学政就要依次巡视所属学校，第一年举行岁试，第二年举行科试，他们这样做的目的和基本任务就是从童子生中选拔优秀的生员。纪昀这年参加的正是直隶学政赵大鲸莅任第二年所举行的科试。赵大鲸，别号学斋，浙江仁和人，雍正二年进士，授翰林院编修，乾隆八年八月，以都察院左副都御史出任直隶学政。这次科试中，纪昀的才华开始在考生中崭露头角。赵大鲸也是属于那种慧眼识珠之人，发现了聪明伶俐、智力超常的才子。他想，纪昀将来必定能成为一匹驰骋万里的"千里驹"。赵大鲸特别选拔纪昀为本次科试第一名，从而让他成为郡库里面的高才生。

优异的成绩，没能成为激发纪昀前进的动力，反而使他变得骄傲自满起来，赵大鲸给予纪昀科试头名后，飘飘然的纪昀仿佛如一股势头正劲的旋风回旋在空中。他没有了方向和目标，学习的劲头顿减，昔日狂飙转眼变成了一缕弱流。

乾隆九年九月，赵大鲸任直隶学政整整一年后便离任而去。继任直隶学政的是工部侍郎吕炽。吕炽，字克昌，号暗斋，广西临桂人，雍正五年进士。吕炽接过赵大鲸手中学政的担子，同时也了解了学子们的概况，本年科试头名纪昀不可能不引起他的注意。然而，在随后的多次例行考试中，吕炽怀疑他的前任是否看走了眼，因为献县有名的才子纪昀只考了个四等。袁枚在他的《随园诗话》中云："少年纨绔，无恶不作，尝考四等，为乃父所逐出。"民国时期的《献县志》卷五也讲纪昀于乡试取得解元后，因此前应试"文不入格，列四等"，"世反谓学使无目。自此学使于四等辄审慎焉"。

　　清代的考试当中，岁试、科试都是通过考试依照成绩分为六个不同级别：第一等是文理平通者，第二等是亦通者，第三等是略通者，第四等是有疵者，第五等是荒谬者，第六等是不通者。依照"六等黜陟法"规定：凡考生的成绩列为四等的，原来的廪生不挨板子，暂时保留廪生名分，每年国家提供的四两纹银的助学金就要被扣留，限期罚读半年，然后进行补考。家有良田千顷，并且为献县首富的纪家，自然不会在乎那四两纹银，但是丢不起这个人呀！没有了童子试时的荣誉，纪昀从头名飞速直下到四等。纪昀下滑得也太快了，这使得望子成龙的纪容舒大发雷霆。考试成绩列为四等，是纪昀自己一手造成的，过错应该由他本人承担，埋怨学使没有道理。还好，纪昀能知错改错，没有枉费赵大鲸的伯乐之选。

　　三年的府学生活很快又过去了，转眼又是一个大比之年。《周礼·地官·乡大夫》中有"三年则大比，考其德行道艺而兴贤者能者"的句子，因此，人们把乡试看作大比之年。清代的科举考试制度规定，乡试每三年举行一次，在子、卯、午、酉年举行，被称为正科。遇到皇帝登基、万寿等庆典活动，特别举行的一次考试，被称为恩科。纪昀的父亲纪容舒就是康熙五十二年（1713年）万寿恩科举人。乾隆十二年（1747年）是丁卯年，这次是正科。

　　和纪昀一起参加此次乡试的还有他三叔家的堂兄纪昭。清代乡试第一场定在这年的八月初九日，第二场是十二日，第三场是十五日。这次乡试，第一场考试的题目为《四书》《五经》方面的八股文，第二场考试内容有试论一篇、表一通、判五条，第三场考经、史、时、务、策共五道。我们从《纪文达公遗集》中的《拟赐宴瀛台联句并锡赉谢表》《诚五常之本百行之源也论》两文可以看出，纪昀的才华集中展示在赋体上面，他极尽铺陈排比之能事，发挥得淋漓尽致。首先发现这匹千里马并给予热情推荐的是陈锷。陈锷浙江钱塘人，乾隆四年进士，十二年，以吏部员外郎任顺天乡试同考官。

　　本次考试，人才济济。主考官阿克敦、刘统勋第一次看到大兴考生朱珪的试卷，已是赞叹不已，原打算定为第一名。等看到同考官陈锷呈荐上献县纪晓岚的文章，特别是第二场的《拟赐宴瀛台联句并锡赉谢表》答卷，两位主考官被这篇文章展示出来的才华所折服，马上改定纪昀为第一。

　　到底是何文章能够令阿克敦和刘统勋改变初衷呢？据《清史稿·高宗本纪》记载，乾隆十一年（1746年）八月二十七、二十八两日，皇上分别赐宴宗室王公、大学士、九卿、翰林、科道等大臣于瀛台，君臣联句赋诗，赏花钓鱼，其乐融融，奖赐有别。这是清朝皇帝第二次举行如此盛大的宴会。这次考试就是以这

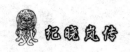

次瀛台宴会为背景，要求考生，模仿宴饮时众臣口吻，作一篇答谢皇恩的表文。纪昀从小喜欢辞赋，一见到题目，便心中欢喜，思绪万千，他以铺张、渲染的笔法，把这场"千秋旷礼"描绘得富丽堂皇、盛况空前。

有了圣主，才有盛世；有了盛世，才颁盛典。纪昀描绘宴会前，首先把浩荡皇恩、太平盛世大加颂扬了一通：

> 伏遇皇帝陛下，虹璧当阳，龙图启运。泽洽四表，薰风入舜帝之琴；德讫八荒，瑞露浮高辛之瓮。云生于牖，松生于栋，无为宰万化之原；乐以为御，德以为车，有道识一人之庆。固已民康物阜，不殊华胥之游；远义迩安，宛似春台之乐。九年耕而三年食，世登含哺鼓腹之天；十日雨而五日风，人识位育中和之化。

纪昀笔下的宴会，恰如蓬莱仙境，优雅缥缈：

> 参差贝殿，疑浮弱水之三千；隐现珠楼，似见昆仑之十二。沧洲晓气，化为宫阙之形；阊阖秋风，吹入金银之树。

接着，纪昀描绘君臣宴会：

> 青龙布席，白虎执壶，四渎作杯，五岳为豆。琳琅法曲，舜韶奏而凤凰仪；浑穆元音，轩乐张而鸟兽骇。红牙碧管，飞逸韵以干云；羽衣霓裳，惊仙游之入月。莫不神飞而色动，共酌太和；感觉心旷而情怡，同餐元气。

接下来纪昀这样描绘群臣瀛台赋诗：

> 天章首焕，落一串之骊珠；御笔高标，扛百斛之龙鼎。葛天浩唱，不推羲绳以前；丛云奥词，漫道娲簧而后。因之句成七字，仿汉事以联吟；人赋五言，分唐诗而探韵。宫鸣商应，俱协和声；璧合璋分，细裁丽制。歌叶八伯，共依缦之华；颂出九如，齐上冈陵之祝。

随后，纪昀又描绘起君臣赏花钓鱼：

舟浮太液，惊黄鹄以翻飞；帐启昆明，凌石鲸而问渡。指天河之牛女，路接银潢；搴秋水之芙蓉，域开香国。寻芳曲径，惹花气于露中；垂钓清波，起潜鳞于荷下。檀林瑶草，似闻金谷之郁芬；桂饵翠纶，喜看银盘之拨刺。

洋洋洒洒两千余字，词藻瑰丽，引经据典，浮想联翩，骈散兼用，博学蕴含其中，才气显露于外。《熙朝新语》卷十四中讲道："文达公其时年甫弱冠，场屋中乃有此赡丽之文，洵不愧一代作手。"不要说考官了，就是皇上如果看到这样的谢表肯定也会龙颜大悦。

2. 殿试遭厄

是秀才就想中状元，而连中三元则是他们最高的追求。清代乡试、会试、殿试的第一名分别称为解元、会元、状元，合称为三元，如果在乡试、会试、殿试中连续都取得第一名就被称作连中三元。据统计，从实行科举考试以来的一千三百年间，进士科连中三元的仅有十八人，概率是十分低的。只有非凡的人才会有这一想法，一般人是不敢奢望的。稳稳当当中个进士就很不错了。联捷进士，就是在乡试中举后，在随后的会试中进士及第。

乾隆十三年（1748 年）春天，乡试获得解元的纪昀，又第一次跨进会试的贡院。在清代，会试和乡试都是考三场，第一场都是考《四书》。《四书》文共三篇，这部分考试内容，对于考生的录取具有决定性的作用。乾隆皇帝曾讲道："国家设制科取士，首重者在《四书》文。"考官阅卷也是如此，"必先阅头场，择其清真雅正合格者，再合较二三场。"《四书》文如果考不合格，其他的文章再好也很难被录取。考生们更是想开门红，引起考官的关注。所以，《四书》文便成为他们追求的重中之重。

这年第一场三道《四书》文的题目是：

《大学》"好人之所恶'二节
《论语·八佾》"子曰：'呜呼！曾谓泰山不如林放乎?'"二句
《孟子·尽心上》"鲁君之宋，呼于垤泽之门"二句

也许是太自负了，考试时，纪昀竟然敢打破常规，来了个以经破题。聪明绝顶的纪昀或许认为使用别的经文来破《四书》文题，自己更加得心应手，也更能显示自己的才华，于是，便自作聪明地依照自己的想法写了下去。在《笑笑录》一书中，有关于纪昀这次考试的故事。故事中讲道，刘墉的侄儿在北京给刘墉置

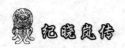

办了一座院落，好长时间不去住。有人问刘墉的侄儿，他回答说："叔叔不很满意。"纪昀于是集《四书》句子作破承，讽刺这个阳奉阴违的家伙："旷安宅而弗居，敬叔父也。甚矣，地之相去也，千有余里，恶在其敬叔父也。噫！为其为相钦！"这篇集句文虽言语不多，却极有说服力，极具有宋代王安石《读孟尝君传》的味道。可是他偏偏忽视了这种文字游戏，一本正经的大雅之堂是绝对不能这样做的，聪明反被聪明误。尽管翰林院编修程景伊极力推荐他，但是，主考官一眼就看出了他的小聪明，不问青红皂白，提笔一挥，纪昀便被挡在了进士的门槛之外。

第二章　初登仕途

一、仕途顺畅

1. 纪昀明志

纪昀终于走上了仕宦之途，自己可以扬眉吐气了，也可以为祖上争光了。此时他心潮起伏，久久不能平静。他又想到了京都父亲的教诲和自己孜孜以求的情景。

纪昀来到京都以后，每日苦苦攻读，并常常能够聆听父亲的教诲。一日，纪容舒来到书房对儿子说：

"昀儿，今天我想和你谈谈。"

纪昀听罢，急忙放下手中的书，说道："是，孩儿遵命！"

纪容舒说道："如今你已成家立业，并且也已娶妻生子，又中了举子。要切记，在读书之余，还必须了解些家事世事，不能只一味地坐着看书。自明朝以降，道学越来越被推尊，科甲也愈来愈重，聪明而狡猾的人坐讲心学以附庸风雅，朴实无华的人顽固保守以求得功名。可是，到头来，这不仅仅误国，而且也自毁其身。"

纪昀默默地聆听着父亲的教诲。

纪容舒接着说："比如我们纪家吧，也有过这方面的教训啊！明崇祯十五年（1642年），咱祖上为躲避土寇，曾经迁移到河间府城。没过多久，土寇又追来，全家不得不再次准备出逃。就在这时，你的两位曾伯祖景星、景辰，忽然发现邻居家一个老汉望着两扇门上斑驳的画像，唉声叹气地说：'如果今天有人像尉迟敬德、秦琼那样，百姓们也不至于这样受罪啊！'你的曾伯祖听到后，马上同那老汉争论起来，说道：'老伯不对啊，此门神乃是神荼、郁垒之像，不是尉迟敬德、秦琼！'那个老汉很不服气，反驳说：'我这么大年纪还能弄错？元朝的道士丘处机，他写的那部《西游记》上，明明写的是尉迟敬德和秦琼嘛，怎么会是神茶、郁垒呢？岂有此理！'你的曾伯祖依然不紧不慢地和他辩论着说：'丘处机一小小道士，地居僻壤，孤陋寡闻，其言不可信也！'那老汉又问：'道士之书不足信，你们所说又有什么证据？'你曾伯祖笑着说：'老伯不要着急，我们有一本汉朝东方朔著的《神异经》，上面写得清清楚楚。辰弟，去拿来给这位老伯看！'此时府城外的炮声传来，越来越近，大街上逃难的百姓早已稀稀落落，你的两位曾伯祖还举着《神异经》说道：'老伯请仔细看看这本书！'"

屋里的气氛十分沉重，纪容舒长叹一声，十分感慨地接着讲下去："结果，土寇攻克城池，你的两位曾伯祖和全家，全都死于乱军之中。他们在当时都是闻名乡里的秀才，然而在这危难之际，竟然还十分认真地考证古书的真伪，这难道不是抱残守缺而不明世事吗？"

父亲的谆谆教诲，纪昀牢记心里。

在京城生活的这段日子里，他开始研究起经史来，并且还写了一部《通史削繁》。

一日，纪容舒来到书房，问纪昀：

"昀儿，这段日子你都在做些什么？"

纪昀看到父亲进来，匆忙放下手中的笔，站起身来，答道：

"孩儿从小喜欢史书，但是遍观史书名著，卷帙十分浩繁，比如国朝钦定的《元史》、宋代司马光的《资治通鉴》、朱熹的《通鉴纲目》、明朝王世祯的《纲鉴》、袁了凡的《纲鉴》以及《纲鉴易知录》等等，这些全都是鸿篇巨制，翻阅起来十分不方便。孩儿想写一部简史，名为《通史削繁》，刚刚完稿，我的好朋友孙同取走评阅了。孩儿正在写跋文，不知父亲意下如何？"

纪容舒沉思一会儿说：

"著述之道，关涉史纲，应当慎之又慎，切记不要菲薄前人，好自为之！会试马上就要到了，切忌粗心大意！"

纪昀永远难忘。

2. 金榜题名

乾隆十九年（1754 年），岁在甲戌，这年是会试年。

纪昀自从到达京城的第一天起，就开始了攻读，废寝忘食，终于盼到了这次会试。

此时，恰逢乾隆盛世，文风鼎盛，人才济济。纪昀此次会试的得意之作是一篇"表"，即《拟修葺两部坛宇及先农坛告成谢表》。由于功力深厚，纪昀自忖成绩还可以。四月十五日放榜，由于这时正值杏花怒放时节，故称"杏榜"，榜盖礼部大印，张挂在礼部。纪昀榜上有名。

纪晓岚也就不得不等待下次机会了，这一等，就是六年之后的事了。

乾隆十五年四月十六日　纪昀的母亲去世。纪昀居丧守孝，直到乾隆十七年八月。两年多的守孝使他失去了乾隆十六年会试的机会。到了乾隆十七年，朝廷为了祝贺皇太后六旬大寿，特开恩科，在三月里举行乡试，八月举行会试。这本来是一次机会，或许是因为纪昀孝服刚除，而没有参加这次会试，他的好友秦大士在这次恩科中夺得了头甲状元，另一位好友卢文弓则考取了第三名探花。两年以后，三十一岁的纪昀等来了甲戌正科会试。关于会试的时间，清前期曾多次变动，最初定在二月。雍正五年（1727年），由于"二月节候，天气尚寒"，临时把考试日期定为三月。乾隆十年（1745年），再次因为二月"天气尚未和暖"，而把考试日期定为三月，此后便成为定例而没有再改动。会试分三场，每场三天。第一场在初九日，第二场在十二日，第三场时间是十五日。会试主考官称为总裁，清初任命内阁大员四人或六人，最多至七人，后改为二三人或四五人来担任该职。会试同考官，清初是二十人。在顺治十五年（1658年），把会试同考官人数定为十八人，也就是人们通常所说的"十八房"。乾隆十九年（1754年）会试主考是内阁大学士陈世倌、礼部侍郎介福和内阁学士钱维城三人。纪昀考了第二十二名，房师是孙人龙。

会试以后，便是殿试，殿试在科举考试中是非常隆重的。殿试的地点，最初是在天安门外。到了顺治十五年，礼部因"临轩策士，大典攸关"的缘由，奏准"于太和殿前丹墀考试"。乾隆十九年（1754年）四月二十六日，纪昀就是在故宫太和殿丹墀参加的殿试。才思敏捷的纪昀在殿试中发挥得相当好，心想自己有可能得个第一名。谁料想揭榜后，头甲都被南方人得去：状元是江南阳湖的庄培因，榜眼为江南嘉定的王鸣盛，探花是浙江仁和的倪承宽。纪昀只考取了二甲第四。这一年的殿试真可谓"最号得人"，"所得如王礼堂、王兰泉、纪晓岚、朱竹君、姜石贞、瞿大川辈，皆称汲古之彦"。到了后来，这些人"老师宿儒，以著述成家者不一；高才博学，以词章名世者不一；经济宏通，才猷隽异，以政事著能者不一；品酒斗茶，留连唱和，以风流相尚者不一"，但是，四十三年以后，纪昀曾讲："计甲戌一榜，以文章受知者莫如余。"科举考试考的内容就是文章，而后来纪昀的仕途经历，说明了纪昀当年所具有的实力。

殿试揭晓后，一甲三名立即授职，状元授予翰林院修撰，榜眼、探花授予翰林院编修，剩余的新科进士则还要参加在保和殿举行的朝考。纪昀并没有受殿试成绩的影响，在朝考中考得相当不错，然后把复试、殿试、朝考三次所得成绩进行综合，纪昀因成绩不错被选为庶吉士，进入了翰林院，从此开始了他的仕宦生涯。

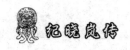

会试之后，紧接着是殿试。

殿试后皇帝首先接见前十名，被称作"小传胪"，十一名以下，陪考大臣再定出二甲、三甲，皇帝在太和殿接见他们，被称作"大传胪"。一甲被赐予"进士及第"，二甲被赐予"进士出身"，三甲被赐予"同进士出身"。用黄色绫张榜长安街，因此被称为"金榜"。

大传胪以后，礼部赐宴，被称为"恩荣宴"，即通常所言"琼林宴"。皇帝亲自宣布名次，然后开宴招待新进士。新进士得到皇帝的如此宠爱和垂青，无不感恩戴德，高呼万岁。纪昀中二甲进士，此时此刻也如醉如痴。诚惶诚恐的进士们谢完隆恩，然后拜师。在清代，正副总裁被称为座师，十八房阅卷官被称为房师。恩荣宴后，新进士要到太学拜谒孔子，叫作"释褐"，意思是要感谢圣人经书的教诲，而且要集体行礼，簪花披红饮酒而出。

殿试之后是朝考，纪昀此次朝考，作文三篇，即《拟修定科律诏》《拟请重亲民之官疏》《本天本地论》。朝考结束，授翰林院庶吉士。

这一年，对纪昀的将来有着十分重要的意义。他就像是一尾跃过龙门的鲤鱼，向浩翰的大海游去。从此，他登上了仕途，并且平步青云。

二、得宠乾隆帝

1. 伴驾热河

纪昀进入翰林院的这年秋天，乾隆皇帝东巡祭祀祖陵。绝顶聪明的纪昀，善于揣测乾隆皇帝的心思。清朝开国以来，国家兴旺，疆土辽阔，尤其是乾隆皇帝更是私意尝窃比汉唐。康熙一朝扩大博学鸿词，并提倡复兴骈文，因此，康熙一朝出现了像陈维嵩、毛奇龄、朱彝尊、尤桐等骈文家。乾隆也像圣祖那样，大力提倡骈文体。纪昀便仿效西汉散体大赋，写出了随驾祭祖的《圣驾东巡恭谒祖陵赋》，洋洋洒洒三千六百余言，交与当时的座师太子太傅刘统勋。到了第二天，刘统勋在养心殿将其呈给皇上，奏道：

"庶吉士纪昀作《圣驾东巡恭谒祖陵赋》一篇，恭请万岁过目！"乾隆皇帝点了点头，微笑着问道："是那个喜欢戴草帽的庶吉士吧？"

刘统勋回答："就是他，万岁。"

乾隆皇帝展开一看，只见上面写道：

臣闻，祭不欲数，所以深致其尊严；祭不欲疏，所以时通其亲爱。祖功宗德，必申报以精禋；春禘秋尝，皆合符于天道。圣人制礼，其义详矣。至于柏城山殿阅千岁之金镫，仪马灵衣护万年之玉匣。衔珠仙鸟，精爽长存；绕鼎天龙，英风如昨。姬宗受箓，初传祭毕之文；汉代修仪，屡奏上陵之曲。凡以神轩殿荐，抚弓剑而不忘；原庙瞻依，拜衣冠而申慕。缘情制礼，在古人未有常期；因事告虔，惟圣主协其天则！钦惟皇帝陛下，纯心荐祚，至孝通神，肃肃雍雍，已延禧于清庙，元元本本，更作颂于高山。嘉及皇天，扬骏声以昭德；格于艺祖，告巡狩以明虔。……

整篇文章，句式工整，语言鲜明，用大量的笔墨来描写皇家陵园的华丽和祭礼的隆重，迎合了乾隆皇帝喜欢夸耀权势、好大喜功的心理。乾隆皇帝读后，龙颜大悦，他捻了捻胡须说道：

"妙哉，妙哉！这篇赋作不落俗套，甚是难得！"

从此以后，纪昀给乾隆皇帝留下了很深的印象。

乾隆时期的清朝，幅员辽阔，山川秀丽。我国早在西汉时期，就已在西到葱岭和巴尔喀什湖西北地区设立了行政区划。到了明朝时期，从西伯利亚直到天山北麓和青海，都是我国蒙古族聚居的区域。另外，还散居着其他一些少数民族，如维吾尔族、哈萨克族、藏族、回族等。清朝初年，蒙古族准噶尔部首领噶尔丹在沙俄势力的支持下，发动武装叛乱，给我国西北地区带来巨大的灾难。康熙皇帝在各民族的支持下，三次亲征噶尔丹叛乱集团，最后取得了全面的胜利。康熙末年和雍正、乾隆时期，噶尔丹的后代，又勾结青海、西藏等地一批反叛分子，依靠沙俄的支持，仍然不断地发动武装叛乱，扰乱西北边疆数十年。直到乾隆中期，才彻底平定准噶尔部的叛乱。

乾隆二十年，准噶尔部贵族达瓦齐又发动武装叛变。乾隆皇帝亲自主持，命大臣纂写《平定准噶尔方略》，决心彻底解决西北问题。

有一天，乾隆皇帝在养心殿御书房里，正手执朱笔，批阅奏折。他把刚刚批阅过的《直隶顺天府北通州知州恭谢折子》放在案边，随手又拿过一本《恩缓江苏南通州额赋仓谷恭谢折子》，似乎想起了什么，把两本奏折并排放在一处，微笑道："这真是巧了，'南通州，北通州，南北通州通南北'，这岂不是一个难得的佳句吗？妙，妙，实在是妙！"说罢高兴地大笔一挥，便写在纸上。他站起身来，一边慢慢来回踱着步，一边思索着下句。

恰在此时，太监肖德录进殿上奏：

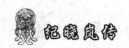

"启禀皇上，翰林院庶吉士纪昀持文进呈圣上，现在宫外候旨。"

乾隆皇帝转过身来，说道："宣他进来！"

"喳！"肖德录随即回身对着殿外高声喊："宣庶吉士纪昀进殿哪！"

不大会儿，纪昀进来，拂衣甩袖，跪伏在地，低声说道："微臣纪昀奉旨意撰写《平定准噶尔赋》一章，请圣上过目。"说着双手高举赋折，呈献过顶。

肖德录随即取了过去，转呈到皇帝御案。

乾隆皇帝打开奏折看了起来，看着看着眉头逐渐舒展开来，忍不住轻轻念出声来："臣，载笔翰林，职是歌咏，谨拜手稽首，献赋一篇，抒欢忭之忱，扬圣天子之鸿业。"读到这里，轻声说道："年青人讲得很得体！"

然后，乾隆皇帝又接着读下去："丹诏一降，甘雨立露，合万国之欢心，感阴阳之和会，盖中外一家，功成治定，与天下同庆之意也。望后二日，献俘礼行。于庙于社，昭出荐馨……"这段文字，使得乾隆皇帝微笑起来，连连称赞道："好，好，非常好！"

纪昀马上回答说："臣不才，皇上实在过奖！"

乾隆皇帝笑眯眯地望了望纪昀，说："朕听说纪爱卿善于属对，刚才朕得一上联，可这下联还没有想出来，纪爱卿看看如何？"

纪昀诚惶诚恐，惴惴不安，但他还是想试一试，便说："臣愿一试。"

"嗯，好，"乾隆笑微微地望着纪昀说，"朕的上联是'南通州，北通州，南北通州通南北'，你想想看是否能对出来！"

纪昀听罢，略微一想，随即回禀："臣对上来了！"

乾隆皇帝说："你讲！"

纪昀回答道："这下联可对'东当铺，西当铺，东西当铺当东西。'"

乾隆皇帝听罢，连连称赞纪昀才思敏捷。从此以后，纪昀更被乾隆皇帝所赏识。

乾隆二十一年（1755年），纪昀随驾到热河，途经古北口，雄关险隘，苍茫峭拔，乾隆诗兴大发，并命令随行大臣奉和。纪昀的诗作为：

恭和

御制出古北口咏古元韵

翠辇临边塞，檀州有故关；

南来通一线，北顾见群山。

连弩思前代，偏枪近此间；

飞猱行尚快，高鸟应度艰。

苏辙题诗出，王曾奉使还；

何如今一统，秋晚戍楼间。

纪昀所和诗句独得乾隆皇帝的青睐。纪昀后来在他七十五岁高龄时，再次经过古北口时，回忆起此事来，仍感到十分惬意，并且又作诗恭和：

圣制出古北口作元韵

管辖称形胜，雄关控制宜；

四周皆叠嶂，六月亦凉爽。

忆纂仙庄志，初赓圣制词；

岁当尧丙子，知遇至今思。

在诗的最后面还有几句注脚：

乾隆丙子，臣官庶吉士时，以纂修志书随至热河。恩准一体赓扬，曾恭和圣制出古北口诗。自是仰蒙知遇，栽培矜宥，荐至正卿。今已四十二年，实儒生罕逢之渥宠！恰如张果记唐尧丙子曾官侍中。

我们从以上注脚可以清楚地知道，他有生以来第一次随驾到热河，就得到乾隆皇帝的赏识和垂青，可见他很有才华和智慧。这也是他一生能够前程光明的基础。

2. 君臣斗智

纪昀的住处在虎坊桥，坐北朝南的大门被轻轻地拉开，老仆人施祥从门里拿着扫帚从里面走出来，然后弯腰打扫起门前台阶来。

在大门里，是一套廊柱环抱的四合大院，东西两边各建有配房。正房阔五间，两边各有一个角门和后院相沟通。院中有一座不高但十分精巧的假山，下面是一潭碧水。后院有房舍数间，院中有一棵两手粗细的青桐，垂直挺拔，枝繁叶茂，绿荫满地。这就是纪昀晚年著述的地方，美其名曰"阅微草堂"。

纪昀这时才从夫人马氏房中走出来，马氏手里拿着草帽赶出来，边走边喊道："戴上！你的草帽！"纪昀抬头望了望天空，从马氏手中接过草帽，挟在腋下，走出了大门。

纪昀不大会儿来到了紫禁城，然后直奔乾清门。熟悉他的大小太监都喜欢跟他逗着玩，有时还让他对对子。他从来都不嫌烦，总是和他们搭讪说话，和他们

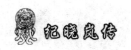

开玩笑。

纪昀来到乾清宫，马上拂衣甩袖跪伏在地上，大声叫道："臣纪昀奉旨叩见皇上！"

乾隆皇帝听到是纪昀，立刻高兴地说："起来，起来回话。"

"谢皇上！"纪昀起身，立在一旁。

乾隆回到御案前，止住笑容说道："朕五十寿辰，朝中诸臣呈献诗联，可谓无数。但这些寿联，不脱俗套，难合朕意。纪爱卿试为朕白描一联怎么样？"

纪昀："臣遵旨！"

乾隆皇帝盯着他。纪昀稍稍思索了片刻，随即吟道："四万里皇图，伊古以来，未闻一朝一统四万里；五十年圣寿，自今而往，尚有九千九百五十年。"

乾隆皇帝听后，龙颜大开，高声叫道：

"取文房四宝来！"

太监肖德录马上捧来文房四宝。纪昀挥毫泼墨，一蹴而就。乾隆皇帝拍了拍纪昀的肩头，笑着说道：

"朕此次前往泰山避寿，纪爱卿就侍朕左右吧！"

纪昀连忙跪在地上，高呼："谢皇上隆恩！"

皇帝去泰山，一行数百人，浩浩荡荡，车马仪仗，扈从护卫，这正符合乾隆皇帝好大喜功、摆阔气的脾气。他稳坐在辇车上面，心情特别愉悦，撩起帘子，放眼望去，万里沃野，生机盎然，不禁笑上眉梢。他抬手一指，随即对坐在身旁的纪昀说：

"纪爱卿，你瞧前方那位村妇提的是什么？"

纪昀撩了撩头上的草帽，顺着乾隆指的方向望去，看到一块田地里，一个村妇手臂上挽着一个篮子，正低着头弯着腰，不知在侍弄什么东西。便道：

"回皇上，村妇手里提的是一只篮子。"

乾隆随即又问："竹篮用来干什么？"

纪昀回答道："百姓多用来存放东西什么的。"

乾隆"嗯"了一声，低头沉思起来，从古到今，一直是把物件叫作东西……这是为什么呢？停了一会儿，他忽然又抬起头望着纪昀问道：

"纪爱卿，为什么说用篮子盛东西，而不说盛南北呢？"

这个问题皇帝提得太奇怪了，纪昀先是一愣，旁边其他大臣也是很吃惊，面面相觑，都替纪昀捏了一把汗。纪昀沉思片刻，眼睛一转，回答道：

"回皇上，臣认为按照阴阳五行学说，东方甲乙属于木，西方庚申属于金，南方丙丁属于火，北方壬癸属于水。木金之属，篮子才盛得住，但是火与水，篮子是盛不住的。因此篮子只能盛东西，而不能盛南北。"

纪昀这种诡辩，使得乾隆皇帝忍不住大笑起来，连说：

"纪爱卿，有你的，真有你的。"

其他的大臣也都哈哈大笑不停。

乾隆一行浩浩荡荡，没几天队伍到达了泰安府。泰安城外，道路两旁，站着手执兵器的清军，面向外而立，绵延许多里。督抚率领大小官员，排列得整整齐齐，等待乾隆皇帝驾到，乾隆皇帝刚刚到百官立刻跪伏在地，齐声高呼"吾皇万岁万万岁"，惊天动地，好不气派。

乾隆一行，在引导官的寻引下进了泰安城门。

泰安行宫，设在岱庙。四周戒备森严，门前有重兵把守，同时还有清兵往来巡逻。

夜幕降临泰安城内，沿街两旁，摆着无数货摊，灯烛交相辉映，如同白昼。游人来来往往，热闹非凡。

乾隆和大臣纪昀、刘石庵换了便装，走出行宫，上街游览。

远处，围着许多人，吵吵嚷嚷，不知在干什么。乾隆走在前面，纪昀和刘石庵跟在后面，走过来，站在人群外面向里望去，只见在人群中央，有一个男人，正冲着一位测字先生大声问着："怎么你给别人测字，唯独不给我测，这是为什么？"

测字先生回答说："不是不给你测，是你写的这个字不好测给你听。"

"有什么不好讲的？你说吧，我不会怪罪你的。"

测字先生拱拱手央求道："先生，实在不好讲，你还是请回吧。"

测字人更加好奇，他仍是坚决要求测字先生把字给他测出来。测字先生实在无奈，只好用石笔在刚才测字汉子写的"岑"字的中间重重地圈了一笔，"岑"字立刻变成了"岽"形了。围观的人立刻哄堂大笑起来，那人在人们的哄笑中，转眼不知去向了。

乾隆皇帝看得发愣，他侧身挤进了人群，对测字先生说："先生，在下想测一个字怎么样？"

"当然可以，当然可以！"测字先生说着递过一支石笔，"先生请随便写几个字吧！"

乾隆皇帝提笔写了一个"山"字。测字先生拿起石板，一边仔细端详那字，一边审视乾隆皇帝的相貌、气度和穿戴，忽然他"咕咚"一下跪倒在地上，大呼："贱民赵得，斗胆叩见万岁万万岁！"

围观的人们都很吃惊，稀里糊涂地也跟着跪倒在地。

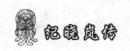

乾隆皇帝感到十分奇怪，他稍停片刻，和颜悦色地问道："你怎么知道我就是当今皇上呢？"

赵得跪地答道："草民鲁莽，一点小小技艺，实在不敢有辱圣听。"

乾隆皇帝道："抬起头来，讲讲无妨！"

赵得说："贱民通过观察、联想和推测而已。"

"你仔细讲来。"乾隆皇帝很感兴趣。

跪在地上的人们，都愣愣地望着赵得看他如何回答，他这时也不十分紧张了，嘴上就像抹了油，很熟练地说：

"山是岑之首，二山相背，相连而成王；二山相重叠，叠而成出。连贯起来意思就是王者出也。贱民心中想，当今圣上已经幸临泰山，又见您天颜奇相，非同寻常，举止高雅，不怒而威，因此断定一定是圣驾微服出宫巡察。"

"嗯！"乾隆皇帝满意地点了点头，回过头来向纪昀使了个眼色，纪昀马上取出一锭银子放在案上，君臣三人在"万岁万万岁"的呼声中离去了。

第二天，乾隆和大臣们开始登山，乾隆皇帝第一个登上南天门，放眼远眺，顿时心旷神怡，疲乏尽无。

刘石庵爬上来望了望南天门的楹联念了起来："'门辟九霄仰步三天胜迹，阶崇万级俯临千嶂奇观'。确实是一对妙联！"

乾隆皇帝放眼远望，远处层峦叠嶂。乾隆皇帝神采飞扬，情不自禁地吟诵起李白的诗句来："'天门一长啸，万里清风来'，唯有此时此刻，此景此情，才能真正体味到谪仙这首诗的意境啊！"

刘师退在旁边插话道："李白领导了一代诗坛，飘逸潇洒，风流倜傥，才华横溢，不是一般人所能达到的。"

董曲江附和着："言之有理，言之有理啊！"

乾隆皇帝此时用手捻着胡须，低着头来回地踱着步，正在沉思，忽然抬起头问群臣道："朕记得杜甫有一首咏泰山的诗，众爱卿可曾想得起来？"

纪昀马上回答道："臣记得！"随即吟道："岱宗夫如何？齐鲁青未了。造化钟神秀，阴阳割昏晓。荡胸生层云，决眦入归鸟。会当凌绝顶，一览众山小。"

乾隆皇帝听完后，仰天大笑：

"好一个'一览众山小'！有李白、杜工部的诗在，后人吟咏赋诗，全不外乎是狗尾续貂，哈哈……"

群臣也跟着大笑起来。

第三天傍晚，夕阳西斜，映照着山麓下的池塘。乾隆皇帝和纪昀穿着便服信步走着，侍卫都远远站立。君臣二人边说边笑，十分开心。忽然，乾隆皇帝笑着指了指池中的荷花："塘中荷花攥红拳，打谁？"

纪昀马上用手指着池塘边上的蓖麻说："岸边蓖麻伸绿掌，要啥？"

乾隆皇帝一指正在翩翩飞舞的蝴蝶说："两蝶斗。"

纪昀笑着指了指翻然而飞的水鸟答："一鸥游。"

乾隆皇帝捻捻胡须："朕说的是'两碟豆'。"

纪昀立即回答："臣说的是'一瓯油'。"

乾隆皇帝笑了笑，又说："林间两蝶斗。"

纪昀马上又回答道："水上一鸥游。"

君臣二人不知不觉转过了一个弯，看到一位老翁，正静静地蹲在小木船上，手里拿着鱼竿正在垂钓。二人止步静静地看着，忽然，浮标晃动起来，老翁紧拉鱼竿猛地一甩，一条红鱼被钓了上来，老翁高兴地一拍大腿，发出一阵笑声，不由得高喊一声："好哇！"

乾隆皇帝受了渔翁的感染，拍拍纪昀的肩膀说：

"纪爱卿，触景生情，口占一绝怎么样？"

"臣遵旨！"

"稍等！"乾隆一摆手，止住了刚要开口的纪昀，他捻了捻胡须，想要难为一下纪昀，停顿了一下笑道：

"这诗一定要在四句当中，嵌进十个'一'字，怎么样？"

纪昀听罢，皱起了眉头，这确实有难度，他望了望水中的那只小船，背着手踱步沉思起来。

乾隆皇帝微笑着，心想这回你纪昀可被我考住了吧。

纪昀忽然高兴地说："臣有了。"

乾隆皇帝止住微笑说："哦？那就吟出来让朕听听如何？"

纪昀吟咏起来：

"一篙一橹一渔舟，一丈长竿一寸钩，一呼一拍复一笑，一人独占一湖秋。"

乾隆皇帝边听边扳着手指数着，等纪昀刚一吟完，乾隆皇帝就非常赞叹地说：

"诗中十个'一'字，一个不少。初唐诗人骆宾王，诗中好使用数字，人称算博士，当代如果再选算博士，非纪卿你莫属。回味全诗，恰似一幅《秋湖独钓图》。"

纪昀谦逊地回答道："臣实在不敢当，实在不敢当。"

君臣二人继续向前走。乾隆皇帝夸奖纪昀道：

"纪爱卿博览群书，迪贯需籍，学识真可谓天下无双！"

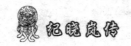

纪昀慌忙回禀道：

"微臣不才，圣上过奖了。圣上才真是当今天下第一才子啊！"

乾隆皇帝听了纪昀这话，心里十分高兴，但嘴上却说："朕德鲜才薄，德鲜才薄……"

纪昀心里很是美滋滋的，这时，他又想起了刚进入翰林院时猜灯谜的事来。

这年春节刚刚过去，乾隆皇帝爱热闹的兴趣依然丝毫不减，随即降下圣旨，要过元宵灯节。

十五元宵之夜，整个紫禁城内张灯结彩，各种样式的宫灯五色缤纷，交相辉映，当一轮满月升上中天之时，大学士刘统勋和几位大臣簇拥着乾隆皇帝走出宫殿，兴趣正浓地观看着各种各样的彩灯。一路观赏而来，特别是一些奇形怪状的彩灯上写着的灯谜，更使乾隆皇帝流连忘返。

乾隆皇帝是中国历史上一位极有才华的风雅皇帝，他不但喜欢作诗填词，而且爱好对句猜谜。一边走一边观赏，不知不觉已走出了太和门，来到大清门前，看到一具灯笼做得尤其精美，非同寻常。乾隆皇帝走到近前，看到上面贴着一副谜联，注明上下联各打一字。乾隆皇帝很感兴趣地读起了这副谜联：

"黑不是，白不是，红黄更不是；和狐狼猫狗仿佛，既非家畜，又非野兽。

诗也有，词也有，论语上也有；对东西南北模糊，虽是短品，也是妙文。"

乾隆边读边摇头，猜不出来是什么；大臣们也个个面面相觑，皱着眉头，他们也都被这个谜联给难住了。

乾隆皇帝不好意思说自己不会，便先请大臣们猜猜看。他看到大臣们一个个都在搜肠刮肚，绞尽脑汁，苦苦思索，最后，猜来猜去，谁也没有猜出来。

乾隆皇帝看到大臣们也都被难住了，便问这是谁制的灯谜。身边的侍臣连忙回禀道："是翰林院庶吉士纪昀纪晓岚。"

当时的纪昀还不能常常见到乾隆皇帝，因此乾隆皇帝对他的印象不深，想不起这位年轻的文士，刘统勋于是趁机夸奖他的这个学生。前几年纪昀写了副"先斩后奏"的春联，因为切中时弊，差点被送入狱，招来杀身之祸，刘统勋曾在皇上面前给他求情。刘统勋眼下提及这事，乾隆皇帝忽然想了起来，便点了点头说：

"这个献县的纪昀，的确是个才子。"并立刻下令，宣纪昀进宫，奏明谜底是哪两个字。

此时，纪昀正在家中和妻妾们欢度佳节，全家人围着桌子饮酒吃饭。忽然传来宣纪昀接旨的声音，纪府上下立时紧张起来。纪昀不知道发生了什么事情，吓得心里直发抖，匆忙跑出屋来惴惴不安地跪伏在地上。宣旨的大臣读完圣旨后，纪昀的心才平静下来，连忙回答说谜底是"猜谜"两个字。

等宣旨的人离开纪府，家中的人们才渐渐恢复了先前的平静，夫人马氏月芳拍着胸口，轻轻呼了一口气说：

"老爷想显露一下自己的才华，这本也应该，别再让我们跟着您提心吊胆地过日子，好不好?!"

纪昀听了夫人的话却不言语，原来他此时心里正在扬扬得意，因为这次难住了多才的乾隆皇帝。他想着，从此以后皇上说不定就会眷顾与垂怜他，那样他就可以平步青云，得到提拔重用了。

果然，被他猜中了，乾隆皇帝听了回奏，立刻心中豁然开朗，茅塞顿开，觉得那谜联的确是无懈可击，便禁不住向刘统勋夸赞起纪昀来，说这位年轻翰林的才学不低于他的座师。刘统勋急忙回答说他的门徒确实是一个难得的才子，青出于蓝而胜于蓝。第二天，纪昀便收到了乾隆皇帝的赏赐，全家人高兴极了。这件事很快不胫而走，传遍整个京城，纪昀也成了一个小小的名人。

3. 因才受宠

没过多久，好运终于降临到纪昀的头上，纪昀这天正在南书房当值，忽听侍卫大臣宣旨，宣他进见皇上，他心中马上又惊又喜又怕。

这是他进入翰林院以来，首次被乾隆皇帝召见，心里就好像一盏临风的灯，怀里揣着一只小兔，惴惴不安。他慌慌张张地跟着侍卫大臣来到乾清宫西暖阁，行过君臣大礼，恭恭敬敬地侍立一旁，头也不敢抬起来，小心翼翼地等待着圣上问话。

乾隆皇帝抬起头仔细看了看这位年轻的庶吉士，高高的个子，眉清目秀，风流倜傥，确是一表人才，想想他出的谜联，心中更是喜欢。乾隆皇帝情不自禁地露出微笑，纪昀的仪表得到他的好感，禁不住多看了几眼。这下纪昀可受不了了，窘得出了一头汗，他看到皇帝不言语，只是仔细地打量着他，心里禁不住咚咚直跳，因为他不明白皇帝为什么要召见他。

原来是这样，乾隆皇帝这天在西暖阁看书，看到《论语》上有"子曰：'惟女子与小人为难养也，近则不孙，远之则怨'"一段话，忽然想要给"惟女子与小人为难养也"这一句对一副联语，想到了两次以联语惊人的纪昀，便想当面考考这位才子的学问，让他来对这个句子，看他到底怎么样，于是便宣他进宫。

乾隆皇帝看到纪昀满头是汗，心里明白他这是由于紧张，所以就先给他出了一个较简单的对联，让他来对，乾隆皇帝出的上联是：

"孟子致为臣而归。"

这是《孟子·公孙丑》一篇上的一句，纪昀早已背得滚瓜烂熟，因此对得十

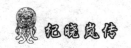

分迅速，用的同样也是《孟子·公孙丑》一篇上的句子：

"伯夷非其君不事。"

乾隆皇帝听后，觉得他对得非常工整，不白得点头微微一笑，心里更加喜欢上了这个文人学士。不过乾隆皇帝此时依然想着那个"难养"的句子，他认为这个年轻的文人学士如果能对上这个下联，才更能显出他的才华，于是乾隆随即念出了"难养"那个上联，让纪昀出下联。

纪晓岚听完上联后，马上便想出了下联，跪在地上回答道：

"吾皇万岁，微臣已想好对句，只是句子有些不雅，说出后，害怕触犯龙颜，为臣实在不敢讲。"

"尽管讲来，朕赦你无罪！"

纪昀不得不心惊胆颤地讲出了下联：

"有寡妇见鳏夫而欲嫁之。"

乾隆皇帝听后，觉得虽然有些滑稽，但对句还算工整，只是不知道这个句子出自哪儿，正想继续询问，只听殿前侍卫禀告，有几位大臣入宫奏事，乾隆皇帝只得摆摆手，示意让纪昀退下。

几天以后，乾隆皇帝还想着对子的事，他决意要考考这个纪才子。事有凑巧，这天乾隆皇帝到南书房作书，当值的人中恰有纪昀。乾隆皇帝正忙着处理其他事情，他想待会儿再找纪昀出题。没想到他回头发现纪昀正站在御案旁愣愣地盯着东西好像在看什么。乾隆皇帝仔细一看，看到他正在看一块玉玦。这玉玦是一位大臣献给皇上的，质地甚好，细腻圆润，玲珑剔透，光洁晶莹，上面刻有王羲之的《兰亭序》全文，更是精绝异常。乾隆皇帝尤为喜爱，时常佩带在身上把玩。纪昀尽管是出身在一个官宦人家，但从小长在乡下，是个土财主出身，没见过金玉珍宝。他在御案前侍候皇上，只顾着好奇地瞧那块玉玦，觉得真是稀世奇巧，再加之上面的字非常小，禁不住凑近多看了几眼，这使他竟然忘却了御前的禁忌。

乾隆皇帝见他看得十分专注，便问道：

"纪爱卿，你为何在发愣？"

纪昀这时才猛地回过神来，急忙回禀道：

"圣上的玉玦，精美绝伦，玲珑剔透，甚是好看，耐不住多看了几眼，臣罪该万死，望圣上恕罪！"

想不到乾隆皇帝竟问他："你喜欢这玉玦？"

"臣不敢。"

"哈哈哈！"乾隆皇帝大笑起来，说道，"朕考考你，朕出一上联，你如果能对上下联，朕就把这玉玦赐给你。"

纪昀匆忙跪下叩头，答道："谢主隆恩，请皇上赐上联。"

乾隆皇帝捻了捻胡须，随后把玉玦拿起来，指了指上面一句话，纪昀仔细一瞧，是十一个字：

"此地有崇山峻岭，茂林修竹。"

纪昀抬头看了看乾隆皇帝，马上答出下联：

"若周之赤刀大训，天球河图。"

纪昀对的是《尚书》中的一句话，被他信手拈来，随口道出，非常得体贴切。乾隆皇帝点点头微笑着，颔首称赞，于是把手中的玉玦，赐给了纪昀。

纪昀得到玉玦如同得了宝贝似的。谢过皇上之后，立刻被当值的学士们包围起来，争相观看，个个对纪昀艳羡不已。

从此以后，纪昀便经常被宣召进宫，逐渐得到皇上的宠爱，以后更成为乾隆皇帝身边不可或缺的宠臣。他经常伴驾陪乾隆帝游山玩水，以他这样的地位大大超出他当时的身份。一时间他也成了清朝颇为有名的人物。

泰山归来，纪昀依然到翰林院当值，闲暇无事时也常常邀请一些文人墨客赋诗作对。

由于纪昀的名声越来越大，他慢慢变成了当时的风流人物，许多文人墨客还以能与他结交朋友引以为荣。

有一天，纪昀在家休假，他的文友钱大昕、卢文弨前来他家拜访，他俩还带来一位慕名而来的文士。他们来到纪家大院进得纪府书房，钱大昕便对那位跟来的文士说：

"你不是很想拜见纪昀翰林吗，这位就是你盼望已久，非常想见的燕南才子纪昀。"

纪昀环视了一下这位文士，他看上去大约三十多岁，面黄肌瘦，憔悴的脸上闪动着两只黑大的眼睛，一副潦倒寒酸相，给人一种不得意的感觉。

那人慌忙上前拱手施礼，赔笑说道：

"久仰久仰，敝人戴震，字东原，原籍安徽休宁，本为一介书生，游学京都，久闻纪大人的才名，今日一见，幸会幸会。"

纪昀赶快让座，差婢女伺候茶点。

戴震比纪昀大一岁，纪昀对戴震也早有耳闻，知道他家境虽然贫寒，却是一个饱读诗书的人，十六七岁时即精研注疏，与同乡几位学士，从师于著名学者江永，二十八岁补为诸生，为避仇隙来到京都，眼下生活困窘，靠朋友接济生活。纪晓岚知他学识广博，天文、地理、经史、历算，样样精通，又兼得他有音律、文字等方面的学问，实在是一位不可多得的博学文士。纪昀同情和可怜他是异乡人，生活陷入困境，为了接济他生活，接着就聘请他为两个孩子汝佶、汝传的老师。被安置在纪府，戴震非常感激纪昀，连连作揖。

纪昀那天设摆酒宴，款待钱大昕、卢文弨和戴震。酒过三巡，卢文弨说："纪年兄对句方面有特长，今天专门来请教。"

纪昀一听他们要对句，马上来了兴趣，问卢文弨是什么联语，卢文弨便把事先准备好的一副上联，从袖中拿了出来，打开一看，上面写着：

"吃西瓜皮向东抛。"

纪晓岚略微一笑，当即吟出了下联：

"看左传书朝右翻。"

纪昀很久没属对，这下倒勾起了他对对的瘾来，他向戴震笑着说：

"我出一联，让东原兄属对，怎么样？"

戴东原当即答应说："实在不敢当，愿意领教。"

纪昀心想：戴震淹通古今，学识广博，又是同辈中的佼佼者，如果真的出高深的联语，不一定能难住他，我先出个浅薄容易懂的，看他如何答对。想到这里，便笑着说道：

"东原兄若不介意，现在有个俗联，请你属对怎样？"

戴震赶紧回答说："悉听尊便，怎样都行！"

纪昀看了看钱大昕、卢文弨，习惯地摸一摸自己的鼻子，正而八经地吟出上联：

"屎壳螂，撞南墙，乒乓，扑拉，炭！"

刚说完上联，钱大昕和卢文弨便笑得合不拢嘴，前仰后合，知道纪昀又露出了他那滑稽爱开玩笑的样子，不然他怎么初次见面就敢出这样的联语呢？幸好戴震知道纪昀有好戏谑别人的毛病，但他还是感到有些尴尬，忍着不敢笑。纪昀出的上联虽然粗俗不雅，但仔细想来，也是非常刁钻，要想对好也非易事，他便端起茶碗，边饮茶边思索起下联来。

这时屋里一片寂静。钱卢二人担心这联语不好对，确实有些刁难客人，便要求纪昀另出一联。戴震搁下茶碗，急忙摆手说：

"不用不用，我这里已经想好了，我对的下联是：'癞蛤蟆，跳东洼，咯呱，咕咚，姜！'

三人听后，一齐拍手称赞，说这下句对得天衣合缝，巧妙异常，正好合为一联，绘声绘色，相映成趣。

钱大昕说："幸好东原兄知识渊博，反应迅速，对得工整，换了别人还不让纪年兄的'屎壳螂'难住吗？我们这样好吧，该让东原兄出个上联，纪年兄来属对，大家看怎样？"

纪昀说："愿意从命。"

戴震稍加沉思，吟出一句：

"太极两仪生四象。"

纪昀听罢，非常清楚这一联含义极深，是个高雅且难度较大的联句，绝不同于他出的那个浅俗的对联。他知道"太极"是指天地没分之前的混沌世界，以后清轻者变成为天；混浊是为地。"两仪"便指天地了。"四象"是指春、夏、秋、冬四季。这虽是一个短小精悍的对句，但却概括了太极、天地、阴阳、四季、万物万事的广阔内涵，它既包括广义的，也包括狭义的，他对戴震的学识，只得刮目相看。对上此句，不仅形式上要工整，而且要蕴含深刻才算得上上乘佳作。

这时钱大昕、卢文弨在饭桌旁投箸停杯，苦苦思索，只听纪昀说：

"菜都凉了，'春宵一刻值千金'啊，大家快用，快吃！"

钱大昕催促道："年兄，你赶快对下句呀！"

纪昀习惯地摸了一下鼻子说："噢！我不是已经对上了吗？"

这时，钱大昕才猛然醒悟，他借用苏东坡的诗句——"春宵一刻值千金"对上了。这句子虽是现成之举，却并不容易想出来，然而对得却意味无穷。戴震十分佩服纪昀的博学聪颖，对他更加敬重。从此，纪昀与戴震日夜相伴，切磋学问，互相勉励，学识日益增进，成了莫逆之交。这年冬天，戴震的一部《考工纪图》，由纪昀赞助费用付梓刊行。戴震后来成为清代著名的思想家、史学家，与钱大昕、卢文弨，特别是纪晓岚等人的帮助和影响是密不可分的。

第三章　伴驾巡幸

一、智谏圣上

前两天纪昀被乾隆皇帝召进宫去，大臣向他宣旨说皇帝要到江南巡查，让他伴驾陪皇帝一起南巡。纪昀回到家中，苦思冥想乾隆帝让他伴驾江南巡查之事。

纪昀在家正在为皇帝南巡苦苦思索一个冠冕堂皇的理由，就在此时，恰有一位友人来家拜访。两人闲聊时，友人告诉他一件事，说明代的皇陵有一座楠木殿被拆了，拆下的楠木木料要给清东陵建殿用，并且正准备往遵化运送。

纪昀闻知此事，大吃一惊。他明白《大清律条》上有明文规定，盗掘坟墓的人属于重犯，按法律规定要发配从军。这样一来，那清朝不是乱了自己的朝纲吗？他心想自己既然是清朝的重臣，理所当然应该自觉维护大清的社会安定。他原本想直接上朝劝谏，指明清廷不能这么胡作非为，但又仔细一想这是万万使不得的，皇上一旦不高兴，岂不是自找没趣？而这又是父亲最怕的和一再教导过的。

直到午夜，他才想出了一个劝谏皇帝的主意。

他的主意已定，次日早朝之后，独自留下来面见乾隆皇帝。

乾隆皇帝见纪昀不走，便问道：

"纪爱卿，朕前天给你说的事情，你想好了吗？"

"回奏皇上，臣罪该万死，想了两天，也没想出万全之策，虽然有一个主意，却不知是否妥当，请皇上细心酙酌！"

"你说出来朕听听。"

"吾皇乃圣明天子，自登基称帝以来，无论文治武功，都胜过往昔。天下太平，万民安居乐业，皆承圣上降恩。今皇帝年岁已高，臣下感戴圣恩，祈望龙体康健，圣上真的想南巡，应当有个特别理由才是。"

纪昀把奉迎的话语讲了一大堆，却仍然没有扯到正题上去，乾隆皇帝的脸上露出等不及的样子，便说：

"纪爱卿，别拖泥带水啦，你就照直说吧！"

纪昀立即回奏："圣上所命之事，臣已写成奏折，恭请御览。"说完便将事先准备好的奏折跪着呈到御案上，交皇上御阅。

乾隆帝打开奏折御览，发现奏折上根本没有涉及南巡之事，首先把当今盛世恭维了一通，然后便写起了盗墓之事，最后说到将明陵的一座楠木殿拆掉，将拆得的楠木运往遵化建清东陵之事，疏请追查案首，严明法纪，教育百姓。奏折义正词严，言辞慷慨激烈，根本不像纪昀往常的奏折。

乾隆看着奏折，先前跟纪昀说话时的笑容不见了，而且脸色变得非常难看，先由红转白，再由白变青，只听"啪"的一声响，奏折摔在了书案上，龙颜大怒，厉声喝道："胆大佞臣 朕对你这样悉心栽培，有意提拔，把你当作重臣，你竟然胆大包天，无视朕躬，肆意攻忤。大胆纪昀，你莫非有两个脑袋不成?!"

见乾隆皇帝如此大怒，纪昀的确始料未及，他赶紧连连磕头不起，跪在地上，不时地说好话：

"皇上息怒，纪昀罪该万死！臣所奏一折，只是受了万岁旨意，才敢如此胆大妄为。微臣屡承圣上垂怜，千该万死也不敢有羞辱圣上之意。恭请圣上明察！"

听了这话，乾隆更加生气，他跺着脚，激动地说：

"大胆纪昀，朕什么时候让你奏上这胡言乱语？来人！将纪昀拉下去，乱棍打死！"

纪昀发现自己已死到临头，跪在地上，哭喊着求饶起来："万岁爷，微臣冤枉啊！臣纵有死罪，恭请皇上开恩，允许臣将其中的原由说个清楚，再死也不迟啊！万岁爷容禀啊……"

乾隆看纪昀哭得一把鼻第一把眼泪的样子，动了恻隐之心，便说：

"你还要说什么话，快快讲来！"

"万岁爷，微臣想皇上御驾江南，应该有适当的理由，才能免去朝廷大臣们的阻挡劝谏，才敢如此冒死呈奏此折。"

"你不要再强词夺理，拆掉明陵殿堂，与朕前去江南巡查之事，没有任何联系！"

纪昀见皇上已对他有免死之意，心里便镇定下来，跪在地上奏道：

"万岁请息怒，允许臣慢慢讲来。'普天之下，莫非王土'；国土的上面，全都是圣朝所有。拆殿修陵，乃是国家所需，臣知道不可参奏。只是《大清律条》，是立国纲纪，不容许有半点圭犯。小偷小摸，皆论处罚；盗墓毁陵更应当从严惩治，不可饶恕。如今盗墓之风盛行，如不及时制止，众多的古墓，将被盗掘一空，墓中财宝古物，将会遍匿于民间，即使朝廷破获窃案，也是万不及一，岂不让人痛惜！我皇圣明，广开言路，从谏如流，臣冒犯直言，上奏陈事，乃职责所在。明知国家受损，而又默不上奏，理应罪该万死！况且皇上谕命，臣下当为圣上巡幸江南表奏，臣不敢辱没圣命，正是为此上奏。"

经过纪昀的一番巧辩，乾隆皇帝的怒气终于消了一大半。但乾隆帝听到最后几句话，仍然搞不清楚拆殿修陵与南巡有什么瓜葛。乾隆这才意识到是纪昀话中有话，便说道：

"拆殿与南巡，本来毫无相干，为何两事用一奏折呈来，既然称回复圣命，你要给朕说个明白！"

纪昀又偷偷察看了一下皇帝的脸色，已恢复了平常的祥和，心里明白皇上心中的怒气，已云消雾散，自己已化险为夷了，于是他便壮起胆子，说道：

"圣上已赐微臣的死罪，我是将死之人，有话也不能说啦！"

他这几句实在话，倒把乾隆皇帝给气笑了，皇帝心想纪昀还想着刚才那事儿，便笑嘻嘻地说道：

"朕免你死罪！有话就直说吧！"

"臣有话要讲，但臣还是不敢讲。"

"你为何不敢讲？！"

"臣还是怕圣上怪罪起来，臣死罪难脱。"

"朕不怪罪你了，你赶紧说吧！"

"圣上贤明，确实不怪罪？"

"真的不怪罪！"乾隆皇帝想着，或许纪昀的毛病又犯了，他以往做事总是问清有没有罪才肯讲话，今天如果早问一下怪不怪罪之事，朕也不会生这么大的气了。看样子他是故意跟朕斗智，可也差点把命丢了。想到这里，皇帝接着说："君无戏言，朕不加罪与你，不再怪罪你，你快快讲来！"

纪昀看这回皇上气也消得差不多了，便说道：

"万岁爷，臣已下跪了好久了。"

乾隆笑了，便说："爱卿是想站起来，朕赐你不死，爱卿平身。"

纪昀站起来，镇定自若地站在那里。乾隆发现他那从容的样子，心想纪昀果然是智勇双全之人，禁不住喜出望外。又听纪昀恭敬地道：

"万岁爷息怒，微臣也是为大清社稷着想啊。"

"嗯？朕什么时候生气来着？……"

皇帝与纪昀二人相互笑了笑，刚才皇帝发怒一事总算过去了。

"好吧，今天到这里吧，回去休息，随朕南巡。"

"臣遵旨。"

这一天，纪昀从皇宫回到家里，心潮澎湃。皇帝金口玉言，盛怒之下，差点命人将自己乱棍打死，他的确受了一些惊吓，庆幸自己百伶百俐，能说会道，能迎合皇上的心思，才没把命搭进去。

他坐在自家书房里，看到书案上放着自己写的笔记、随笔文章和自己作的一些诗，备感亲切。舞文弄墨是他一生所钟爱的事业，今天能够平安放归回家，又能从事自己钟爱的事业，所以大有重新获得生命的感觉。这次自己本想做一名忠君之臣，才冒险上了利国利民的奏章，想想今天的所做所为的结果，他想今后再也别这么自作多情，贸然行事了。

因为受了惊吓，纪昀出了不少冷汗，刚走回家便觉得浑身无力，精疲力尽了。这位"纪大烟袋"从腰间拽出烟袋锅儿装上烟，美美地吸了一袋，才觉得解点乏。丫环给他沏了一碗新茗，妻子马氏端给他碗参汤。他喝了一口，才长叹一声，说出他今天最深切的感受："唉，今天差点回不来了，好惊险呀，正如父亲常常告诫我的，真是伴君如伴虎呀！"

二、乾隆南巡

1. 伴驾江南

乾隆二十七年（1762 年）正月十二到五月初四日，纪昀伴驾陪皇上巡查江南。清初，康熙和乾隆两皇帝南巡，的确有治水的想法。为了弘扬乾隆壮举，纪昀特地作有《三巡江浙恭纪二百韵》一篇，开端写道：

> 皇帝壬午岁，斗柄初四寅，
> 六龙幸吴越，三度修时巡。
> 昔禹画九野，兹地徐扬分；
> 三山中贯络，淮海区其垠。
> 扬州实沃野，徐土瘠以贫，
> 政繁待修举，人疲劳抚循。
> 所以自古来，吏治称最殷。
> 况乃地形下，万派东南臻。
> …………

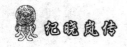

我朝百余载，列圣司陶钧，
屡筹疏论计，已荷生成恩！
皇帝抚六幕，宵旰忧黎元；
区画万年策，南顾犹频频。
一人劳谋此，万姓安大矣！
…………

最后又写道：

有叟捧赐帛，稽首前迎銮，
曾睹仁皇帝，六度临江干。
万年家法在，圣祖财神孙！
…………
皇风流穆穆，介扯承绵绵，
询哉庞鸿治，高迈黄与颛。
小臣荷无湿，珥笔登花砖，
玉烛仰道光，寸管窥大圆。
愿谱肆夏诗，永永谐官悬。

纪昀将这首颂诗当面呈给乾隆皇帝，这位平时喜欢阿谀奉承的皇帝自然是欣喜若狂，非常高兴。

乾隆皇帝此次南巡，仍然同过去一样先乘马由驿路南下，第二天便来到了献县的单家桥驿站。献县的文武官员跪伏路边，高呼万岁，迎驾进入单家桥驿站。

乾隆皇帝同随行大臣来到驿站大厅内，正准备饮茶小憩。大厅外，只听肖德录对知县连忙说道："伴驾诸位大人，一路骑马劳累，皇上发话，下面的路程由骑马改坐轿子，大家赶快准备！"

知县满口应许："是，是！"于是便退下，赶紧准备乘轿之事去了。

中午过后，轿子全部备齐。跟随皇帝伴驾来的众多大臣由乘马改为坐轿，他们备感舒适，十分惬意，个个在颤悠悠的轿子中昏昏欲睡。只可怜那几个牵马的驿卒一路徒步而行，今天再充任轿夫，实在疲惫不堪，体力难支。四个驿卒抬着胖大的纪昀，累得汗流浃背，龇牙咧嘴。

长长的南巡队伍刚刚爬上一个土坡，待下坡的时候，由于太疲劳了，一个驿卒忽然两腿发软，扑通倒地，其他三个驿卒也随之而倒，轿子来了个底朝天，把坐在轿子中的纪昀一下子摔了出来。

纪昀摔在土坡上，抬轿子的驿卒们一个个吓得面色苍白，跪在纪昀的周围，连连叩头，口里不停地喊着："大人恕罪，大人恕罪啊！"

纪昀迷迷糊糊地爬起来，睁开眼睛，赶忙用手遮住光线，问道："怎么回事？"

后面的队伍也跟着停下来，刘石庵、田松岩、刘师退、董曲江望着纪昀被摔倒的滑稽样子，都忍不住哈哈大笑起来。

这时，四个驿卒吓得头也不敢抬，只是跪在地上作揖叩头，央告着："奴才摔了大人，请大人恕罪！"

纪昀满不在乎的样子，摸过顶戴扣到头上，爬起身来，拍打下身上的灰土，笑呵呵地说："不碍事，没摔疼，让你们这一摔，倒把我的瞌睡虫给吓跑了，起来吧，起来吧！"

四个驿卒诚惶诚恐地瞧着他，跪在地上谁都不敢起来。

纪昀看到这情形，赶忙劝慰他们说："跌脚寻常事，疲癃不汝嗔，忍饥有数日，我是故乡人。不要害怕，没关系，咱们都是老乡啊！"

四个驿卒异口同声地喊出来："大人是俺们的老乡？"

"是呀，"纪昀笑呵呵地说，"我就是咱县崔尔庄的人，姓纪名昀字晓岚呀！"

这一讲，四个驿卒才真正放心地笑起来，并说道："哎呀，原来是献县有名的纪大才子呀！"说着才敢站起身来。

接着大臣们乘上轿子，又向第二站进发，来到驻所，纪昀才真的感觉到屁股确实摔疼了。大家看着他摸屁股的滑稽动作，不由得好笑。乾隆皇帝知道纪昀的事后，也不由得哈哈大笑起来。

乾隆每次出巡，都有一个御旨，就是要带领官员去祭拜沿途三十里以内所发现和存在的历代帝王与名人祠墓以及著名神庙。这次南巡发现的第一处便是任丘鄚州大庙，第二处就是献县献王陵与刘光伯墓。纪昀回到自己的故乡献县，对当地风土人情不但十分熟悉，而且是饱含深情。同皇帝一起祭献王陵时，他亲自撰写了祭文，但仍觉不能表达自己的心意，又作诗一首：

献王陵

献王陵上草萧萧，时有村翁奠桂椒；

西到献县三十里，土人行惯不知遥。

刘光伯，即刘炫，是隋朝著名的学者。纪昀原亦作有诗：

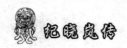

祭刘光伯墓
故宅今何在？遗书亦尽亡！
谁知冯道里，曾似郑公乡。
三传分坚垒，诸儒各瓣香；
多君真壮士，敢议杜当阳。

这次南巡乾隆皇帝，根据惯例，命令内阁对汉族文人学士进献的诗文进行考试，通过择优的方法进行录用。进士孙士毅、吴泰来、陆锡熊等都是通过进献诗赋考中的，后来他们都与纪昀成了诗友。

这年七月炎夏之时，纪昀的朋友沈云浦画了一幅《桐阴观弈图》，赠给纪昀。纪昀由观弈图想到当时社会局势，深有感触，他当即拿起毛笔，写诗一首：

自题桐阴观弈图
不断丁丁落子声，纹楸终日几输赢？
道人闲坐桐阴看，一笑凉风木末生。

这幅《桐阴观弈图》纪昀始终珍藏在家中，当他步入晚年拿出来看时，仍喟然长叹。他晚年的作品《阅微草堂笔记》，即用"观弈道人"署的名，这与朋友沈云浦赠送给他的《桐阴观弈图》不能没有关系吧？

2. 皇后之死

乾隆皇帝这次江南巡查，纪昀伴驾，朝中仕人无不羡慕已极。但纪昀却心神不定，坐立不安。皇帝这样器重他，他没有道理不为皇帝这次南巡寻找理由，然而事关重大，作为大臣，做事需要万分谨慎。此时此刻，有关皇帝每次南巡带回来的新闻，正逐渐传入纪昀耳中。

乾隆皇帝曾五次南巡，每次走前他的随臣都给南巡找出一个冠冕堂皇的理由，有时称奉皇太后懿旨出游，查阅海塘；有时说带皇子巡视，考察地方吏治。就是这样，每次南巡之前，都有勇敢正直的大臣冒死出来劝谏。难怪忠臣阻谏，因为乾隆到了江南，除了游山玩水，还临幸了许多的江南美人。

那些地方官僚、富豪商贾，为了讨好皇帝，赢得乾隆的欢心，相互攀比营造园林，作为皇上驻跸之所。地方官僚还到处物色美女，教以琴棋书画，歌舞笙箫，想以此引诱皇上来加官晋爵。皇上久居深宫，平常所见的都是北方美女，一旦见到江南娇女，哪能不为其倾国倾城的美色迷倒呢？皇帝每次临幸，都痛快无比，真想脱去龙袍，久居江南，全心贯注地享受那花前月下的快乐。

纪昀在朝中做官多年，早就从熟悉的太监那儿，临听皇帝下江南的风流韵事。不过此次伴驾南巡，却是他亲眼目睹的事情，想起那些情景细节，真让纪昀不寒而栗。

乾隆这次南巡，一路寻花问柳，尽情享受，到达杭州时，已临幸了十多个江南美女。这许多事，都要瞒着皇太后。一方面由于不和圣上同乘一艘船，是在御舟后面，不容易看到；另一方面皇上不是在岸上，而是在夜里悄悄地把人弄到船上，皇太后怎能知道？

但乾隆皇帝此次南巡，做出的风流韵事，却没有瞒过皇后。

皇后乌喇那拉氏，满洲正黄旗人，是一等承恩公那尔布儿的女儿，比乾隆皇帝小七岁，在乾隆皇帝即位以前，她就被封为福晋。乾隆皇帝即位的次年，她又被晋封娴妃。她不仅容貌超群，端庄秀丽，并且深明大义，温恭和顺，所以乾隆皇帝十分宠爱她。乾隆十年（1745 年），又晋封她为娴贵妃，孝贤皇后逝世后，代理皇后管理内宫诸事务。乾隆十四年，她被封为皇后，并伴驾两巡中州。她先后生了皇十二子永璂、皇五女和皇三十子永琛。谁料想，就在这次伴驾南巡之时，厄运突然降临到她的头上。

乌喇那拉氏所乘船只，紧跟在皇太后所乘的船只后面。沿途，皇后暗地里命令几个心腹太监，随时深听皇上的消息。她看到皇帝为所欲为，心里十分恼怒。可是皇太后特别溺爱乾隆皇帝，乾隆皇帝的种种不当行为，又全都瞒着皇太后。如此，皇太后一无所知，皇后即便向太后讲了，太后也是向着皇上，因此皇后一路上不得不忍气吞声。

现在南巡船已经到了扬州，本来扬州就有美女甲天下之称，这是出美女的地方，不知道皇帝在这里又是怎么个风流倜傥。皇后心中很不是滋味，酸溜溜的。

这天夜色已晚，暮色笼罩着大运河，几艘豪华大船徐徐驶来，最后停靠江边。皇后透过舷窗，望到远处的御船上灯火辉煌，只见有女人的影子来回晃动。按照以往的惯例，今天是皇帝临幸自己的日子。但酉时已过还不见皇帝召见她，皇后的心中无限惆怅。正在这时，心腹太监来到皇后坐的船中向她报告说："报告皇后，皇上带着许多歌妓在船上玩耍。"

乌喇那拉氏皇后听到太监说皇帝与妓女在一起，立刻火冒三丈，面容失色，恨不得马上赶到御船上去劝谏，又怕在妓女的面前有损皇帝的尊严。一旦皇帝发了火气，局势就难以收拾。皇后呆立在船头上听到御船上的阵阵欢乐笑声，不由得心中酸楚。

皇后站在船头上，想了很久，便回到船内，拿起笔墨，写了一道很长的奏

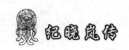

章，奉劝皇帝保重身体，不能荒淫无度。写着写着，伤心得泪流满面，哭个不停。太监和宫女劝也不好劝，不得不陪着伤心流泪。

皇后把奏章写完，向岸上望去，只见乾隆御舟灯火通明，车马吵嘈，那班妓女辞别皇上，登岸回院。皇后看后便悄悄说道："这些狐狸精总算走了，我终于可以见皇上去了。"

皇后匆忙地梳洗打扮了一番，手里拿着自己写好的奏章想要面见皇上，但皇后身边的太监和宫女却赶过来劝阻。但不论太监和宫女怎样劝阻，她也始终不肯听从。

这下可吓坏了总管太监，他跪在皇后面前，连连叩头说道："娘娘息怒。不要过于着急，现在正是皇上快活之时，娘娘一去，不但得不到好处，反惹皇上发火，那时候不但奴才难交差，怕娘娘也躲不过这次灾难。况且已到四更了，那群妓女也走了，皇上正在睡觉。娘娘既然写了奏章，待天亮后，奴才替娘娘送去，难道不更好吗？"

皇后听了又开始哭了起来，且说道："皇上如此荒淫下去，朝廷政事不闻不问，百姓怨声载道，大清王朝危亡就在眼前。我职司六宫，居于坤位，有匡救君王的责任，怎能这样让皇上胆大妄为?！我已拿定主意，就是死也要去见皇上。如果真的死在御舟之上，你们便把我的贴身衣服和宝玺送到我的父亲家中，就说我因劝谏皇上而死。"

皇后说着说着便又哽咽起来，不由得双腿一软，侧身倒在椅子里，宫女忙给她洗脸喝茶，慢慢地她才镇定下来，变得稍好一些。她停止了哭泣，忽然从椅子上直跳起来，说了一声："我早晚要去面见皇上！"便立即向船舱外走去。

皇后踏上跳板，急匆匆地走着，宫女、太监慌忙过来搀扶，抬眼向御船上望去，桅杆上挂着一盏红灯，或明或暗地放着红光。皇后看见红灯，更加气愤不已，用手指着红灯，两眼发黑，便气晕过去了。

宫女和太监们见皇后在那里昏迷不醒，吓得乱了手脚。有宫女拍着皇后的胸口，掐着人中穴，有的按摩着穴位，又给皇后灌下人参汤，慢慢地皇后苏醒过来。

皇后见了御舟桅杆上的红灯为何如此气愤？原来宫中有规定，皇帝如果召幸妃嫔，那屋子外面便点着一盏红灯，示意别人回避，不可惊动皇上。

待皇后醒后，她便打发自己的心腹太监到御舟上探察究竟，看看是谁在皇帝那里侍寝。不一会儿，那太监就回到皇后的船上，悄悄地说道：

"现在御船上有三个女子，一个是扬州的美女，另两个是歌妓。"

皇后听了，长叹道："唉！皇上真是不要命了吗？看来我是不能不劝谏了。"

　　这时，远处传来了雄鸡啼叫，皇后说道："到五更时分了，可以叫皇帝起来了。"

　　皇后让宫女把自己梳洗打扮一番，慢慢地走上岸去，宫女们扶着，太监们跟着，前面提一对羊角小灯引路，不慌不忙地向御舟上走去。

　　御舟上值夜的侍卫同守卫的士兵见皇后来到，连忙趴在地上跪见。太监传达皇后的懿旨，让皇帝侍卫们不要声张。

　　皇后也不要别人通报皇帝，径自来到御船的中舱，见桌上零散地放着几只酒杯，酒杯剩余的酒还没有凉，桌下的地面上落着一只红色绣花小鞋儿。皇后看了此景，轻轻叹了口气，于是又直入后舱，走向皇帝的寝室。

　　皇后径自走到御榻前，也不理睬皇帝，突然跪倒在地，拔去头上的钗簪，一缕云鬓直泻下来。随后从太监手中接过一本祖训，朗朗地读了起来。

　　乾隆皇帝这时正搂抱着一个妓女睡着，剩余两个却不敢合眼，见忽然来了一位贵妇人，知道不是一般的妃嫔，连忙悄悄推了皇帝一下。

　　皇帝正在睡梦中，忽被妓女推醒，听见有人背祖训，不得不从被窝里钻出来，披上衣服，在御榻上跪倒，认认真真地听着。

　　听完祖训，乾隆皇帝从床上下来，非常气愤地直面向着皇后道："你何时闯进来的？"

　　皇后低头答道："皇上急怒，臣妾该死！臣妾听见鸡鸣，觉着已过五更，天也已亮，特地来请圣安。"

　　皇帝冷笑一声，怒喝道："好个不知规矩的皇后！没看见挂着红灯吗？你敢暗地监察朕！"

　　一句话问得皇后无言以对。

　　此时，乾隆更加怒不可遏，凶狠地说："你偷偷地监视朕倒也罢了，现在你悄悄地来到御榻前，不会是来谋杀朕吧？"

　　皇后一听皇帝说自己想去谋害他，一时感觉到非常委屈，实在难以承受，哭泣地说道："皇帝这句话，怎能让臣妾担当得起？臣妾既然已备位来到宫中，皇帝便与臣妾是嫡体。圣驾起居，是臣妾应当伺候的。得知皇帝有不当行为，贱妾本想趁这天不亮时，规劝皇帝一下，不愿在白天抛头露面，失了体统，谁料烟花贱娼与陛下狎近，臣妾求皇上不要发怒。"

　　皇上的好梦给皇后搅了，心中正在恼怒，忽听皇后捎带骂那妓女，更加忍无可忍，摸起床头的小钲敲了一下，随后进来几个太监，皇上大声喝道："把她拉出去！"

　　太监们发现是要杀皇后，谁也不敢动手，于是恭恭敬敬地向前，扶起皇后。

皇后跪在地上，谁拉也拉不起，说什么也不肯起来，哭着说道："陛下不顾及臣妾名位，也应该顾念我们夫妻一场。陛下不管怎样生气，只求您看看臣妾的奏章，臣妾就是死了也不后悔！"说罢皇后把奏章举过头顶。

皇上无奈，不得不把奏章拿来，扫了几眼，见上面把他比喻成了隋炀帝、正德帝，便恼怒起来，一下子把奏章扔在地上，走到皇后跟前，扬起手来，朝皇后脸上打去，皇后两腮顿时红肿起来，嘴角也流出鲜血来。

太监们急忙上前劝谏，乾隆皇帝气愤地走出舱去，同时甩下一句："见太后去。"

皇后看到皇上要走，马上向前死死地抱住皇帝的腿不放，同时还说道："陛下即使要了臣妾的命，臣妾还是请陛下看完奏章再走，……"

皇上不能脱身，更加恼火，不假思索地抬起一只脚来，用力一踹，踢在了皇后的肋骨上，皇后"啊"的大叫一声，晕倒在船上。

乾隆皇帝头也不回，气冲冲地走出船舱，随后又走到岸上，侍卫连忙紧紧地跟在后面。乾隆皇帝走进太后的船中。

此时东方露出鱼肚白，太后已经起床，正在梳洗。侍女突然进来高声说："皇上驾到。"太后不觉吃了一惊，慌忙看去，看到皇上衣衫不整，怒气冲冲。乾隆皇帝走进舱后，便把皇后怎样胡闹，又如何失体统的话讲了一通，但他却只字未提自己昨夜嫖妓宿娼的事，最后又说道：

"她未经朕同意便私闯内宫，居心不良，恳请太后赐死。"

皇太后听罢尤为吃惊，便问道："皇后是如何到御舟上去的？"

皇太后派侍从立刻把侍候皇后的宫女、太监们唤来询问。问明事情的原委，皇太后便立刻吩咐把总管拉下去，用木棍将他打死。然后又吩咐内监，到御舟上去把皇后召来。

不大会儿，皇后被架了过来，皇太后看到她披头散发，热泪满面，喟然叹气，说道："闹成这样，成何体统，做皇后的体面哪里去了？"

皇后听皇太后一说更是痛彻心扉，加之肋骨折断，疼痛得难已忍受，失声痛哭，却说不出一句话来。

皇帝在一旁，一个劲儿地催促着太后赐死皇后。皇后见皇上这样绝情，心灰意冷。她乘人不备，抢到船头，向河中一跃，"扑通"一声，落到河中。

皇帝发现皇后跳到水里，仍然是无动于衷，倒是皇太后动了恻隐之心，总觉得皇后可怜，马上让太监找水手把皇后从水中打捞出来。

水手将皇后打捞上岸后，发现皇后被水灌的已昏迷不醒，灌的水慢慢地呕吐出来之后，才清醒过来。

打那以后，皇后卧庆不起，但一连几天皇帝也不去看一眼，这使皇后更加心灰意冷，心如刀绞，非常难过。这时南巡的船队已驶到了杭州。

这一天，皇室所有人员驻跸蕉石鸣琴行宫。恰巧这天是皇后的生日，皇太后叫皇帝去看望一下皇后，乾隆皇帝拗不过皇太后，在早餐时随意给皇后点了几个菜。到了晚餐，却不见了皇上的身影。

早饭以后，皇后发现皇上对她如此冷漠，就用剪子把头发剪下来，然后下跪在太后面前，求她发发善心，许她削发为尼。皇太后见皇上和皇后已不能和好如初，便命宫女将皇后扶起，并且说道："我答应你的要求，咱们从山东过来时发现济南大明湖边水清树茂，那里有个清心庵，是个修行的好地方，如今打发人送你到那边住着，等皇上回銮的时候，再带你进京回营，你愿意不愿意？"

皇后听后，忙跪下谢过太后。于是太后便唤过四个太监和一个主事的来到皇后的凤船上。五人得令后立刻启碇，向济南府大明湖的清心庵奔去。

到皇上回銮时，皇太后果然叫人把皇后接回了宫中。第二年就传出皇后死亡的消息。

乌喇那拉氏死后，乾隆不但没有回宫参加葬礼，反而降旨乌喇那拉氏皇后的丧仪只能按贵妃的丧仪办理。

纪昀对南巡中发生的这些事，一直耿耿于怀，他后来又听说皇上派人将皇后所存留的妃、贵妃、皇贵妃直到封为皇后时的绢宝弄出去，全部烧掉。皇上还亲口对纪昀说："没将她的位号去掉，对她已算仁至义尽了。"

后来，纪昀再整理宫文时，发现回京后皇后手下十一个宫女已被裁掉九人，只剩两个宫女在她身边，并且，皇后每年应得的银两和每宫一份的物品，也全部被扣减，皇后只是个虚名了。纪昀不禁唏嘘感叹："皇上这样绝情无意，真是伴君如伴虎呀！"

纪昀伴驾南巡到扬州时，正值阳春三月。扬州城北的茱萸湾，是京杭大运河由北向南进入扬州的第一个码头。纪昀见景生情，不由得默诵起旧的诗句："春风荡名城，满耳充箫笙"，"一堤杨柳三面水，十里茱萸千艘船"。御船还没到扬州，茱萸湾码头上早已挤满了接驾的船只。

御舟一到，欢呼声、鼓鸣声、鞭炮声响成一片。两岸的官吏，跪成一片，趴在岸头接驾。

接着有一仙女般美人端着鲜桃，登上御船。乾隆皇帝见到这美人，又动了情，便喃喃笑道："果然是江南美女，真是漂亮呀！"

皇帝话一说出，一个老太监上来把这个江南美人领下去，让她侍候皇上。

在御船前面一条大船上，名伶们正演着戏。乾隆皇帝正坐在御船的宝座上津

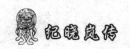

津有味地看戏。船队徐徐慢行，站在皇帝两旁侍驾的，有兵部侍郎纪昀、吏部侍郎彭元端和几位大臣。

这一天，御舟行驶到扬州城内，两江总督萨载、江南河道总督李奉翰等，带领地方官吏，跪在船头上接驾。

皇帝传令把萨载叫进舱内，问道："这里什么地方可以驻跸？"

萨载奏道："回皇上话，万寿重宁寺已经建成，聊堪圣驾住寝。"

于是皇上吩咐大臣，就在重宁寺驻跸。纪昀陪同乾隆皇帝来到重宁寺，去年刚刚建成的重宁寺看上去非常美丽壮观，一副富丽堂皇的样子。乾隆曾赐匾额"万寿重宁寺"，还御书两额为"普现庄严"，"妙香花雨"。可见皇上南巡之事，早就计划好了。

当天，乾隆皇帝就住在了重宁寺的大殿内，由美女及"仙女"之类的侍寝。随同的大臣们就不用忙活了，可以安心休息了。

3. 朝堂辨忠奸

有一天早晨，紫禁城的朝廷内正聚集着一群朝臣，在闲谈政事。

"从整个历史看，不论是哪朝哪代，都存有忠臣与奸臣相争，而争斗的结果，忠臣都被奸臣算计。唉！……"

"言之有理……"

"下官所见，也不全是这样。就说唐朝的宰相魏徵，连邵国舅不也是无可奈何他吗？"

"那主要是因为魏徵遇见了开明的皇上！"

正在大臣们谈论得热火朝天之时，外面传呼："皇上驾到！"

群臣坐起，连忙肃立两旁。乾隆在龙椅上端坐后，大臣们立即跪伏地上，高呼："陛下万岁万岁万万岁！"

皇帝满脸笑容地说："众位爱卿平身。"

皇帝问大臣们道："诸位爱卿在谈论何事呀？"

其中刘统勋带头回道："回圣上，臣下在议论忠奸之事。"

"哦？这是个值得议论的事情！"乾隆高兴起来，笑着问道，"诸位爱卿讲讲，到底什么是忠奸呀？"

刘师退回答："依臣之见，所谓忠，一心一意忠于一个君王，一臣不可忠于两个君王。"

乾隆皇帝点了点头。

董曲江讲道："微臣之见，君王让臣死，臣若不死就是不忠。"

和珅忙向前说："一切听从皇帝的命令就叫忠。"

乾隆皇帝微微一笑，对着纪昀说："纪爱卿，你看呢？"

纪昀答道："皇上讲的都对！"

"哦！"乾隆望着爱开玩笑的纪昀笑道，"那么纪爱卿你，是不是忠臣啊？"

纪昀回答道："臣只能算是个愚忠啊！"

乾隆笑眯眯地斜视纪昀说："既然纪爱卿称自己愚忠，那朕让你去死，你去不去呢？"

纪昀回答："臣蒙宠遇，虽百死不足一报，唯圣上之命是从！"

乾隆非常严肃地高声说："朕叫你马上去死！"

立刻，朝堂变得鸦雀无声。纪昀也不由得一怔。他慌忙跪在地上，吓得话也连不成句："臣，……臣……"

乾隆还是严肃着脸说："怎么啦？"

纪昀沉思片刻，立即想出了一个缓兵之计，他抬起一脸冷汗的头，对乾隆道："皇上，臣死在这里，怕吓坏了保驾的臣子，请皇帝容臣到午门之外去死吧！"

乾隆点头道："当然可以！"

纪昀站起来，退出了朝房。

群臣发现此景更加惊惶，一齐跪在地上央求："皇上……"这时刘统勋吓得脸已没了血色，十分悲伤地说道："皇上，君无戏言，……这……"

乾隆特别愤怒，吼叫着说："都起来！"

"皇上！"群臣还是跪地不起，求告着。

"马上起来！"乾隆厉声喝道。

群臣一个个慢慢站起来，站在那里目瞪口呆。

皇帝叫过肖德录，趴在他的耳朵上不知说些什么，肖德录急步退下，群臣面面相觑。

这时，一个小太监跑过来，藏在一个隐处，望着正在低头转圈儿的纪昀。忽然见纪昀的嘴边一笑，转身向午门内大步走去。

朝房内仍寂静一片。乾隆捧着盖碗，不声不响地品茶，群臣诚惶诚恐，汗珠从脸上流下来。

正在这时，纪昀忽然回到朝房，向皇帝叩头说道："臣纪昀回禀皇上！"

群臣见纪昀回到了朝房，原来大家都绷紧的那个弦，猛地松了下来，但心中仍惴惴不安。

乾隆皇帝把茶碗往茶几上猛得一放，露出一副严肃认真的面孔，问道："怎么，你没有去死呀？！"

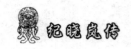

纪昀双手抱拳，跪地叩头说道：

"禀报皇上，臣很想去死，有一个人就是不让臣死啊！"

乾隆皇帝喝斥道："是谁这样大胆！"

纪昀答道："是屈原。"

皇帝一怔："什么，屈原？！"

大臣们感觉有些莫名其妙。

纪昀忙又回禀："臣到了午门外，准备以死尽忠，忽听后面有人喊了一声：'先生且慢！'臣转头看去，见是屈原大夫。他批评臣说：'当时楚王就是分辨不清忠奸，搞得我屈原悲愤而死，给楚王留下了个臭名。如今你的君王是个能辨清忠奸的开明君王，你要真死，后人会不说你们的君王诛杀忠良吗？'他跟我说完话，就不知道去哪儿了。臣想，屈大夫讲的话有一定道理，臣不敢定主意，特回来回禀皇上，让皇上做主。"

皇帝听后，敞怀大笑起来。用手点着说："你，你这个纪昀，朕就知道，你装着满肚子的花花肠子。"

这样，纪昀又免了一死，群臣才从惊悸中苏醒过来。

这天退朝，刘统勋和纪昀一起下朝。刘统勋对纪昀说："我当时真吓破了胆，一直为你提心吊胆，还向皇上为你求情……"

纪昀说："晓岚该死，让恩师如此担心。"

刘统勋长叹了一声："幸好你聪明伶俐，反应得快。"

纪昀也叹了一口气："这叫急中生智，让皇上逼出来的呀。其实，当时我也是很害怕。"

这一天，纪昀回到家，脸上带着笑容，关于朝中发生的事情，他始终不敢向家人讲明，唯恐家人为他担忧。

他一人待在书房，望着书桌上的文房四宝，备感亲切。他喜欢读书和写作，今天能够回到家中，这真是不幸中的万幸。

喝了三杯茶，他才把今天的惊吓压下去。他又一次领悟到："伴君真是如伴虎呀！"

第四章　结怨和珅

一、和珅发迹

和珅，钮祜禄氏，满洲正红旗人。清朝入主北京后，定居在西直门内。其先辈尼雅哈纳进攻山东时，立有战功，获得赏赐，被赐予"巴图鲁"，这一封号到后来由他的四世孙，也就是和珅的父亲常保袭职。常保曾经担任福建副都统，后来又由于"追叙阿哈硕色阵亡军功，赠一等六骑尉"。

本来和珅的家庭情况并不好，他的父亲常保外任福建副都统，虽然说是二品官，但官场开销极大，副都统又不是肥差，所以家中并不富裕。最近父亲常保身体不佳，健康对他来说已是个奢望，聪明好学的弟弟和琳，整天无忧无虑，丝毫没有家庭负担。和珅愈发感到肩上的担子很重，自己已经成年，婚姻大事也在眼前。家中已有人上门提亲，母亲深表满意，但和珅总感觉不合适。对和珅来说，婚姻的意义比结婚后和谐的幸福生活更重要。一句话，他把婚姻当作自己飞黄腾达的阶梯。他既无家财，又无勋戚，只有这样，他才能平步青云。

对和珅来说运气是一个机会。正在他为婚姻之事发愁时，外任的父亲常保从福建捎来一封家书，这使和珅喜出望外。原来是英廉为他的孙女向常保保媒。

英廉现在是内务府主事、大臣、侍郎、刑部尚书，正黄旗满洲统领、协办大学士、直隶总督、东阁大学士加太子太保，曾经担任过《四库全书》的正总裁。如此一位高官，主动与和珅结亲，难道不是一个绝佳的机会吗？收到父亲大人的书信后，和珅的母亲立即就到英廉府上求婚。第二年，和珅就同英廉孙女结婚，如此，和珅便成了这位权贵的孙女婿。对于和珅来说，这无疑抬高了他的身价。他认为这真是福星高照，自己以后的仕途就会顺利多了。

结婚刚过两年，和珅父亲常保就病死在福建。和珅由于是家中长子，所以承袭了他父亲三等轻车都尉的职位。两年后，他又被侍卫处选中了，当了皇帝的三等侍卫，给皇帝做伴驾，随侍在皇帝旁边。乾隆皇帝第一次看见和珅时，呆住

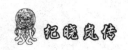

了，发现和珅长得犹如女人般清秀，并且太像他四十多年前认识的雍正帝的年贵妃了。皇上叫和珅脱掉上衣，又发现和珅的脖子上长有一条红记。他忽然想起年贵妃也同样长有一条红记，不由吃了一惊，问和珅道：

"爱卿，这块红记怎么回事？"

"回皇上，是奴才出生时的胎记。"

乾隆皇帝又吃了一惊，用手摸着和珅的这块红记，又回想起年贵妃临死时说的话："二十年后再回来。"皇帝自言自语道："皇额娘，你化身一男子来到世上，又为何呢？你若还是女人，朕让你到宫中当贵妃。"乾隆皇帝甚感遗憾。

皇帝与和珅在宫庭的这次相见，成了和珅生命中的转机。他常常被召进宫，陪伴皇上休息。乾隆皇帝把和珅想象成年贵妃，和珅从此飞黄腾达。

乾隆四十一年正月，和珅晋升为户部右侍郎；同年三月，提拔为军机大臣；是年四月，兼任总管内务府大臣；八月，调任镶黄旗副都统；十一月，授国史馆副总裁，戴一品朝冠；十二月，兼任总管内务府三旗官兵事务，可以在紫禁城骑马。也是这一年，和珅家由正红旗转入正黄旗。像这种一年当中连续几次提升官职，在清朝的官场中是极少的。乾隆四十五年四月，乾隆皇帝把自己的女儿许配给和珅的长子丰绅殷德，这样和珅与皇帝又做起了亲家。此后和珅又兼任崇文门税务监督，军队中的全部事情都由他负责。乾隆四十九年，和珅被任命为吏部尚书，协办大学士兼管户部。同年九月，授一等男爵。他的一生高官做遍，权势极为显赫，集众大权于一身，这在清朝是没有过的。

和珅做官后，除了给好大喜功、爱好钱财的乾隆皇帝敛财以外，还利用自己身兼多职的有利条件为清政府聚财。

和珅为清廷聚敛财物主要是从以下三方面进行的。第一，兼并土地，收取高额地租；第二，侵占大批房屋，出租房屋，收取高额房租；第三，放高利贷。他敛聚财物的范围和对象十分广泛，几乎涉及社会生活的各个领域。他利用乾隆皇帝给的权力开有当铺、银号、账局、印局、古玩铺、瓷器铺、陶器铺、弓箭铺、粮食店、酒店，甚至还利用自己拥有近百辆大马车等其他交通工具的有利条件，长年经营远途运输。后来人们要想见和珅还须花费银子，所以有人就说："这真是'侯门深似海，和府财如山'哪！"

就在和珅为自己的前途和事业扬扬得意的时候，乾隆皇帝又赏给和珅一块地皮，同意他在德胜门内正黄旗领地什刹海畔为自己盖一处豪华新宅。于是和珅又开始大兴土木，兴师动众，建造富丽堂皇、气势庞大的和府。

和府的主体工程完工后，和珅就开始对室内装修动起了心思。装饰工程完工后，整个和府俨然一座富丽堂皇的皇家宫殿。门口的琉璃瓦异彩纷呈，铜皮装饰的路灯光彩夺目，外表饰金的雕梁画柱美不胜收。据说，当时和府的建筑风格基本仿造"宁寿宫"，与《红楼梦》中大观园非常相似。这仅是和珅所要建的"阳宅"；修建了宅第花园，和珅还修建了规模宏大的"阴宅"，这就是修建于蓟州沙河身的"和陵"。

按照清朝的制度，旗人官员和普通百姓建房屋，必须遵守国家制定的法律，只有王府才能铺琉璃瓦，大门的门钉数目也有相应的规定。和珅有了这次建筑宅院的机会，就想使自己的宅院建到达到圆明园中蓬岛、琼台的水准。因此，他派了一个心腹太监在宫中偷出已做成烫样的建筑模型。过了不久，和家宅院便建成了，这就是"锡香斋"。宅院面积十分宽大，西到三转桥，东到毡子房胡同，北到大翔风胡同，南到今前海西街南侧，并且分成左、中、右三路。中路建筑取名"嘉乐堂"，建筑两侧，各有四五个院落的东西住房。在右路的最后一个院落，建有十分精致的垂花门，上面悬挂的是慎郡三允禧给他书写的"天香庭院"四个字，前面的一处院落是和珅夹壁藏金之处，正堂是五间宽敞建筑，起名为"葆光室"。左路的建筑布局，基本上和右路相似，唯一不相似的只是不如右路建筑考究、精细。

三路建筑的最后，从西句东，还建有一座拥有四十多间、长达一百五十米的二层楼，定名"寿椿楼"。和珅的妻子就住在这里。

"寿椿楼"后面还有一座精致的后花园，也分为三路：中路建有一西式大门，迎面是用太湖石建造的假山、水池、蝠形大厅。东路是流杯亭，向后是一座较大的院落和宽敞的戏楼。西路有一个大水池，池中有一别致小岛，岛的上面有一小建筑，美其名曰"观鱼台"。北面是一长长的小土山，山上建如同长城似的建筑物，并筑有名叫"榆关"的城门。

和珅新宅建成之后，想请纪昀题匾额，于是便来到纪昀府上。

二、巧戏和珅

这天，纪昀正在家中休息，门侍报告纪昀说是和珅来访，纪昀听后不敢怠慢，连忙走到大门外迎接，把和珅领到自己的书房。

纪昀道："和大人光临寒舍，不知有何事情，不知大人远来，未曾远迎，还请恕罪。"

和珅脸宽耳大，大腹便便，身穿绣花的丝缎官服，堆笑的脸上露出一副富贵福相。和珅落座后，品了一口茶，便一欠身，抱拳说：

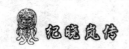

"小弟刚建成一座新宅，想请纪大人给新府宅题题匾额，为小弟新居蓬荜增辉。"

纪昀谦让了一回，便说："大人过奖了，刘塘的字体比我写的好多了，为什么不请石庵题写？"

和珅有意地撇嘴说："他怎能和你纪大人相比，请纪兄不要拘谨和谦虚，还是不吝赐教为好。"

纪昀不敢得罪这种得到皇帝宠爱的势利小人，便在当天来到了华丽无比、金碧辉煌的和府。他参观了亭台楼阁、假山水榭之后，就在蓊郁的南竹与花草树木间，书写了一块"竹苞"匾额，悬挂于凉亭之上。

纪昀给和珅家题的这块匾额使和珅非常惬意，他还经常向别人炫耀此匾。

有一天，乾隆皇帝忽然想起和珅刚盖好的新宅，于是萌发了要去看一看的念头，便来到这新的和宅。通过参观，乾隆皇帝已经发现这新建的豪宅远远超过制度规定的范围，但终因和珅是自己的宠臣，便也没有进行追究。

皇帝在亭院里参观，忽然在凉亭前站下，望着那块"竹苞"匾额，微笑着问道："爱卿，此匾额是谁题写的？"

"回皇上，是纪大人所赠。"和珅回答完皇上的话，露出一种骄傲自满的样子。

突然，乾隆皇帝大笑起来，他笑完之后停了一会儿说："是呀，只有纪昀才能用这种方法和手段来嘲笑你……"

和珅心里一惊，直起身子问道："请圣上明示，小臣确实不理解这'竹苞'二字如何解释。"

乾隆又笑着说："这块匾的字你应当拆开来讲，竹字拆为个个，苞字拆开为草包。意思是说和珅家的人，个个是草包，哈哈哈，这纪昀真是骂人不带脏字呀！"

皇帝把这匾额的意思一解释，和珅那白白胖胖的脸一下变红了，一股怒气立刻涌上心头，同时，眼中流露出一种仇恨的凶光。他击着掌跺着脚，咬牙切齿地说：

"好个不知好歹的小人，你居然敢拿皇上的心腹开涮，你瞧着吧！"

自从这件事后，和珅这个专会阿谀奉承的权臣便跟纪昀结下了怨仇。

和珅原是满族正红旗人，后在升官的道路上被抬举进入正黄旗，他的民族意识比较狭隘，看不起汉族的官吏，又倚仗自己是乾隆皇帝的宠信，骄横自满，为所欲为。此后，和珅和纪昀关系越来越淡。在关键时刻，由于和珅在乾隆皇帝面前常说纪昀的坏话，纪昀遭到陷害，后来差点丢掉了性命。

第五章 提督学政

一、南下督学

1. 对句遭讽

　　乾隆二十七年，纪昀已经三十九岁，到了不惑之年，这时也正是他年轻力壮的时候。这年他奉命视学福建。在清代，视学官阶提督学政，也即人们平时而言的学政，钦差待遇，到地方上则与督抚平起平坐。按其级别，知府以下都受其管辖。当然学政不能干预行政事务，但是他和督抚互相制约，均可密折陈报，谁也无权干涉谁，可以说学政也是皇上倚重之臣。纪昀一路走去，诗作自然不会少，后来结集为《南行杂咏》。

　　从京城出发一路南行，到达河间时，家乡的父母官献县太守远远迎接纪昀。纪昀和太守并肩入城，后来临行时赋诗留别：

河间太守郊迎赋赠

长亭相见一停车，斜照疏林认隼于。

五马敢劳迎驿使，双旌本自引天书。

梦榆旧社沈前日，风雨孤村有散庐。

我是州民应下拜，邑人莫拟马相如。

　　太守看罢，特别高兴，天笑着说道："学政您太谦虚了，本官愿聆听教诲！"

　　到了景州后，纪昀在古塔下稍稍休息。纪昀小时候就十分熟悉这儿的三大古迹：沧州狮子、景州塔，还看真定寺的大菩萨。饮茶时，即兴赋诗一首：

景州隋塔

阅历沧桑凡废兴，岿然独剩十三层。

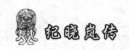

如何同郡高常侍，不与慈恩一例称。

　　纪昀一路前行，经过了德州、平原、晏城、齐河、泰安……十月初渡过黄河。当时的黄河不是今天的这个位置，入海口在今苏北地区。到高邮后改为水路，沿运河南下。不久，便穿过长江，经嘉兴到达杭州。西湖美景，名冠天下。为此纪昀在杭州停留二日，驻足欣赏游玩。

　　过了杭州，沿富春江转向西南，到了这里便进入了江南山水胜境之地，风景如画，旖旎动人，历代诗人在这里留下了大量佳作。纪昀站立船头，心旷神怡。此时江水滔滔，波光跃金，两岸青山葱茏，远处蒙蒙生烟，一切美好景色尽收眼底，纪昀禁不住思绪激荡，诗兴大发，高声吟道：

　　　　沿山无数好山迎，才出杭州眼便明。
　　　　两岸蒙蒙空翠合，琉璃镜里一帆行。

　　　　浓似春云淡似烟，参差绿到大江边。
　　　　斜阳流水推篷坐，翠色随人欲上船。
　　…………

　　到达桐庐，下船上岸游览了钓台。纪昀在钓台再次抒发自己的情怀。

　　　　　　钓台有感
　　　　肖然指点钓台高，隐士留名亦偶遭。
　　　　一样清风辞汉主，更无词客问牛牢。

　　再上船时，纪昀的官船刚刚启动，一艘大船扬帆赶了上来。由于江面风紧，大船从纪昀的船旁边经过时，掀起很高的水浪，荡得纪昀的官船摇摇晃晃，大船的船夫露出一种占上风的感觉得意而去。

　　官船上的船夫，好像受到羞辱一样，也不甘示弱，拼命摇橹向前追赶，但终因船的力量达不到，被大船远远地甩在后面。大船船头上站着一个身强体壮的大汉，脸上露出一股按捺不住的傲气与嘲笑，与大船上的船夫做了个手势，大船立即降帆减速，两船慢慢地并在了一起。

　　汉子双手抱拳地向纪昀说道："我看大人的样子，可能是一位文官。在下是一武将，现有一对句，我想让阁下对之，如能对出，在下的船只立即退让，如果不能对出，大人也只好委曲求全了，只能在后面尾随。"

纪昀心里想，出题万我之长，不足惧也，于是他也回了个双手抱拳，答道："武士请！"

汉子命令自己的船夫拿素纸笔，立即献联，后派人送到纪昀的官船上。

纪昀接过大汉写好的对句，看到："两舟并行，橹速不如帆快。武夫候教。"

纪昀看过大汉出的联句之后，心想：此联不易对，既要语意双关，还要与两个人的名字音同字不同。橹速即鲁肃，帆快即樊哙。这两人还必须是一文一武，他出上联的意思，明明是嘲弄我这文士不如他那武士。

大汉出的上联，的确有一定难度和技巧。平时喜欢对句的纪昀，这下被一个武士的对联难住了。大船上的汉子发现纪昀一时对不上来，便趾高气扬地抱拳说道："文士大人耐心想吧，武夫先走一步了！"

说话间，大汉命船夫加速，大船不一会儿驶到纪昀的官船前面去了。

天已黑了，江面上也渐渐平静下来，船只也已降帆靠岸，江风吹来，露出一丝凉意。官船上的人都睡觉了，纪昀还不停地吸着烟，脑子里一直在想白天没有对出的上联。

纪昀走出船舱，站到甲板上，口中不停念叨着："橹速——鲁肃，帆快——樊哙……"

这时，江岸上的箫声把纪昀从思考中惊醒，他忽然眼睛一亮，自言自语着："有了，有了！"他吟诵着："八音齐奏，笛清怎比箫和。"吟诵时他的头不停地晃。他得意地说道："总算想出来了，笛清者，狄青也；箫和者，萧何也。那汉子讥讽文不如武，我这下联就对个武不及文，哈哈哈！……"但他很快就摇摇头，遗憾地表示："可惜当时没有对出来啊！"

2. 他乡遇故知

天亮以后，官船继续行驶，进入了富春江上游的衢江段。这段江面很狭窄，江中浪高流急，且江底又有许多乱石暗礁，船行驶起来，非常危险。纪昀的官船上有他的全家和随从十几人，这还是第一次路过如此险要的江面，不由得心中捏了一把汗，心也一直悬着放不下来。以后，追忆当时的情景，纪昀写了一首歌谣。歌谣写出了江面的险情和渡江人的恐惧心情。末句"阿弥陀佛滩，吾今往福建"，不仅幽默风趣，而且形象地表现出一个韶秀年华的朝臣达观洒脱的思想。

官船来到衢州，纪昀一行要改为陆行。驱车越过仙霞岭，进入福建。福建自明代以来设八府，所以也称八闽。福建是一个多山多水的地区，境内峻岭连绵不断，河流湍急，向有"闽道更比蜀道难"之说。纪昀来到石陂小镇，这个村镇是著名的武夷山风景区的一个小镇，带有古香古色风味。武夷山风景，兼黄山奇峰云海和桂林山清水秀两种特色，有"奇秀甲东南"的美称，且古迹名胜比较多。石陂镇的梅树闻名遐迩，纪昀从小生长在北方，从没见过这么巨大的梅树，今天大开了眼界，感到无限满足，自然要歌以咏志。

纪昀一行驱车到了建阳，再换乘船，沿闽江上游建溪而下，船来到水口遭遇上了大风。此时全家人还都不在一个船舱，纪昀心情变得有些沉重，当时他曾有这样的诗句："全家消息竟如何，屈指危滩几度过！王事敢言怀妇子，人情未免念风波……"这次福建督学纪昀带领全家确实经历了艰难险阻，是非常不容易的。

纪昀这次到了福州，时间已进入冬天。船驶到福州闽江埠头，早有学政署衙门派遣的差役和挑夫在岸上迎接。

南方冬季的时候北方已是数九寒天，冰天雪地，但福州却是天暖花开，春意浓浓，这使纪昀惊讶不已。南方小镇的街道两旁，摆满竹器、漆器和南方风味小吃的摊子，摊子的主人吆喝着叫卖，街上行人来来往往，络绎不绝，好一派繁华热闹景象。纪昀实在没有想到，中国南方边陲这块濒临海峡的城市，竟是这样的繁华。

纪昀来到福建的学政署衙，原学政笑迎上前。纪昀的官轿刚停下，待他一掀轿帘注目观看时，立刻下轿跪拜，说："恩师好，想不到师徒能在这里相遇！"

原来这位即将卸任的学政，是纪昀的启蒙塾师及孺爱老先生。他因年迈告老归乡，及先生紧走几步，来到纪昀的面前抓住他的手道："哈哈，你这位'神童'可来啦！"

两个学政，一老一少，一师一徒，他乡重逢，感到无比喜悦，两人有说有笑，步入学政署衙。

寒暄一阵后，及先生说：

"纪昀长途跋涉，劳累得很，先休息几天，我们再办理交接手续。倘若有事吩咐公差去做，我就不打扰了！"

"先生不要客气，敬请随便！"

二、提督福建学政

1. 巧胜文士

及先生走后，纪昀便休息去了。新的生活、新的环境和新鲜的风景，使纪昀按捺不住游玩的心情。第二天，他也顾不得远途的劳累，便和仆人张凯穿上便服到街头游逛。

走到一家茶楼前，纪昀和张凯扫视一下便向里走去。楼下高朋满座，这时只听茶楼中跑堂的大声吆喝道："来了，二位，楼上请——"

纪昀、张凯来到楼上，找了两个座位坐下。纪昀从头上摘下草帽朝墙上一挂，取出随身携带的旱烟袋，装上烟叶吸了起来。

忽然从雅座间传出几个人议论的声音："听说准备卸任的学政是个北方人，接任的还是个北方人，这不是明明欺负我们南方没有这方面的人才吗？"

纪昀朝有议论声的方向望去，发现一方桌上围坐着几位看似书生的文士，正在一起发牢骚。

其中一个人说道："依我看，政府采取北官南调，南官北往这一策略，以此避免人情之弊端，也许这是一件好事，只是不了解这位新学政纪大人是否真有一点笔墨。"

"不可能的！北方人向来愚昧无知，纪昀做上这个官，还不知是用什么办法买通的官府呢！"

"客官请用！"跑堂的人提着茶壶拉着长音轻捷地走到纪昀旁边，用手中那细长的茶壶嘴，轻轻地在茶碗里斜了两下，便斟满了茶碗，随即茶水的清香四处飘溢。

这时纪昀往雅间一指，问提壶的茶馆："请问他们都是些什么人？"

茶倌悄悄地回答：

"客官问的是他们，他们都是本地的知名人士，每隔三五天便来到这里聚一次，说文解字，饮酒赋诗，说什么是以文会友，他们快活哩！"说着，茶倌便退下了。

纪昀一听那几个人是在以文会友，便来了精神，他对张凯说："你先慢慢喝茶，我去看看。"

纪昀走进雅间，双手抱拳，躬腰施礼，笑道："诸位好！听说你们在此以文会友，在下也没有什么文才，想与诸位凑凑热闹，不知合适否？"

这几个文人不屑一顾地瞧了瞧这位不速之客。

其中一个人说："听声音，你是北方来的吧？"

纪昀笑着答道："正是，在下是直隶人。"

大家一听纪昀说是北方人，都不愿意再搭理他。纪昀满不在意地拿了一把椅子坐在这几个人中间。

另外一个人用瞧不起人的眼光看了纪昀一眼，说道："喂，我们都在品茶赋诗，怎么，你会吗？！"

纪昀边吸烟，边笑道："在下学识浅陋，不敢卖弄，该懂点吧！"

有个人示意文友，故意显露出惊讶的样子，说："那就让他做一首诗，也让我们长一下见识。"

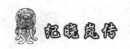

这几个人一阵哄笑。纪昀遭到如此嘲笑和奚落，张凯心中愤愤不平。他立刻站起来，想要说话，纪昀马上示意，让他不要着急。

其中的另一个在一旁说："那你就做一首吧！"

纪昀又吸了两口烟说："请出题吧！"

又有一人抢着说道："就以这茶楼作为题目吧！"

纪昀清了清嗓门，随即吟道："一爬爬上最高楼。"

众人哄堂大笑起来，有的笑得把茶水都喷了出来，其中一人笑得捂着肚子，挖苦说："什么呀，这也算诗？"

在这几个人的嬉笑声中，纪昀有意提高嗓门，大声地接着吟咏："十二栏杆壮斗牛！"

大家一听纪昀吟了一警句，那嬉笑声戛然停止，吃惊地说："好诗，好诗，继续吟，往下说！"

纪昀慢慢地起身，漫不经心地说道："还有两句，在下写在纸上，待我离开茶楼，请你们再好好欣赏。"边说边拿起桌上的纸笔，来到其他桌前，大笔一挥而就，然后往砚台下一压，双手一抱，拱手道："在下告辞！"

文士们瞧着纪昀和张凯走下楼去，急急忙忙地取过砚下压的纸条一看，清楚地写道："纪某不愿通名姓，恐压八闽十二州。"

"有气魄！确有气魄！"一个个赞不绝口，猛然间想到："哎呀，说不定这就是纪昀吧？"

大家面面相觑了。某甲这时好像忽然有所悟地说："哎呀，这人可能就是来接任省学政的纪昀啦！"说着他们几个看看纪昀写的诗，想想人，越想越觉得他肯定就是纪昀。这时，文人们的脸上，立刻表现出不自然、太鲁莽的后悔样子。

2. 劝勉后进

多日后，纪昀与及老先生一块巡视了闽中部分学府，船只沿闽江上行，两人站在船头上，江风徐徐吹来，不时掀动起他俩的衣袍。纪昀推了推头上的顶戴，眺望闽江两岸的青山和绿水，胸中激情震荡，感怀颇多。及先生说：

"纪昀，对这里的美丽风光，怎能没有感想和感受，何不作诗抒发情怀？"

纪昀笑了一笑，随即深含情感地叹了一口气，吟道：

> 残冬风景似新秋，草碧杉青送客舟。
>
> 解道榕城天气好，便从柘浦点貂裘。

吟罢这首诗，纪昀的诗意还未消退，又继续吟道：

岭外梅花系梦思，南来几度好风吹。

青山本爱留人住，蓑鸟无情自不知。

　　船行驶到了建阳，远远望去，一座塔好似大树参天矗立在半山腰，塔一旁的山脚下是停船的码头，无数官员都站在岸上等候迎接。上岸后，及先生向迎接的人们一一介绍新来的学政纪昀。第二天，在纪昀办公的地方，及先生将两本考生的卷宗呈放在纪昀的案头，并且说道："这是考生答卷，都已把答卷改好判完。这是考生中榜与落榜的卷册，请过目。"

　　纪昀笑着说："先生不是已评判过了吗？"

　　及先生实事求是地回答："凡是中榜的，我全部都进行了复核，那落榜的，也做了重新复查，我已分别打入优等与劣等，你审与不审，也就无所谓了。"

　　纪昀听完及先生的回报没有当即反驳他，等及先生退下，纪昀对原学政工作人员说：

　　"及老先生年轻时精力充沛，治学严谨，现在，年过花甲，老态龙钟，一切随他去吧。但我对他刚说的这些实在不敢苟同。大家知道，文章写的是优是劣，一个人和一个人的评判口味不一，因而也造成结果的取舍不一。如不仔细加以审核，难免发生一些错误，一旦错误发生，对于谁来说都是追悔莫及的呀！"说着他点着一袋烟，在案卷上仔细认真地审核起来。他从上任这天起，便开始评阅考生的卷宗。他在那里全神贯注地批阅着院试考卷。因为他曾落过榜，深知落榜后的痛苦滋味。每当他想起落榜之事，他就会想起他初恋的文鸾小姐，是她带上四姨赶到上河沿的别墅，才找到了正要寻短见的他。这件事使他终生难忘。忽然，他眼前的一份考卷让他的眼睛发亮，拍案说道："这样的佳作，怎能弃之不取？！"他边说边从头至尾，又复核了一遍，终于找出了一处毛病。那就是文章中凡是文字有"口"旁，都写成了"厶"旁了。他终于明白了原因。

　　他的仆人张凯正在给他斟水，不明白他的主人在那里自己念叨什么，便问："老爷您在说什么？"

　　纪昀指了指他看的试卷说："此篇文章，文才绝对数一数二，偏偏书写不规范，以致被打入劣等文章，真为他惋惜！"他说着吸了两口烟说："张凯，此人叫吴春，你给我把他找来，待我给他讲个明白，免得他再遭受这样的错误，耽误前程！"

　　仆人张凯在建阳穿街走巷，终于找到了吴春。在路上，张凯就把寻找的意思向吴春透露了，他说："我家老爷对你可是一番好意呀！"

可是吴春却带着对学政判法不满的态度，阴阳怪气地说："哼，天晓得，你说的话是真的还是假的！"

张凯和吴春一块来到学政衙署，吴春给两位学政大人施礼，跪地叩头，说道："学生吴春叩拜二位大人！"

纪昀拿出吴春的考卷，和蔼地说：

"起来吧，你参加院试所写的文章，本官和学政及大人都已阅过，你的文笔流畅，文章的论据也别出心裁，可以称得上是一篇佳作。只是你太不注意书写文字的规范，凡文章里字中有'口'旁的地方，你基本上都写成了'厶'旁，犯了这种书写的错误，你过来看看吧！"

吴春走到案桌前，看着纪昀的手指指的几个字，不以为然，满不在乎地退身说道："'口'与'厶'本来就差不多，学生应试不中，何必如此挑剔，鸡蛋里面找骨茬？！"

"大胆，放肆！"及先生忍无可忍地说，"纪大人本是为你好，帮你一下，怎能这样没有规矩？！"

纪昀没说什么，摆摆手，拿笔写了一行字，对吴春说："拿去看看，我看你如何回答！"

吴春还是不服气，他不情愿地接过纪昀写的字看了看，只见写着："私和句勾，吉去吕台，你说一样，把'口''厶'改来。"

吴春看过纪昀写的字后，顿时心慌意乱。纪昀忙催问道："你还不改吗？"

吴春这时才心服口服地说道："承蒙学政大人不吝教诲，学生知错，学生知错了！"

纪昀这时变得严肃起来，并认真地说："年纪不大，应当虚心聆听教诲，接受别人的意见，像你这样骄傲自满，什么时候学识才能有长进？"

吴春施礼跪拜："学生牢记大人教诲！"

纪昀这才满意地点了点头说："回去吧！"

载着纪昀与业师出去巡学的船又在大江中启航，纪昀与及先生两人又站在船头，他们又风尘仆仆地去向另一府城，路上不由得还在议论此事。

纪昀十分感慨地说："江河之深，赖于源流之远；国家之昌，赖于人才之盛。认才、爱才、育才，乃我辈之责也。"

第六章　丁忧故里

一、父子情深

1."文字狱"

自从来到福建，纪昀勤政督学，认认真真地做好自己这份学政工作。用了一个多月的时间，他就巡遍了八闽的各个学府，纪昀作风严谨，待人宽厚，对做的好的和不足的学生分别进行奖励和教育，纠正不正之风，稳定了东南地区的科举考试的秩序。因为他在督学事业方面成绩显著，乾隆癸未迁升侍读，乾隆甲申再次晋升左庶子。

同年夏天，纪昀的父亲纪容舒思儿心切，专程去福建看望他，给儿子谈论起一桩凶杀案，以此教育纪昀要关心政事和做人的道理，不想父子俩的这次谈话，竟成了父亲对他最后的教诲，使纪昀终生铭记心中。

甲申夏天，纪容舒到达纪昀公署，听说有一间房子闹鬼，于是晚上便到那间房子中安歇，一整夜都安然无事。纪昀来劝诫，请不要以自己的躯体和鬼怪过不去。纪容舒乘机教育纪昀："儒者说没有鬼，迂阔之论也，也是强词。但是鬼毕竟害怕人。阴不胜阳。如果人遭到鬼的侵害，那一定是阳不能战胜阴啊。阳气之盛，不仅仅是依仗血气之壮和性情之悍，人人都有一颗心，慈祥的为阳，惨毒的为阴；坦白的为阳，深险者为阴；公直的称作阳，私曲的为阴。因此易象把阳称作君子，阴称作小人。假如立心正大光明，那么他就会心存阳刚，即使遇到邪恶，也会战胜他的，不会为鬼神所吓倒。你也读了许许多多的书，曾见到史传中有正人君子遭到鬼怪的袭击吗？"纪昀听了老父亲的话，铭记在心，至今仍记忆犹新。

纪容舒一生宦海浮沉，年纪轻轻就孤身一人远赴云南姚安府任职，后来回京，在吏部、刑部任职。到如今已年届古稀，于是告老还乡，颐养天年。他居住在京城，不但能安居乐业，而且还能全家团圆，但他又对晓岚的仕途十分惦念，

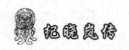

他甚至认为，自己还不如离开京都为好。

临归故里的前两日，父子二人坐在一起细细品酒，容舒说：

"昀儿，我过两天就要回老家了，回去之前，我还有一些话要嘱咐你，以免你将来出什么差错，马失前蹄，坠入深渊。"

"孩儿愿听父亲的教诲。"

"今天我给你讲讲关于'文字狱'的事。之所以给你讲这个，是因为你如今已是朝廷的士大夫，其职责主要是舞文弄墨、作词吟诗，一旦触犯忌讳，重者杀头坐牢，轻者也要被充军流放。就拿唐宋两朝而言，著名的八大家当中的苏东坡、柳宗元，都是在流放中度过一生的，一辈子受尽了颠沛流离之苦，尤其是苏东坡被一贬再贬，最后被流放到蛮荒的海南岛，饥病交加。可惜的是，被召回时，死在了雷州半岛上，这都是血的教训啊！"

纪昀低着头，聆听着父亲的话语，很受感动，他十分感慨地说："父亲教诲，孩子谨记心中。"

纪容舒端起酒杯，喝了一口酒，稍稍放低了声音说：

"其他的就不用再说，就只说雍正朝吧，当时圣上可以说是最严厉、也最狠毒的君主了。在雍正皇帝刚即位那年，在他身旁有两位大臣，也就是年羹尧和隆科多。他对这两位大臣阳为宠信，阴为怀忌。假如对他们宠信倍至，势必会使得他们肆行作威；一旦破败，势必遭受沉重打击，因此当年的年、隆二狱，也就成为当时最大的刑狱了。对于年羹尧，他的经历你应该略知一二吧，传说他弘毅多才，进入翰林为考官。康熙末年，被任命为四川巡抚，由于西陲兵事，而晋升总督，同时兼任陕西总督。当年西藏内乱，朝廷命令皇十四子胤禵为抚远大将军，经略军务，年羹尧以总督身份佐理边事，所以羹尧与胤禵私交甚厚。胤禛即位后，立即召胤禵回京，而任命白延信代替他的职务。这样，军事粮饷及地方诸政均由年羹尧和白延信共同管理。原来胤禛暗疑羹尧有异志，认为羹尧在边日久，熟谙军事，威望太重，却不敢马上解除他的职务，于是晋升年羹尧为三等公，以示羁縻。后来青海爆发了罗卜藏丹津叛乱，特授年羹尧为抚远大将军。次年，青海事平之后诏授年羹尧为一等公，封他的父亲年遐龄为一等公，加太傅衔。这是何等荣耀，何等尊贵！但在雍正三年，雍正皇帝发现羹尧奏折内，把'朝乾夕惕'，写作'夕惕朝乾'，并且字体潦草，于是雍正皇帝下旨，说'羹尧非粗心办事之人，直不欲以朝乾夕惕归之于朕耳。……观此，年羹尧自恃己功，显露不臣之迹，其乖谬之处，断非无心。着原本发还，令其明白回奏'。此后不久，年羹尧便被调补杭州将军，以解除他的兵权。恰巧此时山西巡抚伊都立参奏年羹尧擅自给盐商引票。朝廷立即命令侍郎史贻直、高其佩前往审理。随后汉军都统范时捷又弹劾年羹尧欺国贪婪五大罪状，雍正皇帝马上下旨：着年羹尧时自回奏，寻下吏部议处。结果是年羹尧被罢任留爵，雍正皇帝却认为年羹尧罪恶多端，即便立即正法亦不足泄愤，严旨斥之，而且怀疑尚书隆科多有意舞弊，削去隆科多太保衔。此后朝廷里就有人议论说年羹尧狂妄自大，有悖逆心理，请圣上解京正法。年羹尧得旨回奏，到七月，追缴年羹尧被恩赏之物，夺将军职，授予闲散章京，在杭州效力。年羹尧上奏皇帝曰：'求主子饶了臣，臣年纪不老，留下这一个犬马，慢慢地给主子效力。'但是又遭到其他大臣的弹劾，参奏年羹尧贪婪成性，心存骄横，颠倒纲常，草菅民命，请求皇上处以重刑。雍正皇帝下旨说：'此奏乃在廷公论，而国家赏罚大事，必咨询内外大臣。可令将军督抚提镇各抒己见入奏'。雍正皇帝这样做是由于年羹尧位高权重，没有充足的理由杀了他，恐不足以服天下之心。当时，直隶总督李维钧也参奏年羹尧不忠不法，年羹尧上疏为自己开脱。经过部议朝廷认为李维钧和年羹尧交结甚笃，他的这一做法明为参劾，实际上是在为年羹尧开脱，于是立即将李维钧拿问。年羹尧也在十月押解来京。经过议改大臣等题奏，定年羹尧大逆之罪五条、欺国之罪九条、僭越之罪十六条、专擅之罪六条、残忍之罪四条、贪黩之罪十八条、侵蚀之罪十五条，共计九十二条款。于是其父及兄弟子孙，叔伯之子，兄弟之子，十六岁以上皆斩；十五岁以下，及母女妻妾，并子之妻妾，全部发配给功臣为奴。当时年羹尧的父亲年遐龄亦论死罪，由于大学士朱轼力争以子刑父，非法，才得以免去死刑。年羹尧之兄年希尧，时任广东巡抚，也被革职查办了，这就是雍正皇帝的大功臣年羹尧的结果呀！……"

父子俩谈话至此，屋里的空气也逐渐沉闷凝重起来。纪昀理所当然知道本朝发生的这许多事件，但是从来没有归纳得这么完整、系统，更没有从深层次想到雍正皇帝的"文字狱"和"借刀杀人"。纪昀听着父亲的谆谆教诲，不由得胆战心惊，起满了鸡皮疙瘩，确实使人感到毛骨悚然。

纪容舒又端起酒杯，喝了一口酒，然后又接着讲道："想当年，年羹尧凯旋归来，雍正皇帝亲自郊迎，公卿大臣全都到广宁门外跪接，那时我在刑部任职，当然也在跪伏之列。我偷偷地抬眼看到年羹尧和雍正皇帝并辔而行，百官跪伏道路两旁，年羹尧策马而过，竟不动容。王公有下马致意者，年羹尧也不过微微点一下头罢了。在天子御前，有时年羹尧也不尽臣礼，但雍正皇帝却优容于他，不去和他计较。唉，谁又能想到年羹尧会得到如此的下场呀！"

晓岚听着父亲的叙述，不停地唏嘘叹气，纪容舒又接着意味深长地讲道："昀儿，我给你讲这件事，是希望你能吸取这其中的教训。年羹尧居功自傲，目无朝纲，不知卑躬自保，这才引来杀身之祸。孩儿，你要切记，在朝为官，你得势时，特别是受到皇帝宠信时，人们都是捧你敬你；如果你失势了，他们又都嫉

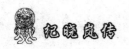

妒你、诽谤你，也有的甚至落井下石，这就是官场。于官场不管官做多大，功有多高，为人一定要谦虚谨慎，处处要小心翼翼，如履薄冰一样才行，这是为父仕宦多年的体会，正因为如此，我才能够在晚年活着告老还乡，你应该记住这个经验。"

纪昀恭敬地回答说：

"儿终生谨记父亲大人的教诲。"

纪容舒谈兴依然未减，他连着喝了几口酒，夹了几口菜，然后又接着讲下去：

"我还要告诉你雍正皇帝处理的第二件案子，也就是隆科多的大狱。你也了解，隆科多是佟国维的儿子，佟国维是孝懿仁皇后的父亲，雍正皇帝即位后，诏称隆科多为舅舅。康熙皇帝驾崩时，隆科多独受顾命，因此雍正初年，隆科多极受宠任，和怡亲王胤祥等同理大政，并下旨其父袭封一等公爵。其后又赏阿达哈哈番专职，授予吏部尚书，加太保。但是隆科多恃功骄恣，多为不法，雍正皇帝为此而讨厌他。后来，他包庇年羹尧，被削去太保衔，又由于他在吏部独断专行，又下旨夺去他的吏部尚书之职。从此以后，雍正皇帝对他的事严加查问。雍正四年正月，刑部议奏隆科多骄横不法，罪拟斩决，皇帝下旨：令其前往阿尔泰料理边防事务。五年六月，隆科多私钞玉牌事泄，雍正皇帝下旨命令顺承郡王锡保审理。十月，锡保上疏隆科多所犯罪行有四十一款之多，刑部议决：罪案昭著，立即斩决，妻子入辛者库为奴，财产入官。然后上奏皇上，雍正皇帝召请诸王大臣谕曰：'隆科多所犯四十一项重罪，实应受诛。但正值皇考升遐之日，大臣承旨者，惟隆科多一人，今因罪诛戮，虽国法允当，但朕则有所不忍，可于畅春园外，造屋三间，永行禁锢。家产不必入官，妻子亦免入辛者库，伊子岳兴阿革职查办，玉柱发配黑龙江当差。'这样，雍正皇帝最忌恨的人，都一一被除掉。当年，年羹尧暗地里勾结王党，和胤禩书信往来，谁料想被雍正皇帝发现，认为这足以乱国；佟舅协谋践位，又败其隐私，这一切都促使雍正皇帝痛下杀手。雍正二年，皇上谕河督齐勒尔说：'近日隆科多、年羹尧大露作威福揽权势光景，朕若不防微杜渐，此二臣将来必至不能保全。'唉，真可惜啊，年隆二人遭到皇帝的忌恨，而他们二人却茫然无知，不知保全首领，这难道不是咎由自取吗？这都是值得注意的。"

"是，父亲所言极是，儿一定谨记在心。"纪昀恭敬地对父亲说道，然后又替父亲斟了一杯酒。

这一天，父子二人几乎聊到深夜，纪容舒感觉异常兴奋，自己这次能回故乡颐养天年，乃是自己多年的夙愿。浮沉宦海大半生，他已是身心憔悴，这次好像鸟儿出笼一般，心情尤为舒扬。他在回归故里之前，如此仔细告诫儿子，是害怕自己的儿子闯下大祸，贻害满门。

直到天色已晚，月已西沉，纪氏父子方才歇息。

次日，纪容舒简单打点好行装，午饭间，他意犹未尽，又谈了不少有关"文字狱"的事，让纪昀牢记于心。

纪容舒今天似乎多喝了几盅，话比往常更多，一边吃饭，一边接着说：

"昀儿，千万别嫌我叨唠起来没个完，我讲的这些确实是至关重要的，这维系着咱全家的性命。我还要告诉你，年羹尧、隆科多大狱兴起后，诸王当中的胤禩、胤禵等也都以怨恨导致败亡，但是他们拥有大量的门客党羽，散于朝廷内外，一时之间流言四起，有的还借文字著述，以点评朝政，指责君主以发不平之鸣。雍正皇帝早已觉察到这些阴谋，于是大开'文字狱'。其中较著名的'文字狱'要数汪景祺、查嗣庭、谢济世、隆生柟等大狱。汪景祺原是年羹尧的记室，年羹尧被治罪后，发现汪景祺的《西征随笔》中有'不行参奏'等语句，便被刑部等衙门参议：'妄作西征随笔之汪景祺，照大不敬律斩决，'最后雍正皇帝下诏：'汪景祺作诗讥讪圣祖，大逆不道，应当处以极刑，着立斩枭示。其妻子发往黑龙江，给予穿披甲之人为奴。其期服之亲兄弟侄，俱着革职，发往宁古塔。五服之内之族人，皆革职，约束不许出境。'还有查嗣庭，本是江西考官，由于出了《维民所止》一题触犯了忌讳，被言官参劾，说什么'维止'二字，系取'雍正'二字去其首也。雍正皇帝于是谕内阁九卿科道等曰：'查嗣庭向来趋附隆科多，伊曾荐举，朕令在内庭行走，后授内阁学士，见其语言虚诈，兼有狼顾之相，料其心术不端。今阅江百试录所出题目，显系心怀怨望，讽刺时事之意。料其居心乖张，平日必有记载，遣人查其寓所行李中，有日记二本。悖乱荒唐，怨诽捏造之语甚多。又于圣祖之用人行政，大肆讪谤，以翰林改授科道为阿耻，以裁汰冗员为厄运，以钦赐进士为滥举，以多选庶常为蔓草。热河偶发水，则出淹死官员八百余人之事，又出雨中飞蝗蔽天之言，此一派荒唐之言，皆未有之事。今若就科场题目，加以处分，则天下必谓查嗣庭出于无心，偶因文字获罪。今种种实迹现在，尚有何辞以为之解？查嗣庭着拿问，交三法司严审定拟。'最后查嗣庭被下到大狱，最后死于狱中，但仍被戮尸枭首，他的儿子连坐被处斩刑，家属被流放边地。这是雍正四年九月的事。"

纪容舒没完没了地讲着："谢济世、隆生柟都是广西人。雍正四年，谢济世参河南巡抚田文镜营私负国，贪虐不法十大罪状，雍正皇帝却认为田文镜忠心耿耿，反而下令刑部审拟谢济世妄劾之罪，最后谢济世被革职查办，发往阿尔泰军前效力；而隆生柟也因为替谢济世说话，所以和谢济世一同发往阿尔泰军前。七年五月，顺承郡王锡保又以谢济世注释《大学》，毁谤程朱而参奏他。雍正皇帝却认为谢济世不是在诽谤程朱，而是借用《大学》内见贤而不能举两节，借以抒发自己胸中的怨气而诽谤朝廷，令诸臣议论罪行。最后议定，应正法，皇上下旨免除死罪，令当苦差。当时，隆生梅也曾作《通鉴论》十七篇，被顺承郡王锡保告发。说'《通鉴论》中多抗愤不平之语，其论封建之利，更属狂悖，显系非议朝政'。雍正皇帝于是下旨说：'生梅以封建制度，为万世无弊之良规，废之为害，不循其制度为害，至于今日，害深褐烈，不可胜言，皆郡某之故。如此指摘，大凡叛逆之人，吕留良、曾静、隆生梅辈，皆以宜复封建为言。盖此种悖乱之人，自知奸恶倾邪，不见容于乡国，欲效策士游说之风，意谓不见用于此国，则去而之他国。殊不知狂肆逆恶，如隆生梅者，实天下所不容也。'当时隆生梅著有论文十七篇，除上述之外还有论及建储、兵制、人主、相臣、无为之治等，还论及隋炀帝、王安石等，其言论无不与时政有关。雍正皇帝都一一指正驳斥。又特别摘出隆生梅论人主的语句，'人愈尊，权愈重，则身愈危，祸愈烈。盖可以生人，杀人，赏人，罚人，则我志心疏，而人之畏之者心愈甚。人虽怒之而不敢泄，欲报之而不敢轻，故其蓄必深，其发必毒。'雍正皇帝则指出，这显然是指斥皇上本人。由于当时诸王之党狱已起，因此，隆生梅的议论，理所当然地被皇上视为与诸王有直接或间接的关系。雍正皇帝以诸王谋乱国事，妨碍统一而发难。隆生梅有这等言论，岂能逃脱干系？所以就在那年七月，隆生梅被杀于军前。昀儿呀，这些'文字狱'，足以使你谨记，那就是切忌随意对朝政妄加评论，更不要多言警戒人君之语，一涉笔就有可能得死罪，谁人还敢再致力于事理的研究？我劝你以后伴驾，对人主要尽可能歌功颂德，多说好话，不中听的话一句不说，一句不写，对人要和气生财，你就有可能保住性命，不要因'文字狱'而连累家小，这就是我今生最大的企望了，孩儿可要切记啊！"

纪昀给父亲深深地鞠了一躬，低头说道："昀儿一定牢记心中，吸取前人这些教训，请父亲大人务必放心。"

这时，家人已收拾好行李、书籍，纪容舒这才起身。

纪昀望着渐渐远去的父亲，满眶热泪，内心非常感激老父的嘱咐和教诲。这次容舒对他的训示，对他的一生为人、从政都十分重要。他处处迎合着乾隆皇帝，尊重别人，为人诙谐、滑稽，成了一个很懂世故的和事老人，这跟他父亲的这次谆谆教导是分不开的。

2. 守丧

甲申八月，纪容舒从福建回到自己的老家献县崔尔庄，也就是有名的纪家大院。大概是由于年龄太大，加之路途遥远，纪容舒身体不支，回家后一病不起，不久身亡，享年七十九岁。因为要等待纪昀回家服丧，纪容舒的灵柩安放在绿意轩。这是纪府里较为别致的幽雅庭院，假山老树，竹丛梅园，错落有致。纪昀也曾作诗：

绿意轩
杂树荫庭除，雨过如新沐。
晓日下檐际，枕席生微绿。
霜清木叶老，摇落一何速。
衣依色不改，犹有凌寒竹。

纪容舒生前就非常喜欢这处别致的园林，他只要在家，每天都在这里漫步，练武习剑以锻炼身体。

纪昀收到父亲的丧报，当日登程，急返故乡。当来到崔尔庄时，纪昀赶紧下马步行。这时，纪昀的眼泪已流淌不止。纪昀走到自家村头，迎面看到胞兄纪晫正迎候在那里。三叔、四叔及堂兄弟们也正失声痛哭，纪昀走到父亲的灵柩前。纪昀的三婶、四婶担心他体力支撑不了，示意大家节哀。纪昀拿香点着，然后给父灵行祭礼，再向他本家家族人依照辈分，一一叩头施礼。

纪昀回家服丧的第二天，翰林院传来乾隆皇帝旨意，允许纪昀根据惯例在家服丧三年。

纪昀把父亲的丧事办完之后在家闲居，每天除看书和会见宾朋好友外，大部分时间是辅导下一代的功课。

高祖厚斋公与董天士在明末是诗友，有遗著诗集《花王阁剩稿》，风格独特，吟诵起来清新自如，纪昀对它爱不释手。纪昀自己作诗非常注重意境和形象。丙子年，他随从皇帝去热河避暑，途经古北口，在一旅店的墙壁上，偶尔发现一首诗，但因字迹模糊不清，只人得两句：

一水涨喧人语外，万水青到马蹄前。

纪昀看罢这首诗，对以上两句诗十分欣赏，一遍遍地吟咏，一直赞叹不已。时隔六年后，他在顺天的乡试任主考官时，学生朱子颖写的诗让纪昀看见，竟然在他写的诗中发现在古北口旅店所看到的两句诗。经询问，古北口旅店墙壁上的诗正出自朱子颖之手。纪昀和朱子颖深感他俩有缘。从此，纪昀不仅成为朱子颖的座师，后来还成了挚友。

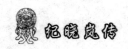

纪昀与堂兄纪昭，从小一块在塾馆读书，感情很深。所以他对纪昭的儿子虞惇备加关心，注意督导他的学习。因此在他作的试帖诗中，特意写了教育下一代，要求继承纪家诗风的诗句：

题从侄虞惇试帖
十年珥笔凤凰池，格律潜教小阮窥；
三日三条官烛下，诸公应识纪家诗。

诗的最后还有一段款识：

"试帖多尚典赡，余始变为意格远题。馆阁诸公
每呼此题为纪家诗。"

纪昀长期居住在京城，经常与官宦打交道，生活在极度的劳累中，尤其经常陪伴在皇帝身边出入皇宫，不但公务繁忙，而且昼夜提心吊胆地过日子，唯恐有什么过错。现在，他突然从十年案牍劳累的生活中清闲下来，真有一种身心舒适、环境宽松的感觉，这时他就考虑退休、养生之类的问题，于是他便请工匠破土动工，开始修建藏书楼。一年后，书楼建成，他感到很是得意扬扬，每天在书楼中读书、写字、作诗，快乐的像神仙。

他还为自己的书楼命名"对云楼"，并为这"对云楼"作过诗：

自闽回里筑对云楼成偶题
还乡翻似到天涯，筑得书楼便作家；
偶睇郊原成野趣，拟从田老课桑麻。

长夏云峰入望探，轩开四面好凭襟；
儿曹莫笑村居隘，两载经营一片心。

在回乡居住为父亲服丧的岁月中，为纪念已故的父亲，纪昀还想修补"瑞杏轩"，但是由于缺少资金，这一夙愿没能实现，他一直以此为遗憾。

多年以后，在纪昀随写的笔记《阅微·如是我闻》中，曾发现这样一段记载：

　　康熙癸巳，先姚安公读书于厂里，偶折杏花插水中。后花落，结二杏如豆，渐长渐巨，至于红熟，与在书无异。是年逢万寿恩科，遂举于乡，王德安先生时同仺，为题额曰'瑞杏轩'。此庄后分属从弟东白。乾隆甲申，余自福建归，问此匾，已不存矣。拟请刘石庵补书，而代葺此屋，作记铭石龛于壁，以存先世之迹。因循未果，不识何日偿此愿也。

　　从以上纪昀的笔记中可以看出，纪昀所提出修葺的"瑞杏轩"，曾是先父读书、写字、交友，万寿恩科，回乡居住的地方。

　　倥倥忽忽，纪舒容的忌辰已过周年，纪家大院门庭若市，车水马龙，络绎不绝，热闹非凡。这一段日子里，纪昀编写了许多县府的地方志序，给一些名门望族撰写家谱谱序、墓志、碑铭……乾隆乙酉年，东光马氏修族谱，纪昀的岳父马周篆出面向他求序，于是，纪昀就为他写了一篇序文：

　　东光以马氏为甲族，其他名德不具论，自明嘉靖以来，一支之中登进士者凡九，亦云盛矣！谱至今日凡五修，亦云绵矣！非世济其美能之乎？

　　昀，马氏婿也。乾隆甲子，读书外舅周篆公家，得读其旧谱，详其世德。乙酉四月，奉讳里居，以会元城公葬，宿公家。公谓之曰：'余家乘之未辑，今又四十年矣。向恒欲举其事，而长子早夭，继嗣有待，念及余名下，阙然无所书，辄愀然伤下。而忽忽不自适而罢。及尔外姑之卒，始择立兆晟，初未验其贤否，意尚两持。既而兆晟真善事余，余悉以家政付之。遂决意定以为嗣，且援例以其职封，余宣诸纶音，载诸户曹之籍。余今有子有孙，非复向之无可书矣。家乘之修，欲及余未就木而为之也。尔盍为我序之？'昀敬诺。

　　以上谱序就是写的纪昀的岳父马周篆的一些事情，不知现在东光马氏家族家谱中还是否存在？

　　乾隆三十年乙酉，顺天举行乡试。这年纪昀长子汝佶二十二岁，汝佶在乡试中名列榜首，比父亲中举还早了两年。纪昀回乡丁忧的时间还不到，孝服还穿在身上，孩子又中举光宗，可真是悲事与喜事交集在一起。于是，纪昀在先父的陵墓前盛祭了三天。

　　乾隆三十一年九月二十七日丑时，纪昀又喜得三子汝似。

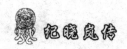

二、蒙恩晋爵

1. 任职翰林院

乾隆三十二年，纪昀在家服丧期满，传来补侍读、充日讲起居注官、晋右庶子的信讯。丁亥年春天，纪昀携家带口来到京城，结束了他农家舒心安逸的生活。因为京城虎坊桥的旧宅在纪昀回归故里时典当了出去没有再赎回来，所以，纪昀只好带领家人借住在钱香树先生的一处空宅中。

纪昀所生活的时代，是一个迷信很盛行的时代。钱先生家的这处空宅是一座二层楼房，它的年代很久，传说楼上居住过狐仙。过去有人说过不尊敬狐仙的话，楼上便飞下瓦片乱打，挨打的人只见瓦片飞来，却看不见扔瓦片的人。不管躲到哪里，同样有瓦片飞来。直到你向楼上烧香赔罪，才平安无事。

纪昀搬到这个二层楼的旧宅，得知里面发生的故事，于是他就先写了一首诗，让家人贴到楼上。诗句是：

> 草草移家偶遇君，一楼上下且平分；
> 耽诗自是书生癖，彻夜吟哦莫厌闻。

说也真奇怪，从那时候起竟然安全无恙，相安无事，互不干扰。可是，还真有怪事发生。有一天，仆人去楼上拿东西，发现楼上屋内地面的尘土，画了很多荷花，荷花绰约风姿，超然不俗，而且上面是刚画的痕迹。仆人马上走下楼来把所看到的一切告诉了纪昀，纪昀上楼一看，画技手法果然娴熟，非同凡响。于是为此又写下了一首诗，予以赞扬：

> 仙家果是好邻居，文采风流我不如；
> 新得吴笺三十幅，可能一一画芙蕖？

从此以后，一直到纪昀再搬迁到其他地方居住，再没有发现任何动静。

乾隆三十三年二月，纪昀知贵州都匀府。乾隆皇帝以为纪昀学问渊博，在贵州外任时间不可能太长，于是，又命外加四品衔于纪昀，留任庶子。同年四月，纪昀被提拔为翰林院侍读学士，等于留在皇帝身边。

乾隆皇帝非常喜欢纪昀的才华，皇帝本人也是饱读诗书、喜好舞文弄墨而又非常有才气的帝王。所以对纪昀不但赏识并且特别优厚。一天，皇上与纪昀在紫禁城的御花园散步，乾隆满脸微笑地捋着胡须说道：

"壬午年间，爱卿督学福建，朕总觉得身边少了个能臣，现在怎么再舍得叫你到贵州都匀府外任啊！"

听到乾隆皇帝这肺腑之言，纪昀有些受宠若惊，他激动地说："臣愿意留在圣上身边侍奉圣上！"

乾隆皇帝笑笑点了点头，连声说："好，好，这就好，这就好！"

说着谈着，两人已随意地来到了一花坛前，乾隆皇帝止住了脚步，笑望着竞相开放的鲜花说：

"纪爱卿，给朕吟首诗怎么样？"

纪昀向前躬身下拜："请圣上命题。"

乾隆皇帝顺手指了指那鸡冠花说："就以此花为题吧！"

"臣遵命。"纪昀稍加思索吟道，"鸡冠本是胭脂染，体态婀娜面红光……"

"爱卿慢点，"皇上有趣地专门指向一簇白色的鸡冠花，"你瞧，那是什么颜色？"

纪昀猛地一怔，立刻笑吟道："只因五更贪早起，染得满尽是白霜。"

乾隆皇帝听后开怀大笑起来，对反应迅速的纪昀，赞不绝口，他拍着纪昀的肩膀说："妙！妙！实在太妙了！"

这一天，乾隆皇帝的心情不错，没有发现喜怒无常的样子，君臣两人一天都相处得比较融洽。纪昀也平安地回到了自己的家。

到纪昀做官多年之后，他依然顾念丁忧三年的悠闲而舒心自由的农家生活。

2. 石砚情缘

纪昀平常不喜欢和别人交往，即使他跟刘墉这么好的文友，也不是经常聚会。他正常的生活，一般是在书房读书、写字、作诗，最近又有了个新的嗜好，喜爱石砚，有爱砚的癖好，并喜欢自己镌刻砚铭。从朝宫回家之后，他坐在桌前，嘴里叼着烟袋，手里拿着镌刻的工具，非常熟练地在石砚上雕刻自写的铭文。

有一天，戴震来到纪昀家串门，在纪昀的文物架上发现了琳琅满目的古玩玉器，微笑着对纪昀说道：

"不想老兄还有这样的爱好，你儿乡试一举中榜，从此老兄飞黄腾达，真是扬扬得意啊！恭喜大人！"

纪昀低着头在那里刻着砚铭，笑着说："长子汝佶乡试中举，还不全是戴大

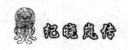

人栽培吗?"

戴震严肃认真地说:"哎,哪里哪里! 还是你教子有方,令郎天生聪明,慈父出孝子嘛!"

戴震从文物架上拿了一块紫石砚,看到那砚的正面铭刻着"视之似润,试之则刚,其殆貌为恬静,而内隐锋芒。"戴震仔细观赏,连连点头。他接连看了几块,每块上都雕刻着不同书体内容的文款,戴震感叹地说:

"你的确下功夫啊!这块块石砚,若是将来散落民间,这不就是一块块的珍宝啦!"

纪昀听后笑道:"是不是宝物咱先不去管它。若是真的将来散落人间,世人鉴赏之余,能提到纪昀遗物,倒也是一段佳话了!"

戴震听后哈哈大笑起来,然后说道:"老兄年纪轻轻,就开始理论百年之后的事情,想得可真够远的!"

纪昀把刚刚刻好的一方石砚递到戴震手上说道:"请看这方石砚上的砚铭如何?"

戴震把新砚接过来,仔细端详起来,只见上面写道:"水波砚,风水沦涟,波折天然,此文章之化境,吾闻之于老泉。"他看罢不由得高声叫到:"妙!实在是妙!真是妙极了!不是大家,怎能得此妙语!"

纪昀向来有收藏砚台的爱好,尤其是到了晚年更是酷爱藏砚。有的是自己花钱买的,有的是亲戚朋友馈赠的,经他手的极品好砚,至少也有上千块。他自己把收藏砚台的书斋,取名为"九十九砚斋"。有些是前代的旧物,价值连城,有些是当代制砚名家的精品,精妙绝伦。个个形态各异,古朴典雅。

可以说,在当时有众多的文人学士,都喜欢收藏古物,比如对于砚台就有不少文人偏爱。像刘墉、陈来章、彭元瑞、绎堂等都是收藏名家。对礼部尚书的纪昀刮目相看,并非是他的砚台名贵,而是因为他制作的砚铭誉满京城,堪称京城第一家。

凡是他的砚台,全都制有砚铭,他制作的铭文简短,很具特色,皆似信手拈来、漫不经心,但细细品味,句句意味深长,比如:

墨注砚铭

观弈道人,作斯墨注,虚则禽受,凹则汇聚。君子谦谦,懔然可悟。

工于蓄聚,不吝于挹注。富而如斯,于富乎何恶?

壶卢砚铭

因石之形，琢为此状。虽画壶卢，实非依样。
既有壶卢，无妨依样。任吾意而画之，又不知其何状？

连环砚铭

连环可解，我不敢知；不可解者，以不解解之。

竹节砚铭

笋不两歧，竿无歧枝。孤直如斯，亦莫抑之。
其断简欤？乃坚多节。略似此君，风规自别。

留耕砚铭

作砚者谁？善留余地，忠厚之心，庆延于世。

圭砚铭

腹剑深藏，君子所恶。

琴砚铭

无弦琴，不在音，仿琢砚，置墨林。浸太清，练予心。
空山鼓琴，沉思忽往，含毫邈然，作如是想。

御赐浮筠砚铭

帝曰："汝昀，嘉汝校文，锡汝紫云，粤峤之珍。"
昀抃以欣，荣媲铭勋，敢不勖以勤。

月池砚铭

视之似润，试之则刚，其始貌为恬静而内隐锋芒。

下岩石砚铭

刚不露骨，柔足任磨，此为内介而外和。

金水附日砚铭

金、水两星，恒附日行。天既成象，地亦成形。一融一结，妙合而

凝。此石殆偶，聚其精英。

阿文成公瓦砚铭

上相西征，用草露布。归以赠予，用编《四库》。虽片瓦哉，予奇
其遭遇。

云龙砚铭

龙无定形，云无定态。形态万变，云龙不改。文无定法，是即法
在。无骋尔在，横流沦海。

韩孟云龙，文章真契。此非植党，彼非附势。渺渺予怀，概然
一喟。

聚星砚铭

如星夜聚，映映其光。或疏或密，或低或昂，是为自然之文章。

水波砚铭

风水沦涟，波折天然。此文章之化境，吾闻之于老泉。

白菜砚铭

菜根之味，膏梁弗识。对此砚也，其念蓬门之所食。

破叶砚铭

虫之蛀叶，非方非圆。古之至文，自然而然。

绿琼砚铭

端石之支，同宗异族。命曰"绿琼"，用媲紫玉。

绿石朱砚铭

露液研朱，云根凝绿，碧嶂丹霞，天然画幅。

紫玉砚铭

端州旧石，稀若晨星。树馨得此，我为之铭。摭一语葩经，曰，
"尚有典型"。

荷叶砚铭

荷盘承露，滴滴皆圆。可譬文心，妙造自然。

天然瓶砚铭

上敛下哆，微似手瓶。取以为砚，姑以当守口之铭。

天然石子砚铭

笔墨之间，天然丘壑。

天然砚铭

不方不圆，因其自然。

岭云砚铭

幻态如云，自然入妙，此砚之别调。

嘉庆三年《仿宋砚铭》

石则新，式则左。与其雕镂，吾宁取汝。嘉庆三载，岁在戊午。晓岗作铭，时年七十有五。

嘉庆六年《挚瓶砚铭》

守口如瓶，郑公八十之所铭。我今七十有八龄，其循先正之典型，勿高论以惊听。守口如瓶，尝闻之矣。然论军国之大计，则当如瓶之泻水。

此外还有：

嘉庆八年六月，刘墉派人送砚并书札与纪昀。纪昀刻函于砚上："送上古砚一方，领取韩稿一部。砚乃朴茂沉郁之格，譬之文格，为如此也。晓岚四兄大人。弟墉拜呈。"后又自题："石庵。此砚见赠，左侧有'鹤山'字，是宋人故物矣。然余颇疑其伪托。"石庵曰："专诸巷所依托，不过苏黄米蔡数家耳。彼焉知宋有魏了翁哉？是或一说矣。"

嘉庆九年三月砚铭："墨沉沉浓于漆，谁将大笔濡？张颠如兴到，

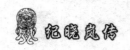

且请写桃符。甲子三月六日，晓岚戏题，时年八十有一。笔砚久疏，殆不成字，存以为友朋一笑云尔。"

嘉庆九年五月十日刘墉赠砚，纪昀铭记："余与石庵皆好蓄砚，每互相赠送，亦互相攘夺，虽至爱不能割，然彼此均恬不为意也。太平卿相，不以声色货利相矜，而惟以此事为笑乐，殆亦后来之佳话欤？"

嘉庆九年九月，山东巡抚铁保寄送淄川砚料与纪昀，并附信札云："接来谕要淄川石砚料，余竟不知此石可以入赏，谨送数方呈上，晓翁前辈大人，铁保拜。"纪昀于砚端铭曰："青州红丝砚，今久绝矣。惟淄石之佳者颇似端溪，然新石皆粗材，旧石佳者亦罕。冶亭巡抚山东，为余购得研璞一，砚砖二，皆故家所蓄百年以外物，此其一也。"

我们由这些铭文，可以看出纪昀那渊博的知识，坦荡的胸怀，洒脱的文意，真是妙笔生花。我们由此还可窥见纪昀的为人处事。这也可以说是他一生经验的总结，颇具哲理性。他说自己性孤直，的确也是如此。他所处的那个年代，是乾隆皇帝当政。乾隆皇帝是个阴阳人，具有两副面孔，一是仁君的面孔，和善仁慈，待臣民宽厚，富有文采；另一副面孔，却是自以为是，独断专行，好大喜功，有时甚至暴虐无道。他曾经当面骂左右大臣："你有什么权利参予政事，朕对你们不过倡优蓄之罢了！"他不仅以权压人，而且还蔑视臣下的人格，像这样的人君，只能令人憎恨！纪昀下朝后，不喜欢去拜门，也不参加宴会，以及朋友们的聚会，而是独自在家创作铭文。生活安定，性情平静，过着与世无争的恬然生活。年轻时沉浮宦海，伴驾左右，时时小心翼翼地处在夹缝里生活，靠着自己的聪明才智，圆滑世故，才躲过许多的生死关。

不仅仅是砚铭，而更有意思的是，纪昀所使用过的许多器物，也都曾刻有许多铭文，比如：

笔铭

毫毛茂茂中书君，我之役尔良已勤。

郭尔管城策尔勋，尔其努力张我军，使我落纸如烟云。

笔船铭

管之圆，持以方；毫之柔，扯以刚。然其走也，循墙。

小锯铭

纤齿棱棱，犀利自矜。然盘根错节，非汝所胜。当知有能有不能。

锥铭

汝颖之士，亦莫逾尔。幸所钻者，故纸。

鞣挟之术，为钻之祖。锋利如斯，吾真愧汝。

刷铭

治人之道，忌察渊鱼；治己之道，则污垢必除。言各有当，君子念诸。

糊刷筒铭

糊与纸相着，唯尔能均其厚薄。盖刚不过强，柔不过弱。

软刷铭

柔以克刚，积渐而除。

玉研子铭

磨之光莹，不露圭棱，而能平不平。

乌丝界尺铭

其直中绳，其方出棱，其壁立层层。如使之回曲，对曰：不能！

墨床铭

子不磨墨，墨且磨子。我鉴斯言，今先磨尔，尔且待于此。

熨斗铭

金寒丝翘，火烈丝焦。熨贴之平，细意者斯调。

小斧砚铭

斧开强具，而无刃可磨，亦无可执之柯。其无用审矣，且濡墨而吟哦。

古币铭

翰墨之器，形如古币，吾心知其意。

裁刀铭

当断则断，以齐不齐，利器在手，熟得而参差？

平凿铭

斧非尔力，不能洞穿；尔非斧力，亦不能攻坚。相资为用，毋畸重
于一偏。

小称铭

老聃折衡，使民不争。然不能使物无重轻，终不如持此以平。

小等铭

所系虽轻，亦务使平，盖千万之差，生于毫忽之畸零。

掸扫铭

帚有秃时，尘无尽期，然一日在手，则一日当拂之。

铁锉铭

以金攻金，而能相胜。百炼之精，锋芒乃劲。

试金石铭

尔能试金，惜不能试心。

圆凿铭

毁方为圆，宛转周旋。盖于势不得不然。

上面这许多铭文，虽然都是极平常又极小的器物，经他这么一修辞，就变成
了语意深远、蕴含丰富哲理以及人生阅历的象征物，读后使人顿觉受益匪浅。同
时，也可以看出纪晓岚的学者风度，更是非同寻常。

尽管纪晓岚嗜砚成痴，但是他拙于笔法，笨重拙劣得像老猪般丑陋，不堪入
目。正如他自己所言，"笔札从来似墨猪，擘笺愧对御筵书"。

　　乾隆十九年，纪昀进士及第之时，名闻乡里。一位沧州老尼，也慕名前来，打算让新科进士给写幅字，拿回去挂起来，光耀光耀自己小庙的门楣。谁曾料想，纪昀却让身边能书善画的朋友给代笔。老尼马上合掌连连说道："阿弥陀佛！谁写的字就要题谁的名字，佛前勿欺妄。"纪昀没办法，面对如此纯谨的佛徒，不得不署上朋友大名，老尼这才满肚狐疑地回去了。

　　事实上纪昀并不是摆架子，更不是不想为老尼写字。其实，纪昀的书法实在是拿不出手，登不得大雅之堂。就连纪昀自己后来也多次承认自己不善书法。如大量史料曾记载："余稍能诗而不能书""余能诗而不能书""余不能书，而喜闻石庵论书""余不知书，无以定此帖之真伪""佛法书法两不知，佳处安能一一领"。书法可以说这是一门艺术，必须从小经过专门的训练，才有可能成为一个书法家，写好字，如果岁数大了都"不能书"，年轻时就可想而知了。

　　纪昀既然不擅长书法，那么他的许多信函著述便多为别人代写，有的是由门下代写，有的是由书吏誊录。传世的纪昀手书《四库简明目录》以及武英殿所存诗折，缮写极工，均非纪晓岚亲笔，而是捉刀人所为。纪昀真迹传世极少。现就《明清名人尺牍墨宝》一书所收纪晓岚致友人鲍树堂手札来看，其书实在是难以入流。纪昀在信中感谢鲍树堂送他两方古砚时说："惟一生书似方平，不免有负此二砚耳。"纪昀所提到的方平，是传说中麻姑女仙的哥哥王远的字。据《太平广记》卷七所引《神仙传》载："王远，字方平，东海人也……弃官入山修道，道成。汉孝桓帝闻之，连征不出"，还说"其书廓落，大而不工"。纪昀用方平的书法来自比，甚是恰当。

　　不擅长书法的纪昀当然怕人来求字，越少越好。可是身居要职，应酬文字肯定是在所难免的，一些知道内情的人便只求其文而不求其书。有一次，纪昀三公子汝似的朋友蒋秋吟，想请纪昀为其父蒋师爌书写五十寿序，纪昀就明确表示"将乞梁山舟前辈书"。又有一次，纪昀的同门师兄李绶去世后，他的儿子李之杖请纪昀撰写墓志铭，而另求刘墉书丹。梁山舟，字之颖，号山舟，浙江钱塘人。工于书法，小时候就学颜、柳，中年又擅米法，尤其是到了七十岁后愈臻，纯用自然，天马行空，当世独绝。刘墉，字崇如，号石庵，山东诸城人。亦擅书法，专用重墨，独成一家，名满天下。纪昀的书法跟他们二人一比，简直无法相比。纪昀再看看其他的，前辈有梁献，同年有朱珪、朱筠、翁方纲，晚生如姚鼐、王文治、桂馥，门人伊秉绶，还有自己的小表弟张桂岩，皆以书名世，身处乾嘉时代而无'墨'字。浙人曾言：'龙头竟不属君矣。里字拆之为二甲，下作四点，其二甲第四乎？然必入翰林。四点，庶字脚；土，吉字头，是庶吉士矣。'后果然。""龙头竟不属君矣"，纪昀话外寻音，当时董邦达肯定要问纪昀"考得怎么样?"而自负的纪昀,也肯定说出了"有望夺魁"的话语。二甲考了第四名!再加上头甲第三名,纪昀等于考了第七名,距离自己心中的愿望,相差真是太远了。纪昀决不相信自己的耳朵。可是,到了张榜那天,他简直不相信自己的眼睛——真是二甲第四。独擅文章的纪昀或许也听说过考官阅卷时有"七分书法三分才气"的说法,但他依仗着自己的才气,估计自己的名次时,自然没有过多地考虑自己卷面的问题,但当时确实是"殿廷考试,尤以字体为重"。

十分聪明的纪昀似乎对自己的命运有所先觉,测字时单单写了一个"墨"字,好像早就预料到名次会跟笔墨大有关系。这次测字又太灵验了。

虽然纪昀不擅书法,但却嗜砚成癖。因而他收集珍藏砚台的过程中,却流下来了许多关于他赠砚夺砚的佳话。

嘉庆九年(1804年)五月十日,刘墉曾经赠给纪昀一方砚台。他在砚台上刻有铭文:"余与石庵皆好蓄砚,每互相赠送,亦互相攘夺,虽至爱不能割,然彼此均恬不为意也。太平卿相,不以声色货利相矜,而唯以此事为笑乐,殆亦后来之佳话欤?"他又在给刘墉临王羲之帖题写书后时曾讲:"石庵今岁八十四,余今岁八十,相交之久,无如我二人者。"

纪昀和刘墉二人都十分幽默诙谐,这对于二人容身于朝廷,确实起了很大的作用。下朝后他们常常把精力倾注在砚台的互相赠予或互相攘夺。据赵慎畛《榆巢杂识》卷上记载:"刘石庵阁师以宋砚赠河间师,镌字于匣云:'送上古砚一方,领取韩稿一部。'砚乃朴茂沉雄之品,比之文格有如此也。河间师题云:'石庵以此砚见赠,左侧有鹤山字,是宋人故物矣。'"纪昀是赵慎畛嘉庆元年会试时的座师,上面的记载当属可信。关于刘墉赠砚一事,纪昀在一首五言古诗《题绛堂砚》中也曾提及:"昔我掌乌台,石庵赠我砚。"题中的"绛堂"是那彦成,字韶九,号绛堂,正白旗人,乾隆五十四年进士。嘉庆元年,纪昀充会试主考官,和绛堂一起在聚奎堂阅卷,看到绛堂有一方砚甚佳,纪昀十分喜欢,便想要到手,偏偏绛堂不想给他,但纪昀又抓住不放,绛堂不得不用另一方砚来赎回。于一首五言古诗中,纪昀也提及了此事:"今岁司文衡,适与绛堂伴。此砚复赠余,粹温金百炼。"一方佳砚,赠来抢去,几易其主,这一方面说明了他们嗜砚成癖,而另一方面也说明了他们这种友谊已是亲密无间。还有一首《绛堂尝攫取石庵砚后与余阅卷聚奎堂有砚至佳余亦攫取之绛堂爱不能割出砚来赎戏答以诗》,在这首诗中,纪昀还把绛堂戏弄了一番:"机心一动生诸缘,扰扰黄雀螳螂蝉。楚人失弓楚人得,何妨作是平等观。"意思是说绛堂啊绛堂,你抢石庵相国的砚台犹如螳螂捕蝉,没想到还有我纪昀这个黄雀在后面;得,你抢了人家的一方砚,我又抢去了你的一方砚,你呀,正好平手,亦得亦失,等于不失不得。

　　纪昀和刘墉他们不仅常在一起赠砚和抢砚，而且也常常在一起欣赏砚。在《阅微草堂笔记·槐西杂志》中便记载了这样一则故事：他的表弟张桂岩从扬州回京后，赠给他一方琴形砚。此砚"斑驳剥落，古色黝然"，在其右侧偏下，镌刻有"西涯"二篆字，西涯是明代大学士李东阳的号，纪昀认为这是怀麓堂的故物，刘墉却不以为然，认为这是赝品。纪昀不服气，翻出砚底镌刻的两首诗为证。一首用行书刻成："如以文章论，公原胜谢、刘。玉堂挥翰手，对此忆风浪。"落款是"稚绳"。稚绳是明熹宗天启年间兵部尚书孙承宗的字。另一首诗用楷书刻成："草绿湘江叫子规，茶陵青史有微词。流传此砚人犹惜，应为高阳五字诗。"落款是"不凋"。不凋为渔洋山人王士禛门人崔华的字。纪昀又搬出渔洋山人咏崔华的诗作证明："溪水碧于前渡日，桃花红似去年时。江南肠断何人会？只有崔郎七字诗。"并且还说，这两首诗在他们的本集均没有，大概是他们编集时自己删掉了，因为古人大多都有集外诗，这也就不奇怪了。由此可以看出，纪昀对自己好不容易得到一方古砚却得不到刘墉的认可，是很不高兴的。以上便是纪昀和他们赠砚、夺砚、赏砚的几则趣闻。

　　纪昀和他的恩师裘曰修也有两段古砚情缘。

　　纪昀曾经被任命为"三通"馆提调官兼纂修官。"三通"，是指唐代杜佑撰的《通典》、南宋郑樵撰的《通志》和宋、元之际的马端临撰写的《文献通考》，由于三部书都是记载古代典章制度，因而被合称为"三通"。清廷此次诏修的"三通"分别是这三部书的续编。裘曰修听说纪昀嗜好藏砚之后，把自己收藏了许多年的一方古砚送给了纪昀。纪昀吃惊地发现砚腹之内刻有"夹漈草堂"四字。"这是郑樵当年用过的旧砚？"纪昀惊喜地问道。裘曰修笑了笑，随即点了点头。这确实是郑樵用过的砚台。这是江西南昌一个农民在打井时发现的，后来被裘曰修花了三斛稻米换来。郑樵，字渔仲，南宋兴化军莆田人。晚年不喜科举，但却刻苦力学，卜居在莆田西北的夹漈山上专心编撰《通志》。故后世学者称郑樵为夹漈先生。六百年前，这方砚台曾伴随郑樵写作《通志》，亲历了酷暑严寒、寂寥清幽；六百年后，它又将陪伴纪昀编撰《续通志》，历史仿佛被这一方砚台拉得毫无距离！纪昀在批判宋学、提倡汉学的基础上出发，非常敬仰"不到程门称弟子，家传原自郑康成"的郑樵，"盖宋人以义理相高，于考证之学，罕能留意"，仅有郑樵"恃其该洽，俾倪一世"，注《尔雅》，撰《通志》，在当时一片空谈风气中唯有郑樵能够不为所染而有所作为，所以纪昀称"南宋惟公是著书"，大有出淤泥而不染的赞誉。但是，纪昀在出任福建学政时，却没有来得及寻访参拜郑樵的故居。此时此刻，这方砚台使他睹物思人，恰好弥补了自己的缺憾。纪昀在感谢恩师馈赠的同时，也深深体味到老师赠砚的深刻用意。早在十一年前，

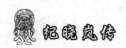

裴曰修就曾经和汪由敦联名推荐纪昀修纂《热河志》，这使得纪昀才华凸现，名气大扬。而今裴曰修又在他领修《续通志》之时，赠予他郑樵的旧砚，无疑又是莫大的一种鼓励，恩师寓意深刻啊！纪昀把自己的体会铭刻在砚上："惟其书之传，乃传其砚。郁攸乎予心，匪物之玩。"于铭文里，纪昀领悟"切勿玩物丧志"的忠告，表达了自己"要以文章名世"的决心。当年，纪晓岚的朋友、名士邵齐然就曾在这方砚上铭到："墨绣斑斑阅人几，觚棱刓缺字不毁。夹祭有灵式凭此，六百年后待吾子。"

数年以后，纪昀在福建任学政时的学生吴骞提，就曾要求拓下这方乡贤之砚的砚铭带回到福建。纪昀再次忆起旧事，并为之题诗一首：

> 博物推渔仲，当年实寡双。
> 空堂传夹漈，遗砚落西江。
> 好古逢闽士，拓铭归海邦。
> 如同乡祭酒，相对坐吟窗。

有一次，当门生、画家伊秉绶带着临摹的郑樵画像要他欣赏时，他的眼前不禁又浮现出当日赠砚的情形，只是此时这一方砚已不在他的手中。纪昀没有把古砚作为私物珍藏起来，而是效仿自己的恩师，又把它赠予了自己的学生林育万，用以激励自己的学生，他曾说："于今到处人珍袭，何必流传付子孙。"这里边既寓有纪昀的秉承师意的一面，也可体会到他人生中洒脱淡泊的一面。

纪昀和他恩师裴曰修的另一段砚缘，大约是在乾隆三十七年，当时裴曰修得到一方断碑砚。碑是宋碑，是宋神宗熙宁四年（1071年），苏轼给孙莘老作的《墨妙亭诗》石刻，可惜的是所存无几，仅剩高三寸、宽三寸、长四寸的一小块而已。砚是明代的砚，明武宗正德元年（1506年）理学家王守仁由于上疏求救言官曾铣，得罪了权阉刘瑾，被谪贵州龙场驿丞，意外得到这块断碑，遂琢碑背成砚。裴曰修得到后，刻上了"吾于东坡，不师其经济而师其文章；吾于阳明，不师其学术而师其事功"的语句，并让重新回到翰林院不久的纪昀为之题诗纪事。纪昀受命赋长诗一首，诗中有意识地借苏轼与王守仁他们所处的宋明时代，对宋明理学的门户之见，提出了有力批判，十分有见地。"两公卓荦天下士，学问皆与洛闽殊渊源。古来豪杰各有见，安能一一俱以绳尺论。黄龙紫凤自上瑞，宁知摩天浴海尚有鹏与鲲。输攻墨守各师说，宋明两代纷嚣喧。惟公旷世具巨眼，扫除门户存公言。乃知此砚出有意，将以乞公一字为平反。"扫除门户之偏见，是纪昀文学批评思想中的一个重要组成部分。崇尚实学，批判虚浮，尤重事功的纪昀极力反对学术之间相互攻讦、水火不容的不良风气，大力提倡择其善者而从之的学术新风气。苏轼于治国治民方面成就不大，但是他的文章却超迈古今，流芳万世；明代王守仁的心学虽然属于玄虚，然而他在镇压农民起义、平定地方叛乱中却功劳甚高。裘曰修先生的主张，也正是纪昀的心里话，在诸多问题上，他和自己的老师有着共同的主张。

后来，裘曰修把断碑砚"珍重付画师，真形图四面"，其后，又让纪昀题诗。纪昀"绵邈思古人，寄托聿素愿"，又一次抒发了自己"文章缅眉山，事业忆新建"的大度仁厚的观点。

裘曰修和纪昀师徒二人都嗜砚成癖，只可惜裘曰修早亡，让他们师徒二人的古砚情缘不能再延续下去。在此后的漫漫岁月里，留给纪昀的也只是美好的回忆了。

古器玩当中，纪昀最钟情于砚台，但他却不据为己有，而是时而慷慨馈赠，来去由人。我们在前面已描述到纪昀的表弟张桂岩在扬州给纪昀带回一方"斑驳剥落，古色黝然"的琴形砚，是明代著名文学家李东阳的遗物，非常珍贵，后来纪昀把它赠给了兵部尚书庆桂。

纪昀赠砚，一方面为了联系志同道合的僚友之间的情感，另一方面仿效先贤，在赠砚的行为当中赋予了一般庸人所无法想象的深刻内涵。想当年纪昀的老师刘统勋赠砚与他，是让他努力精心编纂四库；而裘曰修先生赠砚给他，是鼓励他修好《续通志》，这一切都给他留下了深刻难忘的印象。

如今纪昀桃李满园，他也曾多次把藏砚送给心爱的门徒。乾隆三十九年，他的学生刘权之，以洗马出任江南乡试副主考。纪昀赠给他一方刻有砚铭的水波砚，砚铭是："风水沦涟，反折天然。此文章之化境，吾闻之于老泉。"纪昀向来崇尚"文贵自然"，苏洵是唐宋八大家之一，曾在《仲兄字文甫说》一文当中，借用"风行水上"的《周易·涣卦》当中的卦象，从风水相激而自然成波的自然现象中，提出了天下为文顺其自然的文学主张。纪昀把如此一方砚台，在此时赠给学生，寓意是十分深刻的。不仅有对学生主持考试、评阅文章上的现实要求，同时还有传授心得体会的长远用意。

纪昀赠砚还曾经赠出过许多的笑话。比如乾隆四十九年，纪昀出任会试副主考官。张榜后，众门生来到纪家，修后进之礼。酒席间，纪昀取出一砚，对众门生说："这是我的座师刘文正公赠给我的。我身后也不想传给子孙，而是想传给我的弟子，不知哪位将来有幸获得此砚？"话还没有说完，本科状元浙江会稽人茹棻，就已起身说道："何不就赠给学生收藏呢？"纪昀听罢哈哈大笑："我适才明明讲了要等到身后，而你马上就要带回去，难道认为我已经死了不成？"

第七章　获罪戍边

一、两淮盐引案

　　乾隆三十三年六月二十四日，乾隆皇帝下达圣旨，任命王际华为江南乡试正考官，纪昀为副考官。江南可谓是文化圣地，其乡试仅次于顺天，因而人们称之为"南闱"，与号称"北闱"的顺天乡试分庭抗礼，遥向呼应。在当时全国也只有顺天、江南乡试才设正、副考官，其他省份只设主考一人，可以说，在当时顺天、江南乡试的副考官要比各省的主考官还风光、荣耀许多，是因为他们所录取的门生要比其他省多得多。在这之前，纪昀已任过山西乡试主考、会试同考官、顺天乡试同考官，此次能够充任江南乡试副主考，可以说是他考官生涯中的再一次升格，这也说明了纪昀在朝中的地位日渐提高。

　　六月的天气实在难以估摸，天有不测风云，人有旦夕祸福，一点不假，纪昀正当飞黄腾达之际，却没料到次日就化为了乌有。原来六月二十五日，乾隆皇帝下达圣旨："据彰宝等奏，查办两淮节年提引一案，历任盐政等均有营私侵蚀情弊，实出情理之外。已降旨将普福、高恒革职，运使赵之璧暂行解任，该商等革去职衔，并传谕富尼汉传旨，将原任运使卢见曾革去职衔，派员解赴扬州，并案质讯矣。"至今，两淮盐引案真相大白天下。

　　所谓盐引，也就是指宋及宋以后历代朝廷，给予盐商凭以运销食盐的专利权凭证，相当于如今的营业执照。也就是盐商缴纳盐款后，领取引票，每张引票规定有一定数量的盐，然后盐商凭引票所属盐场支盐运销各地。朝廷就是靠卖引票征收盐商"引税"，"引税"在整个盐税收入中占有较大比重，所以成为朝廷盐税中的主要来源。清代除蒙古、新疆之外，全国共设有盐区十一个，拥有盐场三十二座，其中江苏、安徽、江西、湖北、湖南、河南六省的两淮盐区最为重要。清政府在这些地区设有都转盐运司盐运使，驻在扬州，其上司是两淮盐政。盐政大多由盐区所在省份的总督或巡抚兼任，只有长芦、两淮特设独立盐政。两淮盐运使不仅仅只管理盐场的生产、盐商运输销售等日常诸多盐务，同时还兼为宫廷采办一些贵重物品，侦察社会及官僚情况等多种事务，它的功能几乎等同于雍正年间设置的江宁织造。由于两淮盐区的重要角色，因而两淮盐商与朝廷、皇上之间的关系也非常微妙，非同寻常。两淮盐商每年上缴的盐税和其他盐区相比是最多的，当年康熙皇帝平定三藩、雍正皇帝征伐西北、乾隆皇帝讨伐金川等历年巨额军费，两淮盐商先后就曾捐款输纳上千万；康熙皇帝和乾隆皇帝多次南巡，其中各种供应设施也大多出自两淮盐商。所以清廷对他们十分照顾，海内太平之时便通过增加销售配额、减少盐税等办法给予他们极大的优惠。除此之外，每次皇帝南巡时，都要召对一些盐商，或者赐宴或者封官，礼遇规模形同封疆大吏。盐商们偶尔周转不灵时，朝廷也会出钱来借贷给他们，然后收取一定利息。两淮盐引案即是由利息银引发的贪污受贿案件。原来两淮盐商借贷以后，打算靠多销盐还账。当时价格十分稳定，销售状况甚佳，于是从乾隆十一年起，盐商们便申请提前销售下年的食盐，好用这部分盐税来还债。但是这一款项，盐运使、盐政都没有奏明朝廷，变成了自己的"小金库"。当然给皇上购置古玩器物、打点巡游消费以及办公事宜等等一切开支都要从这里面支出，但是其中更多的则被盐政、盐运使、盐商们勾结私分了，盐商们用这些钱请客送礼，盐官们用它大肆挥霍，这样一做就是二十多年。

要想人不知，除非己莫为，任何一种事情，只要做了早晚都会为人所知晓；两淮盐界的官商所做所为亦是如此。到了乾隆三十三年，新任两淮盐政尤拔世到任，他早就听说盐商积弊，也想利用这一有利机会居奇索贿。结果，盐商们见到尤拔世的这副丑恶嘴脸，并不买他的账。于是气急败坏的尤拔世便上奏皇帝云："上年普福奏请预提戊子纲引，仍令每引交银三两，以备公用，共缴贮运库银二十七万八千有奇。普福任内，所办玉器古玩等项，共动支过银八万五千余两，其余见存十九万余两，请交内府查收。"一石激起千层浪；就是这短短一篇奏本，在乾隆朝中掀起了一场轩然大波！

清廷当时已经把借贷的事情忘得一干二净，经尤拔世这一提醒，再细细一算，二十年来，连本带利，已超过千万，几乎是每年全国盐税的二到三倍。尤其令乾隆皇帝恼火的是，朕的历次南巡，原以为盐商们的孝敬都是自掏腰包呢，谁料想你们竟然把朕我装进了"明着我请客，暗地你掏钱"的骗局里。朝隆皇帝立即密派江苏巡抚彰宝会同尤拔世详细清查。详细清查的结果是，历年提引余息应归公之银累计一千九十二万二千八百九十七两六钱，除去累年代购器物、应承巡游、办公开支的费用，共亏空一千一十四万一千七百六十九两六钱！此案牵涉面十分广：**前任盐政高恒因收受银三万二千两、普福因私销银一万八千八百余两均**

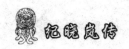

被斩首；前盐运使卢见曾因"婪得商人代办古元银一万六千二百四十一两"，定绞候，最后死在扬州狱中；盐商奉宸院卿衔黄源德、余尚志、王履泰，布政使衔江广达，按察使衔程谦德、汪启源皆被夺职；现任盐运使赵之璧也被革职查办，夺袭爵；前任盐运使何渭等人也被降级处分；前任两江总督尹继善、现任总督高晋也以治理不得力，玩忽职守罪，被下部严议。

盐引案事发以后，乾隆皇帝谕旨"将卢见曾原籍赀财即行严密查封，无使少有隐匿寄顿"。最终结果，根据查抄卢见曾住所的山东巡抚富尼汉上奏："卢见曾家产，仅有钱数十千，并无金银、首饰，即衣服亦甚无几。"这是不可能的，显系事前有人泄露了秘密。乾隆皇帝看到奏疏，大为恼怒，立即下令："严切究审，令将得自何处、何人，实情供吐，不得任其稍涉含糊。"于是又节外生枝，由盐引案又引发了一泄密案。经过大学士刘统勋严加审讯，结果审出四名泄密嫌疑者。他们是军机处行走内阁中书赵文哲、徐步云，军机处行走刑部江西司郎中王昶，以及翰林院侍读学士纪昀。卢见曾又是何许人也？竟然有如此多的人为之报信，甘冒风险。

卢见曾是康熙六十年进士，山东德州人。历任四川洪雅知县、安徽六安知州、江南江宁知府、两淮盐运使、长芦盐运使等职。卢见曾性情高雅，不拘小节，精明强干有吏才，由于长得体矮瘦小，被人称为"矮卢"，但他名气却很大，"负诗坛重望，所与游皆海内胜流"。他在扬州做官时，主持风雅，曾以渔洋山人王士祯自比；又十分爱才好事，为近世以来所罕见，因此四方名流，咸聚扬州，盛极一时。当时许多著名的诗人、学者，如金农、厉鹗、惠栋、沈大成等，都是座上宾。据袁枚《随园诗话》卷十二记载，卢见曾"尝赋《红桥修禊》四章，一时和者千余人"，由此可见他交游甚广。但是，在他这种一呼百应的好人缘、古道热肠的背后，却干着"支销冒滥，官商并有侵蚀"的贪污勾当。

卢见曾对赵文哲、王昶、徐步云三人都有知遇之恩。赵文哲和王昶都曾做过卢见曾的幕宾，王昶更是和卢见曾子孙有师生之谊。在乾隆二十七年乾隆帝南巡时，徐步云参加了由乾隆帝亲自主持的召试，并取得好成绩，从此踏上仕途；他的荐主就是卢见曾，所以徐步云对卢见曾执弟子礼。

纪昀和卢见曾是亲家，纪昀共有四男三女，他的长女就嫁给了卢见曾的孙子卢荫文。给他们保媒的很有可能就是纪昀的同年进士王昶。纪昀作为侍读学士，在朝廷内做事，稍微听到点盐案风声。六月十三日，纪昀从朝廷内得知要对卢见曾家抄家的消息，回到家中便把卢见曾家发生的盐案告诉了马氏和郭氏。他自己对卢见曾的行为也表示极大的气愤。他在屋里踱了踱去，不停地吸着烟，气愤地说道：

"身为朝廷官员，干如此渎职枉法的事，该当问罪！"

纪昀的长女是纪昀的侧室郭彩符郭氏所生，因为是自己的亲生女儿家发生的事，所以郭氏非常担心。她虽然在纪昀面前不敢多说什么，但总是哭哭啼啼，流泪不止，她恳求着纪昀说："老爷，别犹豫不决了，如果卢家真的被查出破绽，还不是一样株连到我们家，咱女儿还不是一样株连下狱吗？你赶紧出主意吧！"

纪昀依然在屋中走来走去。说实话纪昀心里也特别着急，他也想把这消息告诉卢家，只是怕做事不当，给自己及家人惹来麻烦。无奈妻妾一再怂恿，他最后想出了一个办法，便叫来仆人张凯。

纪昀将一个包好的木盒交与张凯，吩咐说道："这是件宝物，你将它送到卢家，快去快回！"

张凯问道："老爷，还有书信呢？"

纪昀说："书信就不写了，你亲自把这木盒交与卢家老爷就行了，赶紧上路吧！"

张凯刚走，马氏便走出屋去，边走边埋怨着纪昀说："写上一封信，又费你多少事呀？免得让人挂念。"

纪昀从嘴里抽出烟袋，申斥着说："夫人怎么这么糊涂！若带上一信，事情一时败露，查出书信，难道还不等于我自讨苦吃？！"

马氏立即醒悟，接着又担心地说："那卢老头能知道其中的奥秘吗？"

纪昀吐着烟说："作为一个堂堂两淮盐运使，连这点心眼都没有？夫人尽管放心，放心就是！"

这时纪昀家仆人已来到了卢家，直达卢家书房，发现卢见曾在家里悠闲自得，根本不知道外面的消息。他得知纪亲家让人送来礼物，连忙接过来，微笑着自言自语地说着：

"纪昀爱好古玩，这肯定是件稀世珍宝啰！"他说着便打开精致的檀木盒。

"嗯？！"卢见曾感到非常诧异，他发现木盒子里并没有盛放古玩，更没有什么稀世珍宝，他猛地怔住了，又检查了一遍，才在木盒中的绸子里面，找出一个信封，摸了摸，朝手心里一倒，原来是一小堆茶叶和几粒盐。卢见曾看后摇了摇头，暗自想：

"好个纪晓岚，你这是给我耍什么花招？"

卢见曾沉思片刻，嘴里不停地说着："盐茶，盐茶，噢，他是不是在暗示我'严查'？！这里，是不是亲家在为我用心良苦呀，哎呀，可能是要严查我的盐案啦？……"

突然间卢见曾害怕起来，他心里立刻明白："八成是有人控告我，朝廷要派

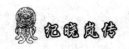

人严查，通知我事先心里有数早做准备啊!"有了这个想法，卢见曾变得慌张起来。

二、谪戍新疆

1. 东窗事发

这时，在紫禁城的养心殿中，乾隆皇帝正坐在龙椅上，欣赏着歌女们的歌舞表演，突然和珅风风火火地走进殿来，到皇上的身边附着耳朵不知说了些什么，乾隆脸上的笑容立刻消失了，他皱着眉头，挥了下手，撵着歌女："都下去，快下去!"

歌女们马上离开养心殿。

乾隆这才扭过脸来，对和珅说："讲下去!"

和珅说："两淮盐运使卢见曾已将家中贵重的财产给了他人，只剩下一些不值钱的东西了。"

乾隆皇帝听后火气大增，拍着桌子怒吼着：

"胆大! 是不是有人漏了风声，告诉了卢见曾?!"

和珅赶紧跪到地上，一脸笑容地附和着说：

"圣上英明!"

乾隆立即给太监肖德录下旨："传朕的旨令，限日将泄漏秘密者查出，严格惩罚!"

"喳!"肖德录接旨而去。

这样，和珅寻找到了报复纪昀的大好机会，他压低了声音，装成神秘样子说：

"回禀皇上，这暗中泄密的人，臣知道一点消息……"

乾隆急切地问："快说! 谁?"

和珅这时才痛痛快快、高高兴兴地说："这就是在你身边的侍读学士。"

"纪昀?!"乾隆一惊，"这是真的?"

和珅显出一种诡笑的样子回答道："卢见曾和纪昀是亲家，臣听说在抄家头一天夜里，纪昀曾派仆人去过卢家，我想可能就是去通风报信。"

皇上听了和珅此话，立刻愤怒地拍着桌子说：

"马上将纪昀监禁宫牢!"

肖德录："喳！"

事实已表露得十分清楚，和珅为了找到陷害纪昀的理由，他早暗自派出自家的仆人，私下里调查跟踪纪昀，他时时刻刻想抓住纪昀的小辫子以报复当年纪昀题匾额奚落他无知之仇。

来到纪宅一看，往日的宁静已荡然无存，纪家已经大乱了。

肖德录领着几名公差，当晚便将纪昀带走，押进大狱。

马氏住的室内，平时是饭后家人团聚的地方，这时却是一家人一筹莫展的地方。

张凯安慰马氏说："夫人放心，不要发愁，总会想出办法的。"

长子汝佶向马氏说："母亲不要担忧，待孩儿去求拜恩师戴先生，让他出个主意。"

说罢，汝佶和汝传二弟兄买到戴震家，将刚才家中发生的事情讲了一遍。戴震听后也十分着急，他就领着汝佶、汝传弟兄俩，赶到纪昀的好友大学士刘统勋家中，不用通报，直接穿宅而入，来到刘家的客厅，只有刘墉一人，发现他正在练习书法。

汝佶、汝传进到客厅，双双跪在地上，把自己家发生的一切又述说一遍，叩头求情。

刘墉慌忙站起说："贤至起来，请起来！"随后把他们兄弟俩扶起。

戴震在一旁说："刘大人现在是皇上宠信的大学士，如果他肯出面求情，在下之见，圣上是会发发慈悲的。"

刘墉连忙对戴震说："父亲正在书房，戴兄，我俩是不是先去说说看。"说着刘墉拉着戴震直奔刘统勋的书房。

其实刘统勋早已知道纪昀家发生的事，他曾是纪昀的座师，又是纪昀的好友，正为此事而烦心踌躇，刘墉和戴震来到书房时，他正皱着眉头在书房里走来走去。他们一来，刘统勋已猜到八九不离十，劈头便说：

"纪昀惹的是杀身之祸，和珅正是年少得志！……我明天上朝为他请个人情，你们不要再多说了。"

"是！"刘墉、戴震一块答应道，走出书房。

在紫禁城里有一处偏院，院里有些低矮房屋，里面阴森森的，这就是宫牢。这宫牢就是临时关押犯忌官员的牢房。一个狱吏坐在纪昀的对面安慰着说：

"纪大人把心放宽些。据说，刘大学士都去皇上那里为你求情了。皇上平日里就非常宠爱大人，皇上一定会从轻发落大人的。"

纪昀不停地吸着大烟袋，听着这牢头的奉劝和安慰，忧愁的脸上露出了感激

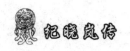

的样子。

狱吏闲得没事又对纪昀说："纪大人，我给你算个卦吧，看看是祸是福怎样？"

纪昀哭笑不得地说："不算了罢。就是阎王爷叫我，早去他老人家那里报到也好。"

狱吏听后着急地说："哎呀，纪大人怎么净说一些不吉利的话呀？！我们家算卜，测字可是祖传，是祸是福保准能给大人算出来，来来来。用测字的方法给你算吧。"说着，拿起笔递给了纪昀。

纪昀说："难得你一片热心！"随手写了个"董"字。

狱吏拿到手中端详了一会儿，突然兴奋地说："大人没有事的啊！"随后对纪昀细细地解说："大人你瞧，这'董'字头为草，下边为重，'重'字拆开是千里。大人最多不过是到草木多的千里之外去戍边。哈哈，没有事了。"待了一会儿，狱吏又说："大人再写个字我测测。"

纪昀举笔又写了一个"名"字。

狱吏又端详了片刻，才说："这'名'字，下是一个'口'字，而上面是外字的偏旁，大人，你戍边的地方在塞外。……"

纪昀随即"哦"了一声，此时他的脑子里腾的一下子就显现出一个荒草连天、浩无人烟的荒凉景象，陡然一股寒风直袭心头。

狱吏见此，连连安慰他说："大人不必担心。你再仔细看这个'名'字的字形和'君'字相差无几，仿佛又像个'召'字，大人请放心，皇上不会丢弃你，一定还会召回你的！"

纪昀慢慢地站了起来，望着牢外蓝蓝的天空，悲伤地叹了口气说："只怕是到了皇上发善的时候，我纪某早已在他乡抛骨露尸了啊！"

狱吏又安慰纪昀说："大人不要着急和悲观。这'口'字是'四'字的外围，当中缺少两笔，大约是不到四年吧！"

纪昀听后道："今年是戊年，再过四年是辛卯。"

"对了，"狱吏说，"'夕'如'卯'字的偏旁，正好符合。"

他俩正说着，只听宫牢外传来一声叫喊：

"传皇上旨，宣纪昀进殿！"

随着叫喊声，几名太监押着纪昀，两个看守扛着腰刀，一前一后，穿堂过院，向养心殿奔去。

2. 谪戍乌鲁木齐

纪昀被押进殿内，跪在地上，连忙叩头，一个劲地向皇上求饶："罪臣纪昀叩见万岁爷，万岁万岁万万岁!"

乾隆皇帝用严厉的目光望着纪昀说:"站起来回朕话吧!"

纪昀急忙说:"谢皇上开恩!"然后起身站在一旁。

乾隆皇帝又严肃地问:"你的亲家卢见曾，盐政亏空，按照法律应给予注销户籍的处分，你是否知道?"

纪昀心地坦然地回答:"罪臣知道。"

乾隆皇帝紧接着问:"根据调查，是你暗中向卢见曾通风报信的，是不是?"

纪昀急忙又跪伏在地上，辩解道:"臣实在没有通风报信啊!"

乾隆皇帝猛地一拍桌子大声怒斥道:"朕今天就想知道，你没有写一个字，到底是用什么办法泄密给卢见曾的? 你如实讲来!"

纪昀低下头，如实地说出了整个过程。这时，跪伏在地的纪昀，慢慢摘下头上的顶戴，毫无怨言地说:

"圣上颁布国家大法，合乎大公无私的道理;罪臣恳挚私情，犹蹈人伦之陋习。臣胆大徇私枉法，罪过不可饶恕! 臣遵法愿服刑!"

乾隆皇帝看着匍匐在地上的纪昀，两眉之间逐渐缩成了一个疙瘩，他犯了难。回忆起过去纪昀曾陪伴自己南方巡查，游历南方的山水，登泰山，游玩避暑山庄，吟诗作赋，在一起谈笑风生，此情此景，他怎能忘怀? 这时皇上的目光中闪烁着难以用言语表达的复杂感情。他沉思好久，轻轻地摇摇头，长长地叹了一口气，拿起笔，在纪昀的案卷上批写出一行小字:"从轻谪戍乌鲁木齐。"

听完圣旨后，纪昀才将自己身上的包袱卸了下来。

乾隆二十年五月，还在翰林院庶吉馆学习的纪昀，得知朝廷要派兵平定征服西域准噶尔部落，精心写了一篇两千多字的《平定准噶尔赋》献给了皇上，以"抒欢忭之忱，扬圣天子之鸿业"。没料想，十三年后，自己前往的戍边地，就是当年笔下"出五郡之故疆，沙河源于绝塞。盖距帝京者，万有一千三百余里尚绵延而未极"的边徼荒区——乌鲁木齐。回想乾隆三十三年春天，有个人带来一幅《蕃骑射猎图》，请纪昀赋诗，纪昀面对栩栩如生的秋天塞外围猎景象，不禁诗兴大发，挥笔泼墨在画上题了一首七绝:

> 白草粘天野兽肥，弯弧爱尔马如飞。
> 何当快饮黄羊血，一上天山雪打围。

谁也没有想到，事情就是那么凑巧，还不到半年，题诗的内容居然应验，纪昀真的要去新疆大地，"一上天山雪打围"了。

纪昀在乾隆三十三年七月二十七日被定罪戍边，八月初动身离开京城，饱读诗书、满腹经纶的他，开始了第二次跋山涉水行万里路的风雨兼程。他今天与六年前去福建任学政时一路欢歌笑语畅游大好河山截然不同，这次他越走越悲伤，越走越凄凉，越走步伐越沉重。一直走了两个多月，纪昀才从噩梦中慢慢地挣脱出来；面对现实，反省自己，他没有太多的抱怨和懊悔。他曾写有一组无题杂诗，以表自己心中的志向。

> 少年事游侠，腰配双吴钩。
> 平生受人恩，一一何曾酬。
> 琼玖报木李，兹事已千秋。
> 抚己良多惭，纷纷焉足尤。
>
> 蝮蛇一蜇手，断腕乃不疑。
> 一体本自爱，势迫当如斯。
> 世途多险阻，弃置复何辞？
> 恻恻谷风诗，无忘安乐时。
>
> 北风凄以厉，十月生林寒。
> 飘摇霜雪降，蕙草亦自残。
> 黄鹄接翼翔，岂碍天地宽。
> 前后相和鸣，亦足为君欢。

从以上的诗中可以体会到，纪昀在阐发自己顾念妻儿老小的亲情，为保全全家的共同利益，迫于当时形势，不惜抛妻离子，以图后计的复杂心情。诗中第二首最后一句写到"恻恻谷风诗"，《谷风》是《诗经》里的一篇，又见于《邶风》，还见于《小雅》。其中《邶风·谷风》中描写的是一女子被她的丈夫遗弃后的悲痛感情。纪昀在这里借用《谷风》，目的是借以倾诉自己的冤抑。过去那种舒适安逸的生活令他无法忘记，但由于亲情而受到朝廷的遗弃，成为贬谪之臣，自己无话可言，也绝不后悔。前途尽管不是那么光明，飘摇不定，但永远乐观向上的他，看到的并非满目苍凉，而是那宽阔的天地间比翼双飞、和鸣相乐的自由自在的黄鹄。再想一想自己，虽然获罪戍边，倒也因此远离了官场逢迎、仕途趋附、人际倾轧的险恶处境。有了这种豁达的精神安慰，纪昀的心情随着西行的险恶处境，也逐渐宽畅起来。

3. 戍边生活

历经整整一个严冬的长途跋涉，纪昀在第二年的二月终于到达了乌鲁木齐。驻乌鲁木齐地区最高军政长官办事大臣温福，早就听说过纪昀的大名，深知他是皇帝身边的才子红人，又何况圣旨里面有"效力赎罪"；能够体察圣意的温福一方面对纪昀百般礼遇，一方面安排了一个极好的角色——印房章京。印房章京就是驻新疆办事大臣的属官，掌管内部文书事务，并参与机要，位置在粮饷章京、回务章京之上，这不但是一个忙差，而且是一个要职。作为一名朝廷遣犯竟能膺此要缺，实属光荣。纪昀受宠若惊，因此加倍努力，勤奋干活，以报答知遇之恩。两个月后，温福擢福建巡抚，赴任而去。虽然两个人相处只有短短的六十多天，但因为得到温福的提携照顾，使纪昀对这位性情刚愎的满人上司在许多年后仍念念不忘，纪昀晚年在他的《阅微草堂笔记》里共提及温福十二次，多褒扬之辞。温福后来在乾隆三十八年春天，攻打大小金川时，在木果木丧失时机阵亡，一时间，朝论大哗。

温福到福建任职后，继任者是巴彦弼，他对纪昀也是十分信任，不论大小杂事，悉以委之。纪昀在这里真正开始了长达两年的"草奏草檄，目不暇给"的紧张工作。关于纪昀在乌鲁木齐的具体活动，文献缺乏详细系统的记载，只是从他晚年的追忆和其他相关史料中窥见一鳞半爪，现撮举如下：

乾隆三十三年八月十六日，新疆昌吉"屯官醉后逼诸流妇使唱歌"，导致遣犯发生暴乱。清军"捕获逆党，皆戮于迪化城西树林中……后林中有黑气数团，往来倏忽，夜行者遇之辄迷"。纪晓岚到任后，"遣数军士于月夜伏铳击之，应手散灭。"

"己丑冬"，"余在乌鲁木齐，军吏具文牒数十纸，捧墨笔请判，曰：'凡客死于此者，其棺归籍，例给牒。否则魂不得入关。'……余曰：'此胥役托词取钱耳。'启将军除其例。"

"庚寅十二月"，"乌鲁木齐提督标增设后营，余于永余斋奉檄筹画驻兵地"，"在吉木萨相度安兵之地，至唐北庭都护府废城"。

"余在乌鲁木齐，因牛少价昂，农颇病。遂严禁屠者，价果减。然贩牛者闻牛贱，皆不肯来。次岁牛价乃倍贵。弛其禁，始渐平。"又"玛纳斯南山一带皆产金"，"山中盗采金者，殆数百人"，"恐……聚众生衅，雪消以后，防御甚严"。"捕之恐激变，听之又恐养痈。因设策断其粮道，果饥而散出。然散出之后，皆穷而为盗。巡防察缉，竟日纷纭。经理半载，始得靖"。

"吉木萨山中有老猪，其巨如牛，人近之辄被伤；常率其族数百，夜出暴禾稼"，最为屯田之害。"余拟植木之栅，伏巨炮其中，伺其出，击之。或曰：'倘

击不中，则其牙拔栅如拉朽，栅中人危矣。'余乃止"。

"余在乌鲁木齐时，一日，报军校王某差运伊犁军械，其妻独处；今日过午，门不启，呼之不应，当有他故。因檄迪化同知木金泰往勘"。

"余在西域，从办事大臣巴公履视军台。巴公先归，余以未了事相留，与前副将梁君同宿。二鼓有急递，台兵皆差出，余从睡中呼梁起，令其驰送"。

从管理市场肉价、防止盗贼开采金矿、调查一些案件、给军营勘察驻兵之处，直到抵御野猪、枪击鬼气、为客死乌鲁木齐的流人颁发官牒，当然还有最日常的工作如掌管案牍、接移文、送急递等等这一切，纪昀经手的事务的确纷繁杂乱。不过，这些杂乱无章的小事，对读过万卷书、行过万里路的纪昀来说只是小菜一碟。他在做完这些杂事的同时，凭借自己的干练和勤奋在军营中树立了极高的威信。因为他做的事太多，并且做得又好，所以显得他的职务也比较重要。他可以用文书给同知下达命令，派遣副将，就连城守营都司都不时送新鲜的蘑菇给他，这充分证明了纪昀当时的地位和影响。

纪昀在乌鲁木齐还做了一件仁义之事，许久都被人们津津乐道。依照当时旧例，犯人携带妻小共同谪遣乌鲁木齐，五年以后，便可释放为平民，但是单身遣戍的犯人，则要终身戍役，而不能被释为平民。时间一长，到乾隆三十五年的夏天，已经增至六千多人。他们怨气冲天，互相煽动，大有一触即发之势。假使有一天真的发生暴乱，其后果是不堪设想的。纪昀也同样是一名单身遣犯，可谓同病相怜，对此深有感触，同时出于对社会秩序的稳定、国家的安全考虑，于是写了奏稿，请求批准单身遣犯能和携眷遣犯一起转释。办事大臣巴公彦弼代为上奏，结果六千多单身遣犯得以同日脱籍，并从此以后定为法令。关于这件事，李宗昉《纪文达公传略》和汪德钺《纪晓岚师八十序》都曾述及。汪氏把纪昀比作汉代录囚审案"多有所平反"的隽不疑和"决疑平法，务在哀鳏寡"的于定国两大名吏，以表达其对纪昀的敬仰。隽不疑和于定国，当时一个是京兆尹，一个是廷尉。他们二人都身居职能所司，责无旁贷。和他们二人相比较，纪昀却仅仅是一名效力赎罪的谪人，以戴罪之身替遣犯说情讨理，更是难能可贵。

纪昀生活还算较为充实。工作之余，他在乌鲁木齐还盖了属于自己的新家；在庭阶之下种植了大量的花草，有虞美人、江西腊、罂粟花，真是姹紫嫣红，赏心悦目。朋友还送给他几条狗，来看家护院；尽管它们有时狂吠，"满城响答，猗猗然彻夜不休，颇聒人睡"，但对于纪昀来说，多少是个做伴的。他还时常一人到闹市区去转转，放松放松，比如看看戏剧，听听评书，欣赏一下杂技表演，以此解除身体的劳累和心中的郁闷。和常人比较而言，纪昀只差拥妻揽妾了。这种男欢女爱、人之常情，他在日后的记述里，曾有过含蓄的流露。在《槐西杂志》卷四里记载道，纪昀曾听王史亭编修讲过一个传奇故事。有一个崔生，因犯罪被只身谪戍到广东。在广东，日思夜想，心情抑郁。这时出现了一个前世曾受恩于崔生的董姓地仙，经过巧妙安排，不知她从哪儿找到了三个花妖，让她们先到崔家探知其妻妾的容貌言语、闺房旧事。尔后，假装暗地接来家眷团聚，以报答先前之恩，实际上董生的妻妾全是以花妖充代。但崔生被蒙在鼓里，不知原委，享受了多年鸾凤和鸣的美满生活。等到被赦免临行之时，地仙才原原本本地交了底，崔生于是和三花妖洒泪而别。同样有遣戍经历、倍尝分离之苦的纪昀听罢，不禁羡慕不已，"使世间离别人皆逢此叟，则无复牛女银河之恨矣。"

在新疆的日子里，纪昀用交游消遣打发多余的时光。在远离故土的乌鲁木齐，纪昀凭借军务的便利，接触了当地上上下下各阶层的人士，并和他们建立了极为密切的友好关系。上至办事大臣、提督、副将、守备，下至县丞、把总、军吏、官奴，纪昀都和他们交往，并通过他们详细了解了风貌独特的塞外景物。纪昀切身感到世界奇妙无比，不看绝对不知道。百闻不如一见，到处走走，眼前活生生的奇特事物，的确要比书本里的知识更直观形象，也比听到的更真实可靠。如戈壁滩上的巨蜥、崇山积雪中的雪莲、嘉峪关外的天生墩、喀什噶尔山洞里的汉代壁画，还有吐鲁番的葡萄、哈密的瓜……这一切在先前都未曾亲见，而在这里都领略到了。纪昀在乌鲁木齐，还饶有兴趣地发现，沙滩之中"一丛数百茎，茎长数尺"的芨芨草，就是以前在史书中见到的息鸡草；但是又不像书中所描述的马吃一点点芨芨草就会饱，因为当地的马根本不想吃它。他于十几年前在避暑山庄纂修《热河志》时，看到史书里面的青稞，"不能指其为何物，颇疑为蒹稗之属"，到了今天才终于明白，"青稞盖大麦之类"，是"可以酿酒，可以秣马，人亦作面食之"的西域主要粮食作物之一。还有他从前以为是"闽中朱竹之类"的塞外红柳，却原来"似柳而非，特皮肤微赤耳。其大者可作器"……如此种种不同于内地的风土人情极大地开阔了纪昀的见识，使他更加了解了大自然这部奥秘无穷的百科全书。

西伯利亚的寒流，最先掳走新疆的深秋，此后迅速进入广袤的黄土高原、华北平原，横扫整个黄河以北地区。乾隆三十五年，纪昀再次领略到了它的桀骜威猛。寒冬腊月，纪昀正准备度过他谪戍新疆的第二个春节时，紫气东来，一道赦旨随着暖暖的春风，已在遥远的东方京城悄然上路了。

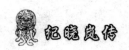

三、 奉诏还朝

乾隆三十五年对纪昀来说，是一个命运转换、大展宏图的幸运之年。

这一年春天，紫禁城里的鲜花到处开放，金灿灿的迎春花和桃红色的榆叶梅同时绽放，紫禁城里四处充满鸟语花香的气息。

在养心殿的香炉里，内务府太监烧着檀香，一缕缕青烟冒出清新的香味。

乾隆皇帝坐在那高高的龙椅上，他的两旁站立着侍奉的大臣们。皇帝的心情在明媚的春光下也显得豁然开朗起来，他满怀喜悦，非常自负地说：

"清朝从入主中原建立政权以来，到朕已是第四任皇帝，算起来有一百多年了，现在我大清统一了全国，平民百姓也安居乐业。国家富裕要对百姓教化，朕想搜集文萃，编写一部旷世大型丛书，以供学子仕进之用。唐代以前我们暂且不去论说，唐代编有《北堂书钞》《艺文类聚》《初学记》；宋代编有《太平御览》《太平广记》《册府元龟》《文苑英华》，被后人称为"宋代四大书"；明代编纂了一部历史上规模最大的类书《永乐大典》，遗憾的是，对这样一群举世罕见的巨著，编成后并没有随之刊刻付印，只留下抄写的一部副本，正本丢失，副本也已散失了很多！我朝皇祖圣祖仁皇帝，根据类书'以类聚事'的特点编纂的《古今图书集成》一书，资料广传，编排精当，是古今类书之冠冕。朕为保存从古以来的文献资料，以给后人带来方便，想编纂丛书，我的这个想法各位大臣以为怎样？"

裘日修马上禀报说："臣以为皇帝所说的最对。这都是治理国家的千秋伟业，提倡文化，以为后世提供借鉴，这是有道圣君的明智之举！"

刘统勋说道："国家处于圣明时期，对于古今典籍，应该及时大力搜寻，来光大册府，促进艺林的繁荣与发展。圣上的远见卓识，是臣等所不能企及的。"

朱筠也急忙附和，说道："皇上的决策英明，我们应当马上开始行动才是！"

乾隆皇帝听了大臣们这些赞扬的话感到非常顺耳，他微笑着说：

"朕初步打算将我们编纂的古今图书分为经、史、子、集四部分，总名叫作《四库全书》，规模一定要超过《永乐大典》和《古今图书集成》。题目虽然定下来了，各位爱卿是否想到，《四库全书》这样一部浩瀚宏大的书籍，不是博览群书、饱学诗书的硕儒，不堪担当此重任。现在朝廷上下，谁是朕当今的解缙和陈梦雷？"

乾隆皇帝说完，脸上渐渐显露出犯愁的样子。他看着刘统勋，叹了一声气说：

"刘爱卿，能担当《四库全书》的总纂官，你考虑过没有？"

刘统勋想了一会儿才说："微臣还没有想好。"

乾隆皇帝皱起双眉，捻着胡须思考着。

刘统勋这时心里早就想好了一个人，那就是纪昀。他在一旁观察着皇帝的表情，觉得此时是荐举纪昀的最好时机，他眼睛一亮，鼓着勇气试探着说道：

"皇上，臣现在倒是想起了一个候选人，怕是远离京都久了，皇上一时想不起来。"

乾隆皇帝一听心里很高兴，忙问道："爱卿你说是谁？"

刘统勋赶紧答道："臣以为，三年前被皇上谪去乌鲁木齐戍边的纪昀，可以承担这个重任。"

乾隆皇帝先是"啊！"了一声，继而又轻轻地摇头。

这时，田白岩忙向前插嘴说道："刘大人推荐纪昀十分妥当。人非圣贤，孰能无过。听说他是泄露秘密才被皇上谪去，他自己也感到后悔，经常与别人说，要竭力报效国家，以报皇上不杀之恩。"

刘统勋一听田大人也在替纪昀说情，连忙抓住这个机会，又一次说道："纪昀才华过人，乡试中解元，殿试也是第四名，饱读儒家典籍，精通百家。在前些年为试官、学政、侍读，他已崭露头角，皇上不是也很欣赏他的才学和精干吗？"

乾隆皇帝还是显露出矛盾和犹豫不决的表情。

刘统勋又替皇上出着主意说："皇上如果有顾虑，可以马上替纪昀官复原职，若在朝廷中招致议论，可暂时让纪昀在翰林院任编修，做总纂《四库全书》前的工作。待有机会，再恢复他以前的官职，任命他为《四库全书》的总纂官。请皇上定夺！"

乾隆皇帝这时脸上阴转晴，他说："嗯——就依刘爱卿之言，把纪昀召回京！"

刘统勋的想法终于实现了。他把他亲密的弟子从遥远的新疆又召回到人才济济的京城。他退出金銮殿，立刻回到他的朝房去办理下诏的公文。他怕"夜长梦多"，他更怕和珅从中作梗，于是他就连下三诏，召纪昀还京。第一诏，是恩赦纪昀之罪；第二诏，命纪昀立刻启程还朝；第三诏，沿途王府官员一律迎送纪昀。

命运之神又一次向纪昀招手。纪昀三年前戴罪戍边、充军乌鲁木齐时，是怎样的凄凉和悲伤，而现在被召回朝中又是何等荣耀！一个人的祸福又有谁能未卜

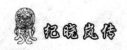

先知呢？

乾隆三十六年二月，春天来临之际，纪昀将要踏上返回京都的东归之路了。

乌鲁木齐的地方长官，连续三次接到朝廷下来的诏书，他们无论如何也不敢怠慢，不但要马上就通知住在小木楼里的纪昀，而且还要轮流宴请纪昀，为他饯行。

纪昀接到圣旨，真是百感交集；他此时忽然感觉到这茫茫戈壁滩，也变得温柔可亲起来。两年多的边疆生活，如今马上就要离别了，心中竟也涌现出一种说不出的留恋之情。皇帝的命令、思念亲人之情、渴盼回归之心交织在一起。一切事务交接完毕，众僚友给他饯行。向来不喜饮酒的纪昀，那天也喝了许多，说了许多；就连不大愉快的往事，都倾诉了出来。据《阅微草堂笔记·姑妄听之》卷二载：纪昀在乌鲁木齐曾和一位姓毛的副将共饮，于席间各述生平，无所不言，抚今追者，谈到天涯沦落处，纪昀特地为毛赋一七绝：

> 雄心老去渐颓唐，醉卧将军古战场；
> 半夜醒来吹铁笛，满天明月满林霜。

诗中描绘了这位上了年纪的老将军，雄心、功名随年龄的增长而渐渐消失，整天以浊酒度日，喝醉后便醺卧在"平沙无垠，夐不见人"的古战场上。半夜醒来，手握冷冰冰的铁笛，欲吹无腔；此时此刻和他相伴的只有天上的冷月、地下的寒霜。纪昀的这首诗与其说是赠予毛副将，倒不如说是自己心情的一种描述。何况这位毛副将根本就不懂什么是诗！纪昀并非对牛弹琴，而是弦外有音，借此来表达自己的心境。就是这首消沉孤独的颓怨之诗，纪昀却随意地讲给了来访的同僚杨逢源，而杨逢源又把它题写在乌鲁木齐城北的关帝祠楼的墙壁上，但没有署上名字。在他题写之时，恰巧有一道士从那里经过，民间于是传为仙笔。对于这事，纪昀一来担心别人来求诗，二来怕授人以不安分的口实，因此从不曾说出。直到这次饯行宴上，才对众人吐出真情。众人听了却十分失望，因为一个具有仙笔之才的诗人，从此就要真的仙游般地离去了，而且是一去不再复返。

乾隆三十六年二月初一，纪昀正式踏上东归之路。在这春光明媚的日子里，他随即想起了唐代都城长安的春明门，未来的一切也都像春天的小草一样重新有了盎然生机；一切都充满了希望，洒满阳光，无怪纪昀高兴地把返京之路称作春明路。想当年李白遭贬流放夜郎，行至白帝城时遇赦，于是乘舟东返，途中写下了名诗《早发白帝城》：

> 朝辞白帝彩云间，千旦江陵一日还；
> 两岸猿声啼不住，轻舟已过万重山。

赦书卸去了李白心中沉重的包袱，仿佛船儿也跟着变得轻快起来了。纪昀此时也正"梦到春明身已轻"，尽管积雪正在融化，道路泥泞不堪，"必夜深地冻而后行"，但人逢喜事精神爽，马儿也显得格外伶俐敏捷起来，飞速矫健，不停地向前疾驶着。此时此刻，纪昀心中那已冰冻尘封了两年之久的诗情，也正悄悄地融解，流淌开来。

中国古代，被贬常常是文人仕子们接受大自然洗礼的良机。通过洗礼，他们的心灵被净化，思想境界也大为提高，作品也具有了灵性。柳宗元的《永州八记》，苏东坡的《水调歌头》，都出自戍地。风流才子纪昀贬戍新疆，也多多少少有些佳作。前面所述给毛副将的七绝《书赠毛副戍》一诗，即是明证。此外，纪昀在《阅微草堂笔记》里就记有他著的《乌鲁木齐杂诗》七首，其中有：

> 鸳鸯毕竟不双飞，天上人间旧愿违；
> 白草萧萧埋旅梓，一生肠断华山畿。

以及：

> 石破天惊事有无，后来好色胜登徒；
> 何郎甘为风情死，才信刘郎爱媚猪。

细细检来，发现以上二首均不在《乌鲁木齐杂诗》一百六十首之内。这也表明，此前他创作过诗歌，至少是没有停止过默默的酝酿和思考；好比一座火山虽没有喷发，但它在地壳深处从没有过静止，时时在运动，等待时机，喷发而出。纪昀经过长时间的积蕴，终于等来了喷发的机会。赦免的圣旨打开了纪昀感情的闸门，他准备大规模、集中地"追述风土，兼叙旧游"，并书之于簿。归京途中，"旅馆孤居，昼长多暇"。由于夜间赶路、白天休息，使纪昀有充足的时间和精力把过去积藏的记忆，一股脑儿打开来，重新增补新词，并详细地加以注释。纪昀自己曾说："自巴里坤至哈密，得诗一百六十首。"从巴里坤到哈密，他在这段时间里到底走了多少天呢？《阅微草堂笔记·滦阳消夏录》卷六记载道："辛卯春，余自乌鲁木齐归。至巴里坤，老仆咸宁据鞍睡，大雾中与众相失。误循野马蹄迹，入乱山中。迷不得出……越十余日，忽得路，出山，则哈密境矣，哈密游击

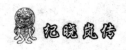

徐君，在乌鲁木齐旧相识，因投其署以待余。余迟两日始至，相见如隔世。"当然，是为了等待迷失的老仆，在不到二百公里的距离，纪昀竟耽搁了半个月！正是在这"亡仆"之痛的半个月里，纪昀完成了一百六十首的《乌鲁木齐杂诗》，平均每天约作十首。

纪昀写作《乌鲁木齐杂诗》的目的从他的自序中可以看出："昔柳宗元有言：'思报国恩，惟有文章。'余虽罪废之余，尝叨预承明之著作，歌咏休明，乃其旧职。今亲履边塞，纂缀见闻，将欲俾寰海外内咸知圣天子威德之隆。开辟绝徼、龙沙葱雪、古来声教不及者，今以为耕凿弦涌之乡，歌舞冶游之地，用以昭示无极，实所至愿。"获释之后，他便马上想到了老父亲曾经教导的话，要"歌功颂德"，来表达自己对皇恩浩荡的报答。所以，"杂诗"中的主旋律是以民族经略、经济繁荣、边陲安定为内容的"大清气象"。

清朝统治者对西北各民族的统一，是十分重视的，并有着深远的历史渊源。关于此，纪昀尤为明白，因此，在纪昀潜意识中对新疆大地上的众多历史遗迹倍感兴趣。他的诗中有描写吐鲁番的唐代火州崖刻的诗篇：

古迹微茫半莫求，龙沙舆地定谁收？
如何千尺青崖上，残字分明认火州。

有描绘吉木萨附近唐代的北庭都护府遗址的绝句：

断壁苔花十里长，至今形势控西羌。
北庭故堞人犹识，赖有残碑记大唐。

在诗末加有注释："吉木萨东北二十里，有故城周三十余里，街市谯楼及城外敌楼十五处，制度皆如中国。城中一寺亦极雄阔，石佛半没土中，尚高数尺，瓦径尺余，尚有完者……额鲁特云是唐城，然无碑志可据……后得唐《金满县碑》，乃知为唐北庭都护府城。"

此外，有许多古迹并没有写进《乌鲁木齐杂诗中》，比如在《如是我闻》卷二载有：

嘉峪关外有阔石图岭，为哈密、巴尔库尔界。阔石图，译言碑也。
有唐太宗时候侯君集《平高昌碑》，在山脊。

《如是我闻》卷四载有

 　　后汉敦煌太守裴岑《破呼衍王碑》，在巴里坤海子上关帝祠中，屯
军耕垦，得之土中也……以僻在西域，无人摹拓，石刻锋棱犹完整。

又在《槐西杂志》卷三中载有：

　　喀什噶尔山洞中。石壁铲平处有人马像，回人相传，云是汉时画
也。颇知护惜，故岁久尚可辨。

以上记述都反映了纪昀关怀历史的强烈意识。

只有对比才最具说服力，才能更加凸显当今人们的成就。在纪昀眼里，和苍
凉寂落的历史相映衬的是一个蒸蒸日上的新疆：

　　双城夹峙万山围，旧号虽存旧址非。
　　孤木地旁秋草没，降蕃指点尚依稀。

　　古老的乌鲁木齐早已湮没在秋草荒塍之中了，人们在原来城址的南面四五十
里处，于乾隆二十年又修筑了一座新城。仅仅相隔八年之后，又于城北不远处建
构了一座更新的城市，命名为迪化。此时的乌鲁木齐已由西蕃一个小小的部落，
迅速发展成了万家灯火、廛肆鳞鳞的边陲大都市，其城被"山围芳草翠烟平"的
绿色环绕，而城内则是"绿毲氆上看棋枰"般井然有序，犹如一幅画廊。

　　清政府在这里实行强有力的垦荒政策，这使得十八世纪的新疆农业空前发
达，都市的繁华就是当时经济进步的缩影与结晶。在这里"秋禾春麦陇相连"，
"新稻翻匙香雪流"，"鸡栅牛栏映草庐"……广阔的田陇一望无际，春种秋收的
欢乐胜似江南的香稻丰收在望，到处是恬逸安定的田园景色，这儿的一切都使来
此屯垦的士兵和农户放弃了回乡的打算，就连飘忽不定的商人们也常常寓此不
归，流连忘返。"询之，则曰此地红花。红花者，土语繁华也。"

　　当然，经济的繁荣离不开贸易。纪昀在《乌鲁木齐杂诗》中有许多描述商贾
们在新疆的贸易活动。据纪昀考察，当时活跃在新疆的大商人"皆自归化城来，
土人谓之北套客。其路乃赇赂蒙古人所开，自归化至迪化仅两月程"。如此一来，
就"省却官程三十驿"，大大缩减了入疆贸易的行程。人们总是对陌生的东西感
兴趣，物以稀为贵，新疆人也不例外。尽管新疆有"脂厚分余"的贡品野鸡、

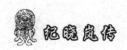

"肉颇腴嫩"风味更胜黄羊一筹的野骡等山珍野味，但新疆人更喜欢"蟹黄虾汁银鱼鲞"等当地极其少有的海鲜。尽管来自吐鲁番的水果贩们"红笠乌衫担侧挑"，大声吆喝叫卖着"频婆杏子绿蒲桃"，但生意却并不十分好。当地人们更青睐稀奇少见的中原水果，尽管这里的葡萄甜如蜜，但却很少有人问津，因而价格很低，可是"榛粟楂梨价最高"。当精明的客商们，从京师转运来新奇的海鲜和水果时，他们受到了当地人们的热烈欢迎。敏感的商人决不会放过任何一个赚钱的机会。由于身居天山南北的当地百姓都非常"嗜饮"，因而内地的酒商们便投其所好，在那里到处开设酒店，许多地方都是"一路青帘挂柳阴"。每年他们回乡探亲时，常常是"率携银二三万而去"挣去了新疆百姓们的大量银钱。除此之外，这里还有来自天山南路的松子商、河鱼商和来自辟展的盐商……，新疆真可谓是西方边陲一大都会。

另一个视点是书商的出现。"初塞外无鬻书之肆，间有传奇小说，皆西商杂他货偶贩至"。随着当地书院、乡塾、义学等各级教育机构的设立，新疆便是"山城是处有弦歌"，"芹春新染子衿青，处处多开问字亭"，"弦诵相闻，俨然中土"。文化教育事业的兴盛，昭示了人们精神启蒙的肇始，由此也给书商们带来了红红火火的生意。文教事业的发展，反过来又促进了经济的繁荣和政治的稳定，使得新疆边陲之地也更加发达。

严格意义的统一，不仅仅只指地理概念上的统一、经济和政治上的混同，而且也包括精神生活甚至于习俗上也有趋于一致的交流。纪昀曾在《乌鲁木齐杂诗》里写到，乌鲁木齐的"元宵灯谜亦同内地之风"，只是"其词怪俚荒唐，百不一解"；当地的"灯船之戏亦与内地仿佛"，在"春风明月放灯天"，同样也"摇曳兰桡唱采莲"；城南城北"酒楼数处，日日演剧，数钱买座，略似京师"，"生旦末丑各种角色样样俱全。纪昀也曾详细地描绘了当时当地著名的各色角儿，如不喜欢洗脸的伶人鳌羔子"以生擅长"，"仿佛徐娘风韵在"的刘木匠"以旦擅长"，"半面真能各笑啼，四筵绝倒碎玻璃"的简大头"以丑擅长"，未登场时，"与之语格格不能出口，貌亦朴塞如村翁，登场则随口诙谐，出人意表，千变万化，不相重复，虽京师名部不能出其上也"。如今读来，竟好像这些角儿们正在面前的舞台上演出似的，活灵活现。除此之外，当地原没有放风筝的习俗，后来由于驻防的满族士兵经常放风筝，因此当地的儿童便纷纷模仿，"也趁东风放纸鸢"了。

尽管纪昀自己讲这组《乌鲁木齐杂诗》"不但灯前酒下，供友朋之谈助已也"，可还是记录了许多耳闻目睹的风土人情、逸闻轶事，如"明秀端正如三、四岁小儿，每折红柳为圈，戴之而舞，其声呦呦"的深山老林中的红柳娃、"人马轻如一叶旋"的三个泉风口、"琥珀浓光梅子味""滴滴清香泻玉盘"的把总茹大业家的"元坛醋"、昌吉筑城时挖出的"尚未全朽"的绣花女弓鞋……纪昀在采掇这些逸闻轶事时，俯仰痛快淋漓，才华豪情四溢，很有刘禹锡《竹枝词》之韵味，和平常的牵缀士风者，不可相提并论。

纪昀到达乌鲁木齐时，距离乌鲁木齐平定尚不到十三年，这使纪昀有幸成为清代著名文士中来到实地、吟咏斯土的第一人。此后，他的门人洪亮吉在嘉庆四年（1799 年），由于"极陈时政"，获罪发戍伊犁，在伊犁著有《伊犁纪事诗》四十二首；再后来一代禁烟英雄林则徐在道光二十一年（1841 年），遭谗害，又被流放伊犁，他在途中作有《出嘉峪关四首》和《塞外绝句》十首；他们的诗大都怨而不怒，时而还体现出温柔敦厚之旨，这或许有纪昀的影响在这里面。总而言之，纪昀的《乌鲁木齐杂诗》对清代的边塞诗的确有开创之功。

由于乌鲁木齐的实际情况远远不像想象中的那么恶劣，再加之刚到戍所就被委以要职，更由于纪昀与生俱来的处变不惊的达观性格，而且又集中写在心情较为舒畅的归京途中，这组杂诗因而显得语调格外流畅，韵味清扬，"无郁辐愁苦之音，而有春容浑脱之趣"。杂诗全部采用短小精悍却又意蕴婉转的七绝，读之使人毫不费力而隽永可喜。恰到好处地做到了形式和内容的和谐与统一。整组杂诗仿佛是用一百六十根各色丝线织就的五彩斑斓的巨幅织锦，全景式地展现了西部边陲大地的美好景色。但是，就在编织最后一根丝线时，纪昀鬼使神差地留下了一个心灵情结，打开结，我们就能发现精彩背后的平淡。《乌鲁木齐杂诗》最后一首诗是：

> 一笑挥鞭马似飞，梦中驰去梦中归。
> 人生事事无痕过，蕉鹿何须问是非。

纪昀自注云："余从事大臣巴公履视军台，巴公先归，余留宿。半夜适有急递，于睡中呼副将梁君起，令其驰送，约遇台兵则使接递。梁去十余里，相遇即还，仍复酣寝，次日告余曰：'昨梦公遣赍廷寄，鞭马狂奔，今髀肉尚作楚，大是奇事。'以为真梦，众皆粲然。"这件事情和诗，二者两相凑合，天衣无缝，丝毫看不出破绽。可是透过事情本身，深层次地一想，就不难窥出纪昀的内心深处，用心是何等良苦。他把如此一首诗放在集子的最后，分明暗示了人生如梦、得失无常的自我慰藉。明代的张岱《陶庵梦忆序》曾云："鸡鸣枕上，夜气方回，因想余生平，繁华靡丽，过眼皆空，五十年来，总成一梦。"张岱在这里是把荣华宝贵当作黄粱梦；而纪昀则是把两年多的边塞生涯安排进了黑甜乡，猛然一觉醒来，一切孤凉、失落都仿佛不见了，我还是我，只是"髀肉"还在"作楚"。心有余悸的纪昀借梁副将说出了自己真正的经历！

就在这年早春二月，主仆三人踏上回京的路程。纪昀经过这次政治风波，精神遭到了极大的刺激，他终于从死亡的边缘上逃了出来，又加之新疆是一个多风沙的地区，常常受到寒流的侵袭，纪昀的貌像比他真实年龄要显得苍老。这一年他四十八岁，属于人生的壮年时期。虽然脸容老相，但他的精力却依然十分充沛、饱满，两眼发出炯炯有神的目光，充满活力。他骑着马，望着那一望无际的沙漠和巍峨的雪峰天山，还有那著名的牧城乌鲁木齐，脸上显露出依依不舍的惜别神情。跟随他马后的一只黑狗，欢快地跑着。这是他来乌鲁木齐戍边时，在路上住店时拣的一只小狗，为了减少途中行进时的寂寞，纪昀留下了它，并给它起了个名叫"四儿"，视为他的第四个儿子。两年多来，纪昀待四儿如亲生的孩子，精心护理和喂养它，现在要回京城了，他舍不得丢弃它，它便跟着主人的马车兴奋地前后奔跑着，纪昀又开始了艰难的跋涉。

茫茫的戈壁滩，纪昀由骑马换成了骑骆驼，看着小狗奔跑得太累，他就心疼地喊着："四儿，四儿，来！"很懂人情味的小狗，明白主人的意图，一蹿、两蹿，便蹿到纪昀的怀中，纪昀怀抱着它走一程，为的是让它歇歇腿脚。

不知不觉来到了嘉峪关，他想起三年前路过这关卡时遭到清兵的检查是怎样的严厉。先交上文书，然后又通过搜身。出关后那凄凉的气氛更让他寂寞难耐。这回重新来到嘉峪关前，早有镇守将军及地方官员出来迎接，把他接到署衙的大厅内。晚上，灯火通明，为纪昀设宴洗尘，酒杯交错，笑脸陪伴，个个在他面前殷勤备至。众人用花言巧语奉承着他，纪昀频频点头表示答谢。

宴会结束的很晚，施祥走了一天路，早已累得睡着了，只有咸宁在客房迎等着纪昀，他笑着对纪昀说：

"老爷，太晚了，该歇息了！我记得咱刚来边疆时，您的脚走路时都磨出了血泡……"

纪昀巴达巴达地吸着大烟袋，叹气地说：

"这三年里，我纪昀两次路过这嘉峪关，一是出关戍边，一是进关回城做官。两次受到的待遇，却是截然不同啊！"

咸宁笑着接话："老爷，那是自然啊，老爷出关戴罪戍边谁还看的起您，这进关回京做官当然是人人都巴结您的嘛！"

"对，对！你讲的很好！"纪昀笑着说，"你到车上给我拿两本书来，我随便看看。"

客店大院里漆黑一片，没有一个人影，只有四儿在宽敞的大院里，守护着装满行装的四辆板车。咸宁手里举着烛蜡台向车前走来，小狗忽然跳起来，蹿得高高地将蜡烛扑灭，吓得咸宁大叫地跑回屋里，气喘吁吁地说："老爷，四儿它不叫我靠近大车……"。

纪昀笑着："嚯！小家伙还如此厉害?!"

咸宁说："小狗是给我们守家哩！白天我靠近车辆它还通融，天黑了可别想！"

纪昀关心地问道："咬着你没有？来，让我看看！"

咸宁说："倒是没有被咬着，可是老爷的书没有拿回来！"

纪昀又点了一支蜡烛，让咸宁掀开身服看了看，没有发现被四儿咬的痕迹，他这才放下了心，说："你休息去吧，我自己去拿吧。"

纪昀又手举蜡烛向板车走去，黑毛狗见是主人来了，他站立在板车前一动也不动。纪昀蹲下，拍着它的脑门说："四儿，咱这是要回家了！你确实是守家的好手，连我的仆人也不放心呀?!"

小狗摇了摇尾巴，发出"嘿儿，嘿儿"的声音，作为满意的回答。

就在纪昀朝京城去的时候，他的老家纪家大院也热闹沸腾起来了。

他的妻子马氏和四姨娘容雅夫人正坐在上房谈论着纪昀回京的消息。原来刘统勋大人已给崔尔庄去了书信，说皇上已下诏让纪昀回京，在二月动身东归，所以家里人几乎是用倒计时的方法计算着纪昀的归期。

就连纪昀的次女和不懂事的三儿汝似，都在热切地等待着父亲归来。姐弟俩在自家院里桃树下玩耍。姐姐说："爹回来的时候，树上的桃儿也正好熟了。"

汝似已不知父亲的样子了，但他听到父亲要回来，高兴地拍着手巴掌说："这回我也可以见着爹了。"

四姨说："那天中堂刘大人派仆人送信，听他的仆人讲刘大人在皇上面前替昀儿进言讲了好多好话哩！"

马氏听后感激地说："刘大人不只是老爷的座师，还是他的救命之人啊！老爷也是快50岁的人了，一个人守在那寒冷凄凉的地方让我们怎能放心啊！"

"谁说不是呀，"容雅夫人说，"昀儿好在就要回来了，再说，天气越变越暖和，回来的路上也受不了那么大罪了，阿弥陀佛呀！"

全家人在家念叨，纪昀正在崎岖不平的山道上行进。山越高，坡越陡，纪昀望着这险要的山势，只得下马亲自推车前进。

这时他们已到了张家口外的五回岭高山，上山下山各40里，山峰高且积雪多，山风呼啸。一般越此岭的人都难以过去。纪昀仔细看了看这凶险的山势，对

他的仆从说："看来车马是拉不过岭了，现在只有用人力推了，先推过一辆试试。"

大家都同意他的说法。纪昀首先脱了衣服，其他人也都随之脱下棉衣，站到车帮旁，打着马一起喊着号子，一使劲就推过一辆车去，接着又推过去一辆；不一会儿，大家都没有力气了，只好停下来休息。这样，岭南岭北的板车下，已经躺下了纪昀和他的随从人员，只有他的四儿，忠实地来回守护着两边的车辆，直到下半夜，剩下的两辆大板车才慢慢地推过峰巅，然后又慢慢地牵着马走下坡路。他们花费了将近一天一夜的时间，才艰难渡过这个险关。幸好那天正逢下弦月，月亮出来的晚，下半夜月光照亮了山岗，到五更以后，他们便走入了平坦的山路，朝北京城赶来。

圆明园在北京城内，刘统勋陪伴着乾隆皇帝在园中散步。皇帝皱着眉头，用手捻着胡子同刘统勋说道："刘爱卿，土尔扈特率众回归一事，众臣的意见总是不统一，朕也听听刘爱卿之见。"

刘统勋边走边考虑，慎重地回答道："土尔扈特来归我大清有新、旧两部，人口共计有七万人以上。微臣想，这样多的人，将他们安置在什么地方妥当呢？一旦对他们管束不周，他们就可能滋事生非，出了事情，结局可不好收！臣一时也拿不定主意。"

乾隆皇帝听着点了点头，他沉思了一会儿，忽然问道："纪昀现在已到了哪里？"

刘统勋立即回答说："根据昨天驿马快报，纪昀已到张家口，照此速度，不过几天就可进京。"

乾隆皇帝脸上露出了笑容，说："嗯——好！"停了停，又有些迟疑，"明天朕就要启驾巡幸木兰……"呆了一会儿，终于想定了说："等纪昀回京，爱卿命令他赶紧去热河面见朕！"

刘统勋回答道："是，臣记住就是。"

过了几天，也就是乾隆三十六年的六月，纪昀一行经过三个多月艰难的长途跋涉，终于到达了他阔别了三年的北京城。他随行的车辆和人马刚到德胜门外，就发现刘统勋、董曲江、刘师退、刘权之、戴震等人在此恭候迎接。

纪昀远远地下马向大家拱手施礼，走到跟前，首先向他的座师单腿一跪，口称："给恩师大人请安！"

刘统勋激动不已，扶住纪昀的胳膊，说道："请起，快快请起，一路辛苦了！"

纪昀便站起来，一一向大家叙礼、寒暄，人们都向纪昀问长问短、问寒问暖，纪昀最后却问道：

"怎么没有看见石庵兄呀？"

董曲江笑着回答："石庵兄哪像我这样没出息，人家早就去陕西任按察使了！"

大家有说有笑地进了城。

到京城的当天晚上，董曲江家灯光明亮，热闹非凡，大家都聚在他家，由他做东，为纪昀接风洗尘。一张桌子围坐着戴震、刘师退、刘权之、田松岩，他们几个是纪昀最好的朋友，得知三年不见的朋友纪昀被召回京城，个个欣喜若狂，纷纷赶到董曲江家参加这个喜庆家宴。

人们围在桌前。董曲江端着酒菜，他笑呵呵地说：

"纪老兄，我可是为你有这么好的福气亲自掌勺了啊！"

这句话给今晚的家宴带来了欢乐的气氛。

纪昀依旧吸着大烟袋，发现大家对他如此热情，他心里有一种说不出的滋味。这时，他旅途的劳累和痛楚基本消失，又恢复了他过去幽默滑稽的性格，他风趣地对大家说："在塞外三年，虽说吃了点苦，却也增长不少见识。与其说是祸，倒还不如说是福。"

听了他的这句话，大家也乐了。

纪昀的学生是刘权之，他站起身，一举酒杯，说道：

"那就为我师因祸得褔干了这一杯！"

大家都随之举起酒杯，一齐同说："干，干！"个个一饮而尽，平时不喜欢喝酒的纪昀，端着酒杯抿了抿，然后放下酒杯，抱歉地说："在下酒量不行，失礼了！失礼了！"

董曲江走到纪昀的面前端起他的酒杯，说："大家今天是为你老兄安全回京，专门从沧州带来这'麻姑美酒'，你不喝？各位说，他不喝这杯酒行不行？"

大家都一齐喊起来："不行！不行！"

纪昀求助地望着戴震。

戴震不但不替他喝，反而指着他的酒杯说："今天一定要喝了！"

刘师退、田松岩也随着说："纪昀，你就破这一次例吧！"

纪昀见两位业师也在动奉自己，便皱了皱眉头，闭了闭眼睛把牙一咬，使劲儿说："在下遵命就是！"一仰脖一杯而尽。

大家一看纪昀把酒喝了下去，便立刻鼓着掌，高喊："好，太好了，晓岚兄海量！"田松岩立即用筷子夹了一块肉，放到纪昀还在咽着的嘴里。

戴震这时忙把一个令纪昀兴奋的消息告诉他："刘大人已派人去接嫂子了，

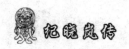

大约明后天纪兄与嫂子又可团聚啰!"

纪昀一怔,露出为难的样子。

董曲江开玩笑地说:"怎么,三年不想大嫂吗?"

纪昀赶紧解释着说: "在下还没有安身之地,这夫人来了……可如何安排呢?"

戴震恭敬地说:"老兄你就尽管放心,刘大人早已为你准备好了住处。"

众人哈哈大笑起来。

纪昀听后,热泪盈眶地说:"感谢座师为我想得如此周到!"

当晚,接风宴散后,纪昀就睡在董曲江的家里,大家很晚才散去,董曲江又与纪昀在他的书房里聊了一会儿天,就说:"一路辛苦,早点睡吧!"

董曲江走后,书房里就剩下纪昀一人,小狗四儿这时摇着尾巴走进来,卧到纪昀身旁,陪伴着他。纪昀这时心中久久不能平静,联想到三个多月来长途跋涉,小狗一直跟随着,守护着,也尽职尽守,难得它的忠心和至诚,思着思着,不由得赋诗一首:

其一

归路无烦汝寄书,风餐露宿且随予;

夜深奴子酣眠后,为守东行数辆车。

其二

空行日日忍饥行,冰雪崎岖面廿程;

我已无官何所恋,可怜汝亦太痴生。

没待几天,刘统勋便托人在珠巢街为纪昀租了一处院子,这院子看上去像民宅,院墙比较高,院子里面长有几棵榆槐老树,满院是杂草,一看就像多年不住的老宅。刘大人派的人已将纪昀的家眷接来,一家人总算团聚了,真是可喜可贺。今天纪昀早晨起得特别早,他把仆人叫醒,吩咐他们怎样芟草,打扫院子,整理屋子,然后便匆匆出去,到刘府去拜望座师。

刘府虽然称作相府,门第却并不豪华。纪昀报门后,立即有门人带领,直入刘家客厅。

刘统勋见纪昀来了,慈祥的面孔带着和善的笑容,丝毫也没表白自己在纪昀召回京城这件事上如何在皇上面前说好话这件事,只是说:

"晓岚,你刚行过万里路,路途劳累,不好好在家休息,怎么又跑我这里来了?"

纪昀跪在地上叩了一头，一分感激地说："座师如此恩爱，学生一生也难以报答。"

刘统勋忙搀起纪昀，说："晓岚不必客气。你与石庵这么多年交情，你又是我的门生，石庵在陕西外任，不能给你帮助，老夫我不能袖手旁观，也就责无旁贷了。家眷都安顿好了没有?"

纪昀作揖回答："已经安排好了。"

刘统勋点点头说：

"这就好，皇上特别想念你，启驾巡幸木兰时，留下口谕，要你回京后速去热河面圣。"

纪昀听到座师给他讲的这个消息十分兴奋，他当即表示："学生明天就去热河!"

刘统勋非常高兴地说："好，好!"说着在文物架上，拿了一块紫金石端砚，说："你嗜好砚，就送给你吧!"

纪昀双手接过石砚，感谢地说："学生那就收下了。"

师徒二人又谈了一会儿，纪昀捧着石砚向座师辞别，回家的路上，心潮汹涌澎湃，他觉着恩师赠砚与他意义非同一般，当永久铭记! 思之再三，当天提笔就写下砚铭诗句：

> 砚材何用未颛评, 片石流传授受明；
> 此是乾隆辛卯岁, 醉翁亲付老门生。

第八章 领纂点勘

一、奉旨编书

1.《四库全书》

乾隆十九年，纪昀三十一岁那年进入翰林院，此后，纪昀便深得乾隆皇帝的青睐。乾隆三十三年二月，纪昀补授贵州都匀知府，乾隆皇帝以其"学问素优，予以外任，转恐不能尽其所长，著以四品衔，仍留庶子任"。纪昀在朝内数十年，虽多次获罪，但均得乾隆皇帝宽恕。嘉庆皇帝则继承了他父亲的传统，对纪昀更是宠信有加，短短十年之间，纪昀的官职连连上升，直至礼部尚书、协办大学士，加太子少保衔，管国子监事。但是到了嘉庆八年二月，纪昀等由于办理孝淑皇后灵柩安葬之事具奏仪折内言词有所不妥遭嘉庆帝怪罪，各有关王公大臣都受到不等的处分，嘉庆皇帝对纪昀格外开恩："纪昀久任礼部，向来于典礼事宜尚为谙习。惟年已八旬，于各处事务不能兼顾。纪昀无庸署理兵部尚书，并革去文渊阁直阁事、教习庶吉士，仍带革职留任。"

纪昀对这两位圣上的特别呵护心领神会，因此把自己毕生的精力和学问都用来报答皇上的知遇之恩。在他一生当中，尤其是在入朝为官的五十多年里，除《阅微草堂笔记》和《三十六亭诗》《南行杂咏》《乌鲁木齐杂诗》等几部诗集，只写过一部真正具有学术价值的著作，即两卷《沈氏四声考》，其余的时间和精力几乎都用在了为朝廷编书上了。乾隆二十三年，他三十五岁，任武英殿纂修；乾隆二十四年，任功臣馆总纂；乾隆二十五年，任国史馆总纂；乾隆二十六年，任方略馆总校；乾隆三十二年，任三通馆提调兼纂修；乾隆三十八年，任《四库全书》馆总纂官；嘉庆四年，他已是七十六岁高龄，但仍出任了《高宗实录》馆总裁。除此之外，他还是《热河志》《胜朝殉节诸臣录》《历代职官表》《契丹国志》《河源纪略》《八旗通志》等多部巨帙的总纂官，还是《大清会典》的副总裁。我们具体来看看纪昀是怎样领纂多部巨帙的。

在纪晓岚领纂的众多巨帙当中，最为著名的当推《四库全书》的编纂。为编纂这套巨部丛书，乾隆三十八年二月二十一日《四库全书》馆开馆，集中了全国学术界精英三百六十多名，苦干十年，到乾隆四十七年始告竣工。他们先后共抄写正本七部，分别贮藏在宫中的文渊阁、圆明园的文源阁、避暑山庄的文津阁、盛京的文溯阁、镇江的文宗阁、扬州的文汇阁和杭州的文澜阁；一部副本，存放在宫中的翰林院，以供阅览。《四库全书》按经、史、子、集四部分类，根据文津阁本统计，计收书三千五百零三种、七万九千三百三十七卷，抄成三万六千三百零四册，大约十亿字。上起先秦，下到清初，重要著作大体皆备。《四库全书》的编纂是历史上规模空前的一次古籍整理，对清代目录、校勘、辑佚、刻书事业都具有深远的影响。当然其编纂目的在于巩固清朝统治，在编辑过程当中，对征集到的图书采取了查禁、销毁、抽毁、篡改等政策，使大量古籍遭到毁坏，这是编纂《四库全书》所带来的负面效应之一。为了编纂好这部巨书，专门成立了一套责任分明、分工精细的领导班子，设十名总裁总理其事，分别由皇子、军机大臣和大学士来担任，但他们基本上只是挂个空名而不理实事；并且，于开馆当年，刘纶、刘统勋、裘曰修都相继去世。而真正管理编纂业务的是总纂官，总纂官由纪晓岚、陆锡熊、孙士毅三人担任。而当时担任云南巡抚的孙士毅还是在乾隆四十五年五月才到馆，由于当时他没有参劾贪赃枉法的云贵总督李侍尧，获罪原拟发往伊犁，乾隆帝认为其"学问亦优，著加恩免其发往伊犁，令在《四库全书》处，自备资斧，效力赎罪，与纪昀、陆锡熊同办总纂事务，以赎前愆"。因此，实际主持编纂者，只是纪、陆二人而已。乾隆四十六年二月十六日，纪昀修成《四库全书总目》二百卷，分经、史、子、集四部，又分四十四大类、六十五个子目。各部前写有大序，各小类前又写有小序，子目后面附有按语，以阐明学术源流和分类立目原委，并说明各书内容、作者生平或评论其得失，十分系统地介绍了乾隆以前，尤其是元代以前存世的历代典籍。这部《总目》堪称是我国封建社会后期规模最大的官修目录，对当时和以后的学术研究尤其是在目录、版本、校勘学等方面的研究，产生了十分重大的影响，直到现在，依然具有十分重要的参考价值。乾隆四十七年，纪昀又写出《四库全书简明目录》二十卷，也是按照经、史、子、集四部分类，各书只是写一简化提要，包括卷数、作者、朝代和主要内容，不包括存目书。鲁迅先生给予高度评价，并在《中国小说史略》中讲到纪昀"总纂《四库全书》，馆书局者十三年，一生精力悉注于《四库提要》及《目录》中"，而且在给青年所开的有关中国文学阅读书目里，把《四库全书简明目录》列为第一部必读的书。

据《钱竹汀居士年谱》记载，乾隆二十一年秋天，乾隆皇帝去热河，吏部尚书汪由敦、礼部侍郎裴曰修、左都御史董邦达等随驾扈从。乾隆皇帝命令纂修《热河志》，汪由敦、裴曰修、董邦达三人推荐翰林院庶吉士纪昀和翰林院编修钱大昕担任总纂官。同时汪由敦、裴曰修二人又保奏纪昀、钱大昕二人随从，以便于就近了解采访，乾隆皇帝答应了。这是乾隆帝首次允许以翰林院庶吉士、编修官阶如此低的官员伴驾扈从。这年的纪昀才三十三岁。他们二人沿途恭和了许多首御制诗，乾隆皇帝十分高兴。从此以后，在翰林院中便有了"南钱北纪"之称谓。《热河志》共八十卷，分二十四个门类，即天章、巡典、徕远、行宫、围场、疆域、建置、晷度、水区、山涵、学校、藩卫、寺庙、文秩、兵防、职官、宦迹、人物、食货、物产、古迹、故事、外记、艺文等，每门又有题解，书内还附有避暑山庄诸图，送交武英殿刊刻。

乾隆三十二年正月，纪昀被任命为三通馆提调兼纂修，奉旨续修《通典》《通志》，改订《文献通考》。《通典》《通志》和《文献通考》合称"三通"。《通典》二百卷，唐代杜佑撰。杜佑有极为丰富的从政理财经验，并能以富国安民为己任。唐玄宗开元末年，刘秩撰有《政典》一书，共三十五篇。杜佑认为刘氏之书条目粗略未详，便从代宗大历元年（763年）开始到贞元十七年（801年），共历时三十六年，撰成《通典》一书。是书取材广泛，征引典籍达二百多种。记事上起传说中的唐虞，下迄唐玄宗天宝末年，是我国第一部典章制度的通史。全书共分八个门类，分别为食货、选举、职官、礼、乐、刑、州郡、边防等。每个门类又分许多子目，共载史实一千五百多件。全书于唐代最详，约占全书的四分之一，都取材于当时的文书、著述等，多为第一手资料，具有很高的史料价值。《通志》二百卷，宋代郑樵撰，是一部纪传体史书。郑樵博学多识，尤精于考证之学，官至枢密院编修。《通志》包括本纪十八卷、年谱四卷、略五十二卷、世家三卷、列传一百一十五卷、载记八卷，记载了从上古到隋唐的典章制度，其中人物传记大大超过《通志》。略与《通典》的性质大体相似，共分氏族、六书、七音、天文、地理、都邑、礼、谥、器服、乐、职官、选举、刑法、食货、艺文、校雠、图谱、金石、灾祥、昆虫草木等二十略，是全书的精华，备受后人推崇。其中的艺文、校雠两个门类，是目录学、校雠学方面的重要文献；氏族、六书、七音、都邑、昆虫草木五个门类，乃为郑樵所首创。总体而言虽不及《通典》精核，然采摭十分广博，议论相当精辟，也为后人所推崇。《文献通考》共三百四十八卷，为宋、元之际的马端临所撰，是一部典章制度通史。马端临为补充《通典》的不足，用二十余年的精力撰写了《文献通考》。全书共分二十四个门类，即田赋、钱币、户口、职役、征榷、市籴、土贡、国用、选举、学校、职官、郊社、宗庙、王礼、乐、兵、刑、经籍、帝系、封建、象纬、物异、舆地、四裔等，记载了从上古到南宋宁宗嘉定末年间历代典章制度的变化沿革。该书中唐代前依据《通典》而多所增广；中唐以后则广泛取材于史传、奏书、稗官记录、国史等。有关宋代的史料，比《宋史》还要详细许多，价值极高。其按语精要简练，多有新见，完整明确，后世评价甚高。

"三通"问世后，此后历代多有续修，清代为了续修"三通"，特开三通馆。纪昀等人此次奉旨对"三通"再作续修。当时纪昀的业师、礼部尚书裘曰修得知他被任命续修"三通"，便特意赠给他一方郑樵留传下来的方砚。纪昀为此砚持意作了铭文："惟其书之传，乃传其砚。郁攸乎予心，匪物之玩。"纪昀的孙子纪树馨曾经对这方古砚的来历做过解释："江西农人凿井，得古砚，腹有'夹漈草堂'字。裘文达公以稻三斛易之。后先大父续修《通志》，公因付焉。"业师裘曰修把《通志》作者郑樵的古砚赠予将要续修《通志》的自己的得意门生，寓意是十分深刻的，意在期待纪昀能够像郑樵那样，取得巨大成就；纪昀给此砚题铭，其用意也是在鼓励自己。

在乾隆四十年十一月，纪晓岚被任命《胜朝殉节诸臣录》总纂官。全书十二卷，记载了明朝末年死于抗击清兵入关的著名将官士民和被李自成、张献忠等农民起义军杀死的明朝官吏的事迹。

乾隆四十五年，纪昀奉旨和陆锡熊、陆费墀、孙士毅等共同领纂《历代职官表》。我国古代职官极为复杂，官名繁多，而且各种官职的废置及其沿革，也变化多端。于此，一些介绍前代或当代职官的书便应运而生，如宋代孙逢吉所撰《职官分纪》等。乾隆皇帝在九月十七日下达上谕："将本朝文武内外官职阶级与历代沿袭异同之处，详稽正史，博参群籍，分晰序说，简明精审，毋冗毋遗……以昭中外一统，古今美备之盛。"《历代职官表》可以说是这类书中最完备、最著名的一种。从乾隆四十五年开始，到乾隆五十四年始告完成，共历时十年。全书共七十二卷六十七个门类。每一门类由三部分组成：第一部分是表格的形式，横排清代职官的名称，竖排上起三代、下迄元明，共分十八栏，把历代与清代相应的官职名称，一一罗列排比，特别清晰地反映了各职官的沿革历史；第二部分是清代官制，根据《大清会典》，分别排列各职官的员额、品级和职掌；第三部分是历代建制，按照朝代引述相关的文献资料，附有按语，评论其得失。是书旁征博引，资料极为丰富翔实，比如《尚书》《周礼》《礼记》《诗经》等儒家经典以至诸子百家、《二十四史》史书、方志，以及政书、类书、文集、笔记等都属于引述之列，共二百多种。当然是书也有许多不足之处，如把历代官职强与清制比附；引文多处有误；某些地方耽于旁征博引而失诸繁琐；某些地方则长篇大段地

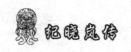

抄列无关紧要的诗赋、散文。然而，尽管有此种种，依然是瑕不掩瑜，是书仍不失是一部颇有实用价值的书籍，可以说是研究我国古代官制必不可少的工具书。

《历代职官表》成书后，收入《四库全书》内，其抄本世人很难见到，后由武英殿刊刻印行，才得以广泛流传。光绪十二年（1886 年），张之洞到两广任总督时，创立广雅书局，校刊史书。到光绪二十五年，文澜书局石印其中清代学者校补考订的史书四十三种，称为《史学丛书》，该书便收入了《历代职官表》一书。后来，该书印本有很多。《历代职官表》问世当初，清人黄本骥因为官修七十二卷本藏在内府，民间不能见到，于是以七十二卷本为底本，删去里面的释文，留下诸表和清代官职简说，缩编成六卷。黄本沿用官修本，依然是以历代职官比附清代官制，牵强附会，在资料、编制上也有不当的地方，尽管如此，在同类书中仍属较有价值的。

乾隆四十六年，纪昀被任命为校勘、改纂《契丹国志》的总纂官。《契丹国志》共二十七卷，是一部民族纪传体史书，宋代叶隆礼撰。该书记载了辽代二百一十八年的历史，共计有帝纪十二卷，列传七卷，晋降表、宋辽誓书、议书一卷，诸国馈贡礼物数一卷，地理一卷，族姓、风俗、制度一卷，行程录和诸杂记四卷。卷首还附有图谱、本末五篇。是书大多抄录《资治通鉴》《续资治通鉴长编》新旧《五代史》《三朝北盟会编》《松漠纪闻》等，还有《燕北杂记》《契丹疆宇图》等佚书。元代撰修《辽史》时多依据此书，因此，该书有较高的史料价值。十月十六日，乾隆皇帝下达谕旨："《四库全书》馆进呈书内，有宋叶隆礼奉敕所撰《契丹国志》，其说采摘《通鉴》等编及诸说部书，按年胪载，钞撮成文，中间体例混淆，书法讹舛，不一而足。如书名《契丹国志》，自应以辽为主，乃卷首年谱，既标太祖、太宗等帝，而事实内或称辽帝，称国主，岂非自乱其例？又是书既奉南宋孝宗敕撰，而评断引宋臣胡安国语，称为胡文定公，实失君臣之体……今《契丹国志》既有成书，记载当存其旧，惟体例书法讹谬、于纲目大义有乖者，不可不加厘正。著总纂纪昀等详加校勘，依例改纂。其志中之事迹……如母后擅权诸事，足为后世鉴戒者，仍据《志》实书，一字不可易。该总裁等复阅进呈，候朕亲定，录入《四库全书》。"纪昀等奉命小心对比校勘厘正，仔细修改纂写，成本后由乾隆皇帝亲自审定，并收入《四库全书》，后来又由武英殿刊刻而印行。

2.《河源纪略》

乾隆四十七年，纪昀、陆锡熊等奉旨总纂《河源纪略》一书。七月十四日，乾隆皇帝下达上谕："两汉迄今，自正史以及各家河源辨证诸书允宜通行校阅，订是正讹，编辑《河源纪略》一书。"于此，大学士阿桂之子、乾清门侍卫阿弥达等奉命，"前往青海，务穷河源。"阿弥达等在探寻黄河源头的过程中，绘制了大量的河源形势图，并把他们的经历和结论形成文本，一同上呈给乾隆皇帝。乾隆帝命令纪昀等人编纂《河源纪略》，成书后收入《四库全书》。关于《河源纪略》的编纂者，有的说是"纪昀等撰"，有的说是"纪昀、陆锡熊纂修"。事实上，《河源纪略》一书的真正撰著者，于文津阁所藏《四库全书》中写得相当清楚。《河源纪略》被收入《四库全书》第五百七十九册当中，在本书每卷卷首，都明明白白地列着纂修、誊录、详校、复勘者的姓名。工部主事王念孙纂修了卷首、卷一和卷三十至卷三十五，计八卷；翰林院编修吴省兰纂修了卷二、卷三和卷十四至卷二十九，计十八卷；礼部主事任大椿纂修了卷四至卷十三，计十卷；由监察御史王尔烈详校，由刑部郎中许兆椿复勘；全书最后由纪昀、陆锡熊二人审阅定稿。《河源纪略》一书于乾隆四十九年始告完成，全书共三十六卷。乾隆皇帝的上谕和他写的御制诗，录于卷首。卷一到卷三是图说，共有《河源全图》《葱岭河源图》《河阗河源图》《北山河源图》等十五幅水域地理形势图，并一一加以解释；卷四到卷八是《河源分合伏见表》《河源星度表》《河源流行方向表》《河源今古地名表》，以表的格式介绍相关的内容，条目尤为清晰；卷九到卷十三为质实，卷十四到卷十九为证古，卷二十到卷二十五为辨讹，这十七卷博引古籍，逐一进行分析，目的想证明黄河的发源地是阿勒坦噶达索齐老上面的天池。卷二十六到卷三十一为记事，主要记述了从汉到清代的历代统治者在西域各少数民族居住区的显赫武功，诸如"攻数日，屠之""歼贼无算""追斩五千余级""诛戮其精壮，迁徙其妇稚""击杀其老弱""人畜溺死无算，剿杀余众，河水为之不流""屠其城"等等，比比皆是，其中还有一些和亲的事迹夹杂其中；卷三十二到卷三十五是杂录，这部分是从各种史书、笔记中摘录的有关河源地区各少数民族的物产、风俗、舞乐以及古迹轶闻，对其中一些荒诞不经的事情，书中则加有按语，给予详细的剖析和批驳。

今天我们当然知道黄河发源于巴颜喀拉北麓的古宗列盆地。但是，《河源纪略》却误认为黄河发源于星宿海西南的阿勒坦噶达索齐老之上的天池。为此阿弥达等人还曾辛辛苦苦地"前往青海，务穷河源"，后来纂修者们又仔仔细细地质实、证古、辨讹了一番。尽管如此，是书还是有许多价值的。全书洋洋洒洒六十多万言，绘图制表，考证古今，并且杂录河流所流经地区的风俗、物产、古迹、轶事等，十分详细，还是有阅读价值的。更何况他们证引广博，涉猎古籍达一百零五部之多，就地理类书而言，它的学术价值还是应当肯定的。

3.《八旗通志》

乾隆五十一年四月十九日，乾隆帝下旨重修《八旗通志》。八旗，即正黄、

正白、正红、正蓝、镶黄、镶白、镶红、镶蓝八种旗色，是满族首领努尔哈赤创建的一种兵籍编制。其中镶黄、正白、正黄称上三旗，在清初属亲军；其余的被称为下五旗。后来，又设立了蒙古八旗和汉军八旗，共二十四旗。《八旗通志》最初二百五十卷，雍正五年到乾隆四年间修成，分八志、八表、列传。八志包括旗分、土田、营建、兵制、职官、学校、典礼、艺文。八表包括封爵、世职、八旗大臣、宗人府、内阁大臣、部院大臣、直省大臣、选举等。所收史实到雍正十三年。乾隆五十六年，纪昀出任《八旗通志》馆总裁。到乾隆六十年，他领纂续修第二集，共三百五十六卷，共记载了乾隆一朝六十年的事迹。纪昀在《〈月山诗集〉序》中曾记载这件事："乾隆乙卯，余纂《八旗通志》，仿《汉书·艺文志》例，搜求《四库》之遗籍，隋珠和璧，多得诸蠹简之中。"

嘉庆六年十一月初八，年已七十八岁高龄的纪昀又被任命为《大清会典》馆副总裁。《大清会典》原名《钦定大清会典》，始修于康熙三十三年，后来雍正、乾隆、嘉庆、光绪等朝均曾增修，因此又称为《五朝会典》。其体例仿照《明会典》，"以官统事，以事隶官"，依据清政府的行政级别排列，于各衙门下按年排比，记述各级官吏的职掌和事例，可以说是清代典章制度的总汇。从乾隆朝起，将典则和事例分开，分别排别撰为《大清会典》和《大清会典则例》。从嘉庆朝起，又成为《会典图》。光绪二十五年修成一百卷，按年代逐一排列，记载清初到光绪二十二年关于宗人府、内阁、军机处、六部、理藩院、都察院、各寺监、八旗都统、内务府、神机营、总理各国事务衙门诸部门以及垂帘听政、亲政礼制等相关事务。对于各个机构均详细介绍他的编制、职掌、因革、掌故等。这部政书可以说是研究清史的重要资料。我们现在通常所言的《大清会典》实际是指"光绪会典"。纪昀主持修撰的《大清会典》，底本是九百零九卷，记载的是乾隆一朝的史实。嘉庆九年，他为续修《大清会典》缮正本请明定章程事奏请皇上的奏折，讲得清清楚楚。

从乾隆二十一年算起到嘉庆九年，也就是从纪昀三十三岁直到八十一岁，在这四十九年的时间里，他至少领纂续修了十一部巨著，其中包括有丛书、政书、史书、类书、民族史、地方志等不同门类的书籍，可谓学贯古今，学问精详，不得不令人佩服。

二、点勘模范

　　纪昀在领纂多部巨著的同时，还点勘、编写、删正、钩稽了近二十部文史名著。如果按他一生中公务的忙闲，大致可划分为六个阶段：

　　第一阶段，自乾隆十九年到乾隆二十七年九月，纪昀正是三十一岁到三十九岁。在这一段岁月里，他先后担任翰林院庶吉士、功臣馆总纂、国史馆总纂、方略馆总校等职务，大多是一些较清闲的差事。在这段时间里，他编写了《张为〈主客图〉》，勘定了《唐人试律说》，点阅了《香奁集》，编定了《庚辰集》，并开始着手《后山集》一书的工作。

　　第二阶段，是他在乾隆二十七年十月奉旨担任福建学政到乾隆二十九年八月在家乡丁父忧之前。在这短短的两年时间里，他先后完成了《后山集》，《书〈后山集钞〉序》，删定改正了冯舒、冯班注释的《才调集》，还点论了唐代诗人李商隐的诗集以及宋代诗人黄庭坚的诗集。

　　第三阶段，自乾隆二十九年八月到乾隆三十二年的春天。在这近三年的时间，他在家乡守父孝。在这段时间里，删定改正了《帝京景物略》，并为该书写了序言两篇，还续修了《纪氏家谱》，又写了《景城纪氏家谱序例》，与此同时为众多亲朋好友撰写了家乘序、支谱序、世系考序、氏族谱序。

　　第四阶段，自乾隆三十二年到乾隆三十五年，他被任命为三通馆提调兼纂修，时间上较有空闲，删改了浦起龙注释的《史通》，命名为《史通削繁》，并自己作了序。可是，在乾隆三十三年八月，纪昀由于泄密盐案，而被谪戍乌鲁木齐，时任提督温福让他担任戍所印务章京，由于公务尤为繁忙，无暇动笔。

　　第五阶段，乾隆三十五年十二月，乾隆皇帝下诏令纪昀还朝，第二年十月再次进入翰林院。在乾隆三十六年六月到十月，在这近五个月的时间里，他为《苏文忠公诗集》作跋写序，评阅了《文心雕龙》，为多次勘误的《瀛奎律髓》写序，又校勘了《王子安集》《韩致尧集》《唐诗鼓吹》等。

　　第六阶段，从乾隆三十七年任庶吉士小教习开始到乾隆四十五年九月领纂《历代职官表》为止，在这段时间里，他删减了《明懿安皇后外传》。

　　乾隆二十年，纪昀在翰林院充庶吉士。其任务就是在翰林院听小教习讲课，三年以后经考试合格，即可提升。在这段时间里，他编次了唐代诗人张为所撰写的《主客图》。张为以白居易、孟云卿、李益、孟郊、鲍溶、武元衡六人为主，在他们之后分别附有入室、登堂、及门等客，每人之后均摘句举例，开唐人诗派之先河。这部书和中、晚唐诗歌流派的划分以及对诗人的评价，与其他的一般见解大不相同。张为《主客图》成书后，自己作序，但没有标识年代。根据李宗昉的《纪文达公传略》一书记载，是序大约作于乾隆二十四年。纪昀在序中说："张为《主客图》一卷，世无刊本，殆佚久矣。其文时散见《唐诗纪事》中。长夏养疴，即原序所列八十四人，一一钩稽排纂之，可以考者犹七十有二，张氏之书，几还旧观矣。"到乾隆二十七年十月他奉命出任福建学政时，把《重订张为〈主客图〉》《沈氏四声考》《点论〈陈后山诗集〉》《点论〈李义山诗集〉》《删正二冯评阅〈才调集〉》《删正方虚谷〈瀛奎律髓〉》《唐人试律说》《审定史雪汀〈风雅遗音〉》《庚辰集》《馆课存稿》等十种书籍编辑在一起，命名为《镜烟堂十种》。镜烟堂，也就是纪昀在福建学政衙署中的书斋名称。据传说，张为的《主客图》在经过纪昀的重新编次后，友朋互相传阅，特别赞赏。在当时，纪昀的住宅是在虎坊桥给孤寺旁，和他一墙之隔的内阁学士王鸣盛为此曾专门写诗相赠，诗曰：《虎坊桥新居与纪吉士昀隔一垣旁有给孤寺》，诗云："孝穆新编得小瑜，飞卿酬唱有唐夫。卜邻喜吕东西屋，把袂看传主客图。隔牖茶烟分细缕，过墙树影借纷敷。晚来清梦同听处，钟梵声声自给孤。"

乾隆二十四年夏天，由于清代科举考试要增试律诗一门，这时官居功臣馆总纂的纪昀，便给外甥马葆善、门生李清彦、侯希班、郭堉等人讲解唐人的试律诗。后来，马葆善把纪昀所讲述的内容编成一书，于六月脱稿，七月作序，但是，没有来得及经过纪昀校正，便付梓刊行。第二年，纪昀发现本书讹舛甚多，便重新点勘增补，并亲自为之作序："是书也，体例略仿《瀛奎律髓》。为诗不及七八十首，采诸说不过三两家，借以论诗，不求备也。诗无伦次，随说随录，不更编也。其词质而不文，烦而不杀，取示初学，非著书也。持论颇刻核，欲初学知所别择，非与古人为难也。"

乾隆二十五年，三十七岁的纪昀此时担任国史馆总纂官，他忙里偷闲，点校了韩偓的《香奁集》。韩偓是唐末诗人。他的诗多愁善感，词藻华丽，具有"香奁"体之誉。宋代的沈括在《梦溪笔谈》中曾这样写道："和鲁公凝有艳词一编，名《香奁集》。凝后贵，乃嫁其名为韩偓。今世传韩偓《香奁集》，乃凝所为也……"对于五代人和凝作《香奁集》而让名于韩偓的这一公案，后人早已明辨是非。但"香奁体"的说法，却被流传下来，而成为专以妇女身边琐事为题材的诗的代名词。纪昀于《书韩致尧〈香奁集〉后》曾语："《香奁》一集，词皆淫艳，可谓百劝而并无一讽矣。然而至今不废，比以五柳之《闲情》，则以人重也。"还讲到："《香奁》之词，亦云亵矣。然但有悱恻眷恋之语，而无一决绝怨怼之言，是亦可以观心术焉。"他认为，《香奁集》尽管"词皆淫艳"，但却是真情的流露，纪昀还竟然把陶渊明的《闲情赋》和它相对比。这种观点远比昭明太子萧统要开明许多。萧统在编写《陶渊明集》的时候，曾在序言中说："白璧微瑕者，唯在《闲情》一赋……惜哉，无是可也。"萧统太子这种十分偏激的观点，鲁迅先生是持否定态度的。他这样认为，陶渊明不是像人们所常说的那样，总是"采菊东篱下，悠然见南山"，一味地追求飘飘然，他既有"精卫衔微木，将以填沧海""刑天舞干戚，猛志固常在"的"金刚怒目"式的精神，同时还有过"唉呀呀，我要变成爱人的鞋子呀"的缠绵浪漫情怀，他也是一个有血有肉有情的人。这些表白与纪昀的观点大致是一致的。

乾隆二十六年七月，纪昀身体欠佳在家养病，没有什么事，只是教授儿辈们读书，并且挑选清代馆阁体诗，每天给孩子们讲几首。半年多的时间，共积累了大约二三百首，儿辈把它排纂收书，共五卷，一到四卷是馆阁诗，第五卷是试卷行卷，时间是从康熙庚辰三十九年，到乾隆庚辰二十五年，因此，命名为《庚辰集》，后来又增加注释十七万多言，刊刻印行。该书纯是为教习儿辈科举考试而用，除可略窥清代律诗的风貌，别无学术价值可言。

乾隆二十七年六月，纪昀从座师钱维城处借得宋人陈师道的诗集《后山集》，然后开始钩稽缮录。陈师道家境贫困，但却十分酷爱读书赋诗，享有"闭门觅句陈无己"的美誉，是江西诗派的代表作家之一，被尊称为"一祖三宗"，和杜甫、黄庭坚、陈与义齐名，常和苏轼等人相唱和，有《后山集》《后山诗话》《后山谈丛》等诗集传世。《后山集》是由陈师道的门人魏衍编定，共二十四卷。纪昀直到乾隆二十九年七月三十日。在福建学政任上，才把《后山集》钩稽缮录完毕，并撰写了《书〈后山集钞〉序》。他在序中这样讲道：《后山集》"近云间赵氏刊本也。诗七百六十五篇，编八卷：文一百七十篇，编九卷；谈丛四卷；诗话一卷；理究一卷；长短句一卷……原本讹误太甚，九卷以后尤不胜乙，因杂取各书所录后山作，钩稽考证，粗正其十之六七，乃略可读"。他对陈师道的作品给予了很高的评价："其五言古……生硬权桠则不免江西恶习。七言古……语健而不免粗，气劲而不免直，喜以劲折为长而不免少开合变动之妙。五言律，苍坚瘦劲，实逼少陵。七言律，嵚崎磊落，矫矫独行，唯语太率而意太竭者是其短。五七言绝，则纯为少陵遣兴之本，合格者十不一二矣。大抵绝不如古，古不如律，律又七言不如五言。"他还在《四库全书总目·〈后山集〉提要》中讲道："大抵词不如诗，诗则绝句不如古诗，古诗不如律诗，律诗则七言不如五言。"事实上，他对陈师道还是十分推崇的，称赞他的"七律诗风骨磊落……不失为北宋巨手"。

乾隆二十七年，纪昀删改订正了由清初冯舒、冯班评点的十卷本《才调集》。

《才调集》的作者是五代后蜀的韦縠，共十卷，每卷录有诗一百首，囊括了整个唐代，但其并不是按时代先后编排的。其入选宗旨是崇尚晚唐的温庭筠和李商隐等人，题材偏重于别情闺怨。清初的冯舒、冯班对是书曾进行评点。到了乾隆年间纪昀经过细心删正成书《删正二冯评阅〈才调集〉》二卷。《才调集》是以"西昆体"为正宗，其诗论则力主"以温、李为宗而溯其源于骚、选、汉魏六朝"。公正而言，二冯把《才调集》引为"西昆体"正宗，实在是出于门户之见，不能以公而论。纪昀于是在《书〈八唐人集〉后》就评论道："二冯《才调集》，海内风行。虽自偏锋，要亦精诣，其苦心不可没也。第主张太过，欲举一切而废之，是其病耳。"他在《四库全书总目·〈才调集〉提要》中也讲道："韦縠生于五代文敝之际，故所选取法晚唐，以艳丽宏敞为宗，救粗疎浅弱之习，未为无见。至冯舒、冯班意欲排斥宋诗，遂引其书于昆体推为正宗。不知李商隐等，《唐书》但有三十六体之目，所谓'西昆体'者，实始于宋之杨亿等，唐人无此名也。"纪昀用史实来作为论据而进行评论，是最有说服力的，也是最公允的。

乾隆十五年，纪昀点论了唐代诗人李商隐的《玉谿生诗》，著成《玉谿生诗说》一书。李商隐是晚唐杰出的诗人，和杜牧、温庭筠齐名，时称"温李"或"李杜"。著有《玉谿生诗》三卷、赋一卷、文一卷，《樊南四六》甲、乙集各二十卷传世。纪昀特别欣赏李商隐的诗风，称赞李的诗"以情韵胜人""宛转有致""比兴缠绵""性情沉挚"。他在《四库全书总目·〈李义山诗集〉提要》中这样写道："自释道原以后，注其诗者凡数家，大抵刻意推求，务求深解，以为一字一句皆属寓言。而《无题》诸篇，穿凿尤甚，考商隐《府罢》诗中有'楚雨含情皆有托'句，则借夫妇以喻君臣固尝自道。然《无题》之中确有寄托者，'来是空言去绝踪'之类是也；有戏为艳体者，'近知名阿侯'之类是也；有实属狎邪者，'昨夜里辰昨夜风'之类是也；有失去本题者，'万里风波一叶舟'之类是也；有与《无题》相连误合为一者，'幽人不见赏'之类是也。其摘首二字为题，如《碧城》、《锦瑟》诸篇，亦同此例。一概以'美人香草'解之，殊乖本旨。"传统的观点是把李商隐和温庭筠看作同一流派的诗人，并称为"温李"。纪昀却不赞同这种观点，他在《四库全书总目·〈李义山诗集〉提要》中评论道："商隐诗与庭筠诗齐名，诗皆缛丽。然庭筠多绮罗脂粉之词，而商隐感时伤事，尚颇得风人之旨。"李商隐的诗风对后世产生很大影响。比如宋代的杨亿、刘筠、钱惟演等诗人便刻意地模仿李商隐的诗风，并把他们之间相互间唱和的诗编成《西昆酬唱集》，于是便产生了西昆体，亦简称昆体。李商隐的诗文采华美，音律和谐婉转悠扬，只是有些流于纤秾。纪昀在评论李商隐的诗时常常使用"晚唐纤体""纤语""纤佻之极""情致有余，格律不足"等词语。他在《四库全书总目

·〈二冯评点才调集〉提要》中曾这样称道："学江西者，其弊易流于粗犷；学昆体者，其弊亦易流于纤秾。除一弊面生一弊，楚固失之，齐亦未必得也。"

乾隆二十七年，纪昀点论了黄庭坚的诗集。黄庭坚以诗被苏轼所称赞赏识，与秦观、张耒、晁补之同为"苏门四学士"。黄庭坚是江西诗派的创始人之一，和陈师道、陈与义并称"三宗"，生前和苏轼齐名，在宋代诗坛占有十分重要的地位。他一生标榜自己学杜、学韩，而且强调"无一字无来处"，特别讲究"点铁成金"。他的诗的特点是生硬晦涩，语言十分费解。著文方面，他主张"文乃道之器""理得而辞顺"，反对"好作奇语"，因而他的诗文流畅婉转，形成了和他的诗风完全相反的风格。除此之外，黄庭坚的书法也十分出色，是北宋四大书法家之一。著有《豫章黄先生文集》《山谷内集》《外集》《别集》等传世。纪昀在《书〈黄山谷集〉后》中曾经评价黄庭坚的五言古体"大抵有四病：曰腐，曰率，曰杂，曰涩"；评价他的七言古诗"大抵离奇孤矫，骨瘦而韵逸，格高而力壮"；评价他的五言古律"皆多不成语"；评价他的五言绝句"大抵皆粗莽不成诗"；评价他的七言绝句"佳者往往断绝孤回，骨韵天拔，如侧径峭崖，风泉冷冷。然粗莽支离，十居七八，又作平调，率无味"。纪昀对黄庭坚的诗好像是不敢恭维。尽管如此，黄庭坚毕竟是江西诗派的奠基人物，对当时的诗坛影响极大。后来，方回编撰《瀛奎律髓》一书，倡导"一祖三宗"之说，更使江西诗派颇具规模。黄庭坚诗风是为禅学说教，而且又大量地引用典故，因而就使得形象枯萎，意境十分单调。因此，清初的冯舒、冯班起而"右西昆而辟江西"。冯班讥讽方回的《瀛奎律髓》："方君所娓娓者，止在江西一派，观其议论，全是执己见以强缚古人。"他还在《同人拟西昆体诗序》中讲道："自江西派盛，斯文之废久矣。至于今日耳食之徒羞言昆体。"二冯之所以把《才调集》当作西昆体正宗，极力加以推崇，目的是为排斥江西诗派。被西昆体诗人奉为圭臬的李商隐诗，却寄托深远，文采华美，音律和谐婉转悠扬，深得纪昀的赞赏。与二冯针锋相对，江西诗派搜求刻印《宋诗钞》一百零六卷，《西昆酬唱集》中的任何一首也没有入选。对于这一事情纪昀将此"断为门户之争"。因为纪昀看到了这一点，所以他本人能够超越门户之见，以自己的博大胸怀去评析江西诗派和西昆体各自的得失。同时，他还能以历史发展的眼光，去看待历史上各种诗派的衍变。他还提出了"极而将返"的命题。他说，宋初西昆体以新的面貌出现，以矫正晚唐诗风的猥琐之弊。"西昆过于雕琢"，欧阳修、梅尧臣以朴实典雅来矫正。"元祐伤于平易"，苏轼、黄庭坚进而为姿逞。"南渡以后，江西宗派盛极而衰"，于是，又"穷极而变，乃复其始"。到了元初，杨载的诗作又开始"风规雅瞻，雍雍有元祐之遗音"。

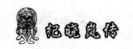

　　乾隆三十一年，纪昀丁忧在家，这期间阅读了《帝京景物略》，认为该书体例多有不合，舛误之处甚多，于是便逐篇予以删除改正。《帝京景物略》一书是明代刘侗所撰。刘侗是崇祯七年（1634年）进士，外放吴县知县，上任途经扬州时，死在船上。刘侗是竟陵派的后起之秀，他的散文构思奇特新颖，文笔奇特流畅，尤其是他把晚明小品文的创作推向了一个新的高度，并对后世产生了很大的影响。传世之作还有《龙井崖诗》《雉草集》等，《帝京景物略》是他的代表作。《帝京景物略》共八卷，分为一百三十目，详细记述了北京城郊的景物、园林、寺观、陵墓、祠宇、名胜古迹、山川桥堤、草木虫鱼，其间穿插了一些人物故事，可以说是研究明代北京城郊历史风俗的极有价值的史料。纪昀在删除改正《帝京景物略》以后，为此书作了序和跋。他在《序》中说："《帝京景物略》八卷……亦时复可观。盖竟陵、公安之文，虽无当于古作者，而小品点缀，则其所宜，寸有所长，不容没也。独恨其每篇之后必赘题咏数十章……非诗社而有诗社习，自秽其书，阅之使人格格不快。长夏无事，悉割取摧烧之，独留正文一百三十余篇，用纸粘缀，葺为二册。"他又在《后序》中曾如此写道："初削是书，仅删其诗。迨粘缀重编，《太学石鼓》篇中复削五百三十三字，《首善书院》篇中删一千二十八字，而《李卓吾墓》篇则全削……此《景物略》耳。石鼓，古迹也，因石鼓而谀颂学制，不类也；首善书院、李卓吾墓，并非古迹矣，而杂记语录，标榜道学，不类也……去其不类者，而佳者益出，是又芟夷翳塞之道矣。"从以上引文中可以看出，纪昀做学问态度是十分认真谨慎的，他把删除改正《帝京景物略》的原因和经过，都交代得十分清楚，这也正是他删除改正后的《帝京景物略》一书的流传反而比刘侗的《帝京景物略》一书流传得要广的原因。

　　乾隆三十二年正月，纪晓岚丁父忧期满，重新补授翰林院侍读，充日讲起居注官，擢左春坊左庶子，同是任三通馆提调兼纂修。闲暇之时，他便给孩子们讲述唐代刘知幾撰、清代浦起龙注的《史通》，并用朱、绿、紫三色笔校正删削，修成《史通削繁》一书。《史通》是我国第一部系统的史学理论专著，对后世史学批评、史学史和史书编纂等学科的建立产生了很大的影响。当时徐坚称此书"为史氏者宜置此于座右也"。宋人黄庭坚也认为《史通》"讥弹古人，大中文弊，不可不知也"。《史通》一书共二十卷，分内、外篇两大部分：内篇十卷、三十六篇；外篇十卷、十三篇。内篇论述史家体例，外篇论述史籍源流以及前人修史之得失。全书本着"实录"和"直书"两大精神，对唐以前的史书，从内容到形式上都作了全面系统的批评总结。把古史归纳为《尚书》《春秋》《左传》《国语》《史记》《汉书》六家，统归为纪传、编年二体；将史学辅助学科细分为编纪、小录、逸事、琐言、郡书、家史、别传、杂记、地理书、都邑簿十类。是书由于笔锋犀利，毫无隐讳，观点有孛于传统，所以受到后世统治者和一些士人的非难。元代直到明中叶，世人很少知道此书，竟然连《永乐大典》也没有把此书收入进去。直到明后期，版本逐渐多了起来，注家也相继出现。明神宗万历以后，有李维桢和郭孔延的《史通评释》、王惟俭的《史通训故》；清代有黄叔琳的《史通训故补》。清人浦起龙更是吸取以上三家之长，撰成《史通通释》，注释较为翔实，是一部较好的注本。浦起龙除《史通通释》一书外，还著有《读杜心解》等书。刘知幾年轻时就以文词著名，能言善辩，又好议论时政得失，词旨直切，有的放矢。他执掌史职达三十年，专攻史学，善于分析历史上的利弊得失。又由于多次参与修史工作，对官设史局修只的弊端看得很明白。尤其是他提出的"史才三长"的著名理论，对后世产生极大的影响。除《史通》一书外，他还参与编纂了《三教珠英》《文馆词林》《姓族系录》等书。纪昀之所以要删削浦氏注的《史通》，不仅仅是为了教授自己的孩子，更是为了想实践他一贯坚持的论史"要当以人重，不当仅求之词漠间'的史学观点。他在论史方法方面则主张博采、善采、慎采史料。正是在这一忌想的指导下，他完成了《史通削繁》一书的删正编撰工作。纪昀在《〈史通削繁〉序》中曾如此说："刘子元激于时论，发愤著书，于是乎《史通》作焉……刘氏之书，诚载笔之圭臬也。顾其自信太勇，而其立言又好尽，故其快摘精当之处·足使龙门失步、兰台变色；而偏驳太甚、支蔓弗剪者，亦往往有之，使后人病其芜杂，罕能卒业，并其微言精义亦不甚传，则不善用长之过也。注其书者仅数家，互有短长，浦氏本最为后出，虽轻改旧文是其所短，而诠释较为明备。偶以暇日即其本细加评阅以授儿辈。所取者记以朱笔，其纰缪者以绿笔点之，其冗漫者又别以紫笔点之。除三色笔所点外，排比其文，尚皆相属，因抄为一帙，命曰《史通削繁》。"纪昀在《四库全书总目·〈史通通释〉提要》中也认为浦氏注本修正了郭孔延、王惟俭、黄叔琳诸宗注本的错误，但是浦氏注本中也有因主观白想法篡改以致出现错误的地方，因而纪昀不惜精力笔墨，对浦氏注本进行了细致入微的删除改正。清人黄兰修在为黄注纪评本作的跋中曾说："昔黄鲁直谓'论文则《文心雕龙》，论史则《史通》，学者不可不读'。余谓文达之论二书，尤不可不读。"由此可见当时学者对《史通削繁》一书是非常重视的。

纪昀尤其喜欢苏轼的诗。他在《阅微草堂笔记》中详细记载了自己点评《苏文忠公诗集》的过程。自乾隆三十一年至乾隆三十六年，他用了将近六年的时间，用三色笔"交互纵横，递相涂乙，殆模糊不可辨识"。乾隆三十六年六月，纪昀从西北乌鲁木齐赦回到北京·在家闲暇无事，为了便于阅览，他又把点评的《苏文忠公诗集》整理了一遍·并缮写清楚。纪昀最欣赏的是苏轼诗的直率的情

感。他在点评苏轼《荔枝叹》的时候，竟情不自禁地被诗人发自内心的炽热之情所感染，对诗人毫不隐晦地讥讽时事的吟咏大加赞赏："自此以下，百端交集，胸中郁悖有不可已者。不可以已而言，斯为至言。"当然，他尤为喜欢的还是苏诗中的那些名篇，比如"嫣然一笑竹篱间，桃李漫山总粗俗"，他评论"纯以海棠自寓，风姿高秀，兴象深微"；又如"竹外桃花三两枝，春江水暖鸭先知"，他也评论道"此是名篇，兴象实为深妙"。对苏诗中的议论，纪昀也并没有菲薄之词，反而认为它与诗浑然一体，如对《书鄢陵王主簿所画技枝》中"诗画本一律，天工与清新""论画以形似，见与儿童邻"等诗句，他认为："识入深微，不嫌说理。"向来，纪昀最不喜艳体诗，如此他就认为《诗经》"郑风""卫风"中的一些爱情诗是"淫靡之声"。但是，他在《〈云林诗钞〉序》里却这样说："李、杜、韩、苏诸集岂无艳体，然不至如晚唐人之纤且亵也。酌乎其中，知必有道焉。"苏轼和他的父亲苏洵、弟苏辙同被列入"唐宋八大家"。苏轼在青年时期就具有了广博的历史文化知识以及各方面的艺术才能，深得欧阳修、梅尧臣等人的赞许。苏轼在政治立场和为人等方面，都坚持自己的立场，恪守节操。苏轼传世的著作、书帖和画卷都十分丰富：计有《东坡全集》《易传》《书传》《论语说》《仇池笔记》和《东坡志林》等著作；计有《答谢民师论文帖》《祭黄几道文》《前赤壁赋》《黄州寒食诗帖》等书帖；有《枯木怪石图》《竹石图》等画卷。对苏轼这样一位全才，纪昀当然是十分钦佩和服膺。尤其是书法方面，对名列宋代书法"四大家"之一的苏轼，更是羡慕有加。是诗歌和超人的诗才，使这两位相隔七百余年的文坛巨擘在心灵上紧紧连接在一起。

乾隆三十六年八月初六，纪昀数次评阅的《文心雕龙》始告完成。《文心雕龙》成书于南朝齐末，是我国现存最早的一部系统阐述文学理论的专著。分上下两编，各五卷、二十五篇。上编前五篇属导论性质，详细介绍了他的基本文学思想。从第六到第二十五篇分别论述了各种文体的特征、渊源以及演变发展历程，由此被称之为后世分体文学史之鼻祖。下编二十五篇，最后一篇《序志》是全书的序言，其余各篇探讨文学创作与批评的原则、方法，以及文学与时代的关系，还有文学鉴赏等问题。全书主体思想是儒家。他的文学思想主要是抨击"为文而造情"的片面追求形式的不正文风，主张"为情而造文"。当然他也并非绝对化，他对形式的积极作用也十分重视，并详细而具体地探讨了构思、修辞等一些方面的问题，认为文学的发展变化受社会现实的很大影响和制约。他的文学思想，不仅仅对中国文学理论的建设产生深远影响，而且还引起国外许多学者的重视。《文心雕龙》的作者刘勰笃志好学，由于家庭贫困未能婚娶，依靠和尚僧佑的接济维持生活。梁武帝时，他曾担任奉朝请、东宫通事舍人等官职，昭明太子萧统对他十分欣赏和重视。到了晚年出家为僧，取法名慧地。早在南齐末年，他就已完成了《文心雕龙》这部古代文学理论批评巨著。在清代以前，人们一直认为《文心雕龙》的成书是在南朝梁代时，纪昀指出："据《时序》篇，此书实成于齐代，今题曰梁，盖后人所追题，犹《玉台新咏》成于梁而今本题陈徐陵耳。"可以说，纪昀是《文心雕龙》研究史上最早提出"成于齐末"的说法。他在《四库全书总目·〈文心雕龙〉提要》中亦力主此说。在《文心雕龙·原道》的眉批上，他又论述道："自汉以来，论文者罕能及此。彦和以此发端，所见在六朝士之上。"对刘勰在文学理论上的巨大贡献，给予了充分肯定。纪昀评阅的版本是清人黄叔琳辑注的《文心雕龙》本，后人于是把黄注与纪评合在一起刊刻印行，这就是人们所熟悉的《文心雕龙》黄注纪评合刊本。黄叔琳博涉经史子集，学识渊博，尤其嗜好藏书，家有一藏书楼名曰"万卷楼"，藏书颇丰。除《文心雕龙辑注》一书外，还著有《〈诗经〉统说》《〈夏小正传〉注》《〈史通训故〉补注》《砚北易抄》《砚北杂录》等书籍。纪昀所以评阅《文心雕龙》，是因为他的文学批评观与刘勰在许多方面相似。比如刘勰认为，"缀文者情动而辞发，观文者披文以入情。"而纪昀则认为，"文章一道，关乎学术、性情。诗品、文品之高下，往往多随其人品。"在这里，纪昀不只是肯定了刘勰所提出的命题，而且还丰富和发展了这一命题：文章与性情、文章与人品、文章与学术，都有极其密切的关系。当然，他们之间也有观点不一致的地方。关于人品、文品这个命题，刘勰认为"各师成心，其异如面"，并列举了大量实例来进行说明这一论点，所以他得出结论："触类以推，表里必符。"纪昀却不赞同他这种观点。纪昀在评价《文心雕龙》时，曾讲道："约略大概言之，不必皆确。百世以下，何由得其性情？人与文绝不类者，况又不知其几耶！"他在《四库全书总目》的许多诗文评论里，便常常揭示在文学创作活动中"人与文绝不类"的文学观点。刘勰还主张用比较的观点去评论作家以及他们的作品。对于这一观点，纪昀给予高度的评价。也正是由于纪昀在《文心雕龙》中写有大量而精辟博深的评语，所以在当代便有人提出这样的主张，《纪评〈文心雕龙〉》"尤不可不读"。

《瀛奎律髓》是元代方回为了同西昆体抗衡而编撰的一部唐、宋人诗集。关于诗集命名的来由，他在为这部诗集所作的序中解释得十分清楚："瀛者何？十八学士登瀛洲也。奎者何？五星聚奎也。律者何？五七言之近体也。髓者何？非得皮得骨之谓也。"他把这些诗分成六大类。第一类是游览，比如登临、怀古、风土等；第二类是社会生活，包括朝省、宦情、忠愤、迁谪等；第三类是个人生活，包括茶酒、疾病、送别等；第四类是自然景物，包括春日、暮夜、梅花、川泉等；第五类是精神生活，包括仙逸、释梵等；第六类是诗的形式，包括拗字、

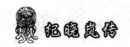

变体、着题等。方回除著有《瀛奎律髓》之外，还著有《桐江集》《桐江续集》等传世。纪昀十分详细认真地点勘了《瀛奎律髓》，乾隆三十六年十二月，他写成了《〈瀛奎律髓勘误〉序》一文。他在序中特别清楚地讲述了点勘此书的原因："矫枉过直，亦未免转惑后人。因于暇日细为点勘，别白是非，各于句下笺之，命曰《瀛奎律髓勘误》。"纪昀在序中指出了方回选诗三弊，对此并予以批评："一曰矫语古淡，一曰标题句眼，一曰好尚生新。"于"矫语古淡"，他认为："以生硬为高格，以枯槁为老境，以鄙俚粗率为雅音，名为尊奉工部，而工部之精神面目迥相左也，是可为古淡乎？"于"标题句眼"，他认为："响字之说，古人不废，暨乎唐代，锻炼弥工。然其兴象之深微、寄托之高远，固别有在也。"于"好尚生新"，他认为："人生境遇不同，寄托各异，心灵浚发，其变无穷，初不必刻镂琐事以为巧，捃摭僻字以为异也。"纪昀还直言不讳地指出方回论诗也同样存在着三弊，即："一曰党援，一曰攀附，一曰矫激。"对于形成这些弊病的原因，他也分析得十分透彻明了："是皆江西一派先入为主，变本加厉，遂偏驳而不知返也。"理所当然，以敦厚宽容而著称的纪昀，并没有把方回的《瀛奎律髓》指责得一无是处，他在《四库全书总目·〈瀛奎律髓〉提要》中如此说："宋代诸集不尽传于今者，颇赖以存。而当时遗闻旧事，亦往往多见于其注。故厉鹗作《宋诗纪事》，所采最多。其议论可取者亦不一而足，故亦未能尽废之。"纪昀反对江西诗派和西昆体两者之间的派别之争，他在《〈瀛奎律髓〉勘误序》中说，应该免去"方氏之僻，冯氏之激"，折中江西、西昆两派学术。这种雍容大度的文学批评观，也正是纪昀向来所坚持的作风。

乾隆三十六年，纪昀点校勘正了《王子安集》。王子安就是王勃。王勃，隋朝末年著名学者"文中子"王通之孙。王勃六岁的时候便善于写文章。他和杨炯、卢照邻、骆宾王齐名，并称"初唐四杰"。他们的文风虽仍然承袭六朝余习，但却又积极倡导刚健雄迈的文风。于"初唐四杰"当中，王勃在文学上的成就尤其突出，特别擅长记、序、碑铭体的写作。他的《滕王阁序》是传诵古今，经久不衰的佳作。王勃原有集二十卷，已散佚。今传世的《王子安集》十六卷，是明末张燮根据《文苑英华》等书编辑而成的。清代蒋清翊著有《王勃全集笺注》，收在《全唐文》一书中，在《全唐文》第一百七十七至一百八十五卷。纪昀点勘的《王子安集》就是明末张燮编辑而成的十六卷本。他在《四库全书总目·〈王子安集〉提要》中这样讲道："勃文为'四杰'之冠，儒者颇病其浮艳。"随后引杜甫《戏为六绝句·之二》驳斥了"病其浮艳"之说，并进一步解释说："'身名俱灭'以责轻薄子，'江河万古'指'四子'也。"他还在《四库全书总目·〈王子安集〉提要》中引用唐代一行僧、段成式、韩愈和宋代洪迈等人推赞王勃的文字作为论据，并进一步论述道："韩之所以推勃亦为不浅矣。夫一行、段成式博洽冠绝古今，杜甫、韩愈诗文亦冠绝古今，而其推勃如是。枵腹白战之徒，掇拾语录之糟粕，乃沾沾焉而动其喙，殆所谓蚍蜉撼树者欤？今录勃集，并录成式及迈之所记，庶耳食者无轻诋焉。"从上面这段文字中可以看出，纪昀对于王勃的诗文也是备加推崇。

乾隆三十六年，纪晓岚点校勘正了《韩致尧集》。韩致尧也就是韩偓。纪昀在《四库全书总目·〈韩内翰别集〉提要》中对韩偓给予了高度的评价："偓为学士时，内预秘谋，外争国是，屡触逆臣之锋。死生患难，百折不渝。晚节亦管、宁之流亚，实为唐末完人。"纪昀点勘的《韩内翰别集》也就是《韩致尧集》。他对唐代以来一些评论家责难韩偓诗风持否定态度，他在《四库全书总目·〈韩内翰别集〉提要》中，替韩氏大鸣不平："其诗虽局于风气，浑厚不及前人，而忠愤之气时时溢于语外。性情既挚，风骨自遒。慷慨激昂，迥异当时靡靡之响。其在晚唐，亦可谓文笔之鸣凤矣。变风变雅，圣人不废，又何必定以一格绳之乎？"对韩氏诗风给予充分肯定。

乾隆三十六年，纪晓岚还点校勘正了《唐诗鼓吹》。此书相传为金代元好问编选而成，元代郑天挺注，共十卷，选取中唐、晚唐九十六位诗人的七言律诗近六百首，所选诗歌大多是为感怀时事之作。是书对柳宗元、刘禹锡、李商隐、皮日休、陆龟蒙等人的诗作备加推崇。元好问的诗文作品，在金、元之际很受推崇。他的诗词风格深郁浑厚，大多是有感时事之作；其《论诗》绝句三十首，崇尚自然，反对刻意雕琢，在文学批评史上占有重要地位。著有《遗山集》，编辑《中州集》。纪昀在《四库全书总目·〈唐诗鼓吹〉提要》中如是说："是集所录，皆唐人七言律诗，凡九十六家，共五百九十六首，作者各题其名……其书与方回《瀛奎律髓》同出元初，而去取谨严，轨辙归一。大抵道健宏敞，无宋末'江湖'、'四灵'琐碎寒俭之习，实出方书之上。天挺之注，虽颇简略，而但释出典，尚不涉于穿凿，亦不似明廖文炳等所解横生枝节，庸而至于妄也。"纪昀于此涉及了南宋末年的"江湖诗派"和"四灵诗派"，并指出他们"琐碎寒俭"。江湖诗派的由来，是由当时杭州书商陈起陆续刻印了许多同时诗人的集子，合称为《江湖集》而来。这些诗人，大都是一些落第的士子，由于功名上很失意，不得不浪迹江湖，依靠写诗卖艺为生。由此，他们的诗作十分杂乱，大致可划分为两类：一类生活面较狭窄，不十分关心政治，只是希望自己在文采艺术上有所建树，以赢得时人的认同和赏识，近于所谓的"狷者"，姜夔等是这类诗人的代表人物；另一类生活面比较广泛，对当时政治尤为关心，崇尚高谈阔论，想以此事博得声誉，近于所谓的"狂者"，戴复古、刘克庄等是这类诗人的代表人物。还

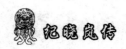
有"四灵诗派"的四位诗人：徐照、徐玑、赵师秀和翁卷。徐照和翁卷是平民百姓，徐玑和赵师秀曾做过地方小官。他们对于南宋政治氛围并没有什么反感，反而乐得逍遥自在。他们继承了山水诗人、田园诗人的诗作传统，在当时的中、小地主阶层拥有大量读者，这使他们暂时满足于啸傲田园、寄情山水的清闲生活。对这种诗人，纪昀自然不会欣赏，但他对元好问编选的《唐诗鼓吹》一书，却颇多赞誉之词。

乾隆四十五年，纪昀删削《明懿安皇后外传》。懿安皇后张嫣是明熹宗朱由校的正宫娘娘，多次遭到熹宗的乳母客氏和太监魏忠贤的陷害，但她都机智灵活地躲了过去。崇祯十七年，李自成攻克北京，明思宗朱由检吊死在景山，懿安皇后在宫中自缢。乾隆四十五年，纪昀从朋友那儿借来一本《圣后艰贞记》，分上下卷，两万余言，是龚芝麓尚书所作。他"惜其纪事稍繁，而又未经刊布，偶有一二钞本，讹谬滋多，以是传者益寡，乃为正其误，删其繁，并博考诸史之可信者，掇拾成篇，犹得五千余言，改题曰《明懿安皇后外传》，藏之于家，以便观览焉。庚子六月，纪昀自叙"。于此，纪昀明确表示，此传、此序均"藏之于家"，不知为何他的孙子纪树馨编纂《纪文达公遗集》时却没有把它们收入进去。

自乾隆二十年到乾隆四十五年共二十六年的时间里，纪昀除了总纂《四库全书》并撰写了《四库全书总目》和《四库全书简明目录》，还领导编纂了许多部浩大书籍，同时，又点校勘正了近二十部文史名著。当然，纪昀一生当中点勘的精典名著，远远不止这些。就我们以上所提到的这些名著，涉及文史许多领域，面铺得尤为广泛，可见纪昀的学问相当渊博、知识颇为精深。这是一般的学问家难以企及的。

第九章　总纂四库

一、土尔扈特

前章着重介绍了纪昀领纂点勘的主要业绩，为了能够充分而详细地介绍其学问，就将他总纂四库的经历作为一章来系统地说明。下面我们再接着纪昀从新疆回京的思路介绍下去。

纪昀回到朱巢街新租赁的家后，就马上让马氏给他准备去避暑山庄的行装。尽管他这长达半年之久的旅途劳累还没有恢复过来，但是口谕让他去热河面君，所以他也不敢稍有怠慢，要好好准备一下。

第二天一大早，他就骑上马，朝承德方向急驰而去。一路上他想了很多，戴罪戍边的生活尽管特别艰苦，但比起天天陪伴皇上的紧张岁月来，在精神上还是要舒畅得多，他明白从今以后"伴君如伴虎"的险恶岁月又再次回到他的身旁。

纪昀经过三天的路途颠簸，终于看见了山庄的外部轮廓。那蜿蜒的城墙，被郁郁葱葱的树木覆盖着，山庄外的溥仁寺、溥善寺、普乐寺、普右寺、普守寺、安远庙和刚刚竣工的普陀宗乘之庙，在太阳光的照射下，金光四进，竞相夺目，令人眼花缭乱，目不暇接，让人确实看出了这皇家园林的气魄。

纪昀在山坡间浏览这壮丽群山、欣赏这山庄的外景时，乾隆皇帝正在避暑山庄寝宫的书房里踱来踱去地思考着什么。

这时，太监肖德录进宫禀报说："禀报皇上，纪昀来了！"

乾隆停住了脚步，猛地一怔，问道："什么，你说纪昀来了？快让他进来！"

不一会儿，走得又累又热满脸是汗的纪昀被肖德录领进宫来，他跪倒在地上，立刻感到有一阵凉气从周围袭来，浑身有一种凉爽、舒适的感觉，他叩头给皇上请安：

"罪臣纪昀，叩请圣安，恭祝吾皇政躬康泰，万岁万万岁！"

乾隆躬下身子做出扶起的样子说：

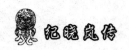

"快起，快起，朕不是早就免除你的罪了吗？起来给朕说话！"

纪昀站了起来。

乾隆皇帝高兴地坐到案前，仔细地把纪昀打量了一番，带着惋惜的情感说："让你受苦了！……"

纪昀赶紧说："谢皇上不杀之恩！臣托圣上洪福，身体还好！"他边说边风趣地摇晃了一下肩膀胳膊。

乾隆皇帝忍不住地笑了起来，他觉得纪昀在外戍边三年，性格还是没变，还是那么豁达、有风趣。他说："这就好，这就让朕放心了啊！"然后，又捋着胡子说："纪卿来得正好，朕有事要问你。"

纪昀正经地说："臣恭聆圣谕。"

乾隆皇帝给纪昀招招手，示意要他过来，纪昀走到案前，皇上指着案上打开的地图，说道：

"朕最近接到驿马快报，说是土尔扈特率众来归，现在他们已在边疆集合。"

纪昀回答道："浩荡皇恩，四海归服，天下安定，实乃吾皇仁厚，方有此治超皇古之功啊！"

乾隆皇帝听了纪昀的阿谀奉承，非常欢喜，他高兴地点点头，然后又叹口气，为难地说："可是，这件事群臣观点不一，是答应，还是拒绝，朕一时也拿不定主意。爱卿认为如何？"

纪昀想了想说："皇上，恕微臣直言。从乾隆十九年起，圣上不是在这里曾宴赏过准噶尔、和硕特、土尔扈特、杜尔伯特这四部的汗王吗？对他们加官封爵，目的是让他们驻守边疆，才有了今天大清的一统江山。现在土尔扈特率众来归，正说明皇上开明，民心安定，皇上为何寻思不定，失去大好的机会呢？"

乾隆又问道：

"纪卿知道不知道土尔扈特的来历？"

纪昀马上回答："据臣所知，土尔扈特是蒙古三支的厄鲁特系，其始祖乃是翁汗。"

乾隆又问："翁汗是什么人？"

纪昀指着案上地图的位置说：

"翁汗乃厄鲁特蒙古四卫特之一。他们的部落原来在哈巴台附近放牧。明神宗万历四十六年（1618 年），准噶尔部想兼并厄鲁特蒙古四部，土尔扈特便离开此地北上。崇祯三年，土尔扈特来到了伏尔加河流域，一直受俄国人的侮辱欺凌，但他们也一直在坚持反抗沙俄的斗争。"

乾隆聚精会神地听着，喃喃地说："原来如此！"

纪昀接着给皇上提建议：

"既然土尔扈特前来归顺大清，微臣建议，安顿他们是最好的办法。"

乾隆皇帝皱起眉头，说：

"他们可是要来新、旧两部，七万余人，那么多人朝哪里安顿呢？"

纪昀又指了指地图说："皇上，臣在新疆戍边，了解那里的一些情况，伊犁附近广大地区，都是地多人少之地，且水草丰富，可做放牧之地。依臣愚见，如果将他们新、旧两部，分开安排在这里，一是防止他们在一起滋生事端，二可以配合当地情况，保卫边疆。请皇上明裁。"

乾隆皇帝听了纪昀的这个建议，几天的踌躇顿解，他变得豁然开朗，面带微笑，说：

"好，好，这个主意太好了！传谕土尔扈特首领，赶紧来热河面见朕！"

"喳！"肖德录应声而下。

皇上这时上下打量着纪昀，又恢复了从前的那份亲切感：

"朕马上让爱卿回朝中，现在朕还有一事让爱卿去办！"

纪昀连忙恭敬下拜着说：

"臣遵命，赴汤蹈火，在所不辞。"

乾隆皇帝慢声细语地把前些天与刘中堂商议编修《四库全书》总纂官之事讲给纪昀听：

"三百多年前，明朝编制了《永乐大典》。到我圣祖时，设置博学鸿词科，编纂了《全唐诗》《佩文韵府》《康熙字典》《古今图书集成》等大型书籍，这真可谓集万策之大观，结果最终只是按类取裁，势必不能详细记载全貌，不能使后世全面了解其渊源，实在是一美中不足之事！……"

纪昀认真地听着皇上的口谕。

皇上喝了一口香茶，又继续说：

"朕，为天地立心，为生民立命，为往圣继学，为万世开太平，想开办《四库全书》馆，以表示朕的文治与武功！"

纪昀听后，非常振奋地说：

"这一举措若成功，皇上的功劳要胜过千古！"

乾隆皇帝高兴地说："这一浩大重任，朕与刘中堂早已商定，这《四库全书》的总纂官嘛，就由你来担任。"

纪昀又一次跪地，叩头说："皇上如此看重微臣，自当唯命是从。只是微臣的才疏学浅，恐怕难负重任！"

乾隆皇帝笑了，连说："起来，起来！纪卿既有博古通今之才学，又有统帅

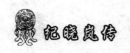

学者之才干，实属我朝文坛难得的人才！编纂《四库全书》这重要的任务，不是别人所能代替的，赶紧起来，赶紧起来！"

纪昀这才站起来。

乾隆皇帝慢慢地说："爱卿戍边刚刚回来，可暂且任职翰林院，一是把身体休养好，二来是为编纂《四库全书》做准备工作。等一切工作准备妥当，朕再下旨开馆！"

纪昀再拜领旨。

这次纪昀面见皇上，给乾隆皇帝留下了很深的印象，纪昀对土尔扈特的来历解说得一清二楚，这不但增加了皇上的知识，更让皇上拿定了主意，皇上再一次感觉身边有这样一位能说会道的大臣，实在是得心应手，便看看纪昀说："朕留你在山庄避暑，凉爽一下，你路上赶得那么急，一路辛苦，流了这么多汗。肖德录，快给纪大人安排房子歇息去吧！"

纪昀又连忙叩头说："圣上开恩，臣领旨！"

然后，纪昀随着肖德录走出花厅，他全身的衣服都被汗水浸透了。

纪昀被领进一处皇家花园的北屋里，顿时挂着竹帘，吊着纱窗，风从山顶上吹过来，屋里变得清凉舒适，他身上的汗，一会儿就风干了。他洗了澡，喝了茶，躺在带有凉席的床上，暑气全消了，真是太舒服、太美了。他躺在床上，望着窗外的远山，山高月小，不知不觉渐渐地进入了梦乡，一会儿，鼾声从屋里传了出来。

两天后，土尔扈特的首领接到皇上的召谕，带着他们的弟兄来到了避暑山庄。一时间，避暑山庄万树园里，到处是搭建的蒙古包，园林里插满旌旗，旌旗被风吹得飘扬起来。

在白色的蒙古包中间，有一座十分明显的高大黄色的毡包，包内有窗，光线明亮，毡房内，挂着锦旗，金碧辉煌，乾隆皇帝正高坐在这毡包的銮椅宝座上，等待着土尔扈特首领的朝拜。

乾隆皇帝的两边，还站立着侍奉皇帝的文武大臣，气氛特别庄严肃穆。

土尔扈特的首领渥巴锡，身穿蒙古民族服装，双手捧着印匣，举过头顶由礼部尚书引路，走到宝座一侧，然后转身顺着台阶拾级而上，到御座前，单腿跪下，高呼：

"土尔扈特渥巴锡觐见皇上，今呈上大宝，望吾皇笑纳！"

乾隆笑着离开宝座，接过印匣，渥巴锡叩头起身，退下台阶，回到他们的队伍之前，准备面向乾隆再跪，皇上冲他抬抬手，让他不要再跪。

乾隆打开渥巴锡觐见时送的印匣，拿出玉印一瞧，笑嘻嘻地又把玉印放到匣内，接着扫视了一下旁边的朝臣，然后才高声宣布：

"土尔扈特部不远万里　回归我朝！现在又将其祖受敕玉印敬献给朕，足已说明他们归顺我朝诚心诚意。今视其有难而惜费勿救，仁人君子所不忍为，况体无御专之君乎？朕以为，把土尔扈特七万余人安置在伊犁地区放牧。将渥巴锡加封为汗；同时加封策伯克多尔济、舍摆为郡王，其余各位首领，全部加封为台吉！"

乾隆皇帝把话刚说完，渥巴锡立即率领各部首领跪拜在地上，高呼"皇上万岁万岁万万岁！"，然后站在一旁。

乾隆皇帝又接着宣布："将朕旨意传达下去，命令伊犁地区舒赫德将军和文绶等官员，要认真负责接待土尔扈特部一行，将他们安置妥当，并且马上做好救济方面的工作。再由皇库拨银二十万两，马、牛、羊十四万头，茶二万封，米四万石，羊裘一万件，全部分给来归顺的百姓，让他们都有安身之地，安心放牧！"

大臣们高呼："吾皇万岁，万岁，万万岁！"

乾隆皇帝这时高声宣布　"设宴！"

顿时，园内鼓声四起，震动了整个山庄，场面雄壮伟大，振奋人心。

土尔扈特部归顺大清之事，不久便载入了乾隆三十六年的史册之中。历史证明，土尔扈特从俄罗斯伏尔加河流域回归祖国的这件大事，乾隆皇帝处理得十分恰当。乾隆皇帝还亲笔书写了《御制土尔扈特全部归顺记》《御制优恤土尔扈特众记》，将这两文内容又戈人雕刻到两块巨大的石碑上，立在普陀宗乘庙内。碑文详细记载了土尔扈特部回归祖国的经过，以及乾隆表彰渥巴锡等眷怀祖国的行为，同时，也反映了清政府赈济、优恤土尔扈特部人民的历史，勉励土尔扈特部"安居循法、勤畜牧，务生殖""长享升平之福"的史实。土尔扈特部的归来，巩固了伊犁地区安定团结的局面，加强了祖国西北边疆的边防。

由以上事实可以看出，对土尔扈特安置得如此妥当，纪昀向乾隆皇帝所提建议功不可没。

二、编纂《四库全书》

1. 家庭变故

纪昀戍边回京面见皇帝后，在热河住了半月，这段时间他在山庄除了陪着皇帝游玩，便是到周围的山上游逛，凉快得意，倒也潇洒，不过昼夜伴着皇上，总

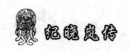

还是精神有些紧张，而且变得越来越有些想家了。

不久，他就从避暑山庄回到了北京。虽然是盛夏酷暑季节，但他在家光着膀子，披着凉手巾，还有小书僮在一旁扇着蒲扇，日子过得倒也随心所欲，有滋有味。他的精力变得更充沛了。

马氏对他的日常生活安排得非常周到，照顾得无微不至。他的身体也越变越强壮。住宅也由珠巢街旧宅迁到拓南先生的"双树斋"。

迁居之后，他首先恢复了书斋生活。有一天，他整理书房时，在一堆旧物中，发现了从新疆戍边时带回的一块砚石，看见砚石，伤感油然而生，顿时感慨万千。他抚摸着砚石，想了很久，于是写了一诗：

> 辛卯六月，自乌鲁木齐归，囊留一砚，题二十八
> 字识之。
> 枯砚无嫌似铁顽，相随曾出玉门关；
> 龙沙万里交游少，只尔多情共往还。

纪昀在书房整理书籍时，董曲江来到他家，他进门后说："纪兄乔迁新居，看来书房你是要亲自安排布置了。"

纪昀笑着说："自己收拾，心中有数，使用起来方便自如，得心应手。董大人前来，在下没能远迎，见谅！"

"哪里，哪里！在下来得仓促，纪兄不要见笑，"董曲江停了一下，便给纪昀说起了正话，"听说纪兄这一次去热河面见皇帝，皇上颇为欢喜，看来编纂《四库全书》的总纂官，非君莫属了！"

纪昀小心着说："皇上只是有这种想法，但并没有确定。"

董曲江说："戴震兄虽然举人出身，但他通晓典籍，为汉学新秀，当今正专心致志地撰写《孟子字义疏证》，一人住在新安会馆。他曾是你儿子的业师，你十分了解。在下之见，编纂此大型丛书东原兄应是个合适的人选。"原来董曲江是在替纪昀物色编写《四库全书》的合适人选。

纪昀又拿起了他的大烟袋，把烟点着吸着说：

"董老弟，倘若编纂《四库全书》的重任落到我的身上，我想咱们大家一定要把它干好！这也是造福子孙的千秋业绩呀！"

董曲江回答说："那是，那是呀！"

董曲江说完这句话，知道了纪昀的意图，然后就心满意足地离开了。

乾隆三十六年的十月，暑季已变成秋季，天气已经凉爽起来。在一个秋高气

爽的日子，皇上便由避暑山庄回銮返京。回京的路上车马成行，侍卫跟从，用水冲刷的道路干净整洁，刀枪剑戟闪闪发光，旌旗猎猎，浩浩荡荡的人马威武庄严，确实是皇家气魂。

乾隆皇帝在銮车中坐着。一个月前，他将土尔扈特回归问题处理妥当，精神非常愉快，现在，他就好像身上去了一个大病。他虽已六十多岁，但看上去他得年轻二十多岁。他穿一套便袍和马夹，更显得风度宜人，神采奕奕。

銮驾来到密云前，纪昀接到谕旨去密云接驾。到了密云城，他和王爷、贝勒以及在京的满汉大臣，列队迎接乾隆皇帝进宫。銮驾刚刚进入密云城，迎銮的队伍已全都跪在地上叩见，高呼："恭请皇安，敬祝吾皇政躬康泰，万寿无疆！"

乾隆皇帝看到如此场面，倍加高兴，他挥了挥手，激动地说："大家都起来吧！"

大家这才起身站在两侧。

皇帝又高兴地说道："朕离朝多日，许多事要回朝议论。这次到山庄避暑，土尔扈特部首领觐见，苔领七万余人归顺我朝，确实是朝廷一大喜事。朕已将这些蒙族归民安置到伊犁河流域放牧，纪爱卿功不可没啊！"

纪昀听到乾隆在夸奖自己，立即在迎銮的队伍中出列，上前叩头，口称："皇上开明超世，臣谢恩！"

乾隆瞧瞧大家，高兴地说："我看，趁銮驾在此休息，朕让纪卿以土尔扈特余部归顺为题，赋诗一首怎样？"

纪昀又一次跪拜连忙说"至遵旨！"

纪昀趁銮驾休息之时，赋了一首长诗，五言三十六韵，呈献到乾隆手中。皇帝一看，整篇内容尽是歌功颂德的诗句，脸上露出了喜悦，特别兴奋，他继续表扬纪昀说：

"纪昀到乌鲁木齐戍边时，深感惭愧悔恨，三年塞外生活，纪昀恪守公务，此次对土扈尔特部归国安置，他的想法甚妥。朕再次授纪昀为编修，到翰林院供职。"

纪昀听后，赶紧说道："谢皇上，万岁万万岁！"

从皇帝宣布纪昀官复原职的那天起，戍边三年的他终于又抄起旧业。再入翰林院，这与他十八年前初进翰林院时已明显不同。这天他回到家，便把感受，写成一首诗，雕刻到那块玉井砚背面：

> 辛卯十月再入翰林戏书所用玉井砚背
> 万里从军鬓欲斑，归来重复上蓬山；

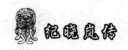

自怜诗思如枯井，犹自崎岖一砚间。

此诗，道出了纪昀经历这场政治风暴后坎坷路程的反思，这与当年督学福建时的心境大不相同，都是行程万里，竟有天地之别。

在辛卯冬天，有人以《八仙对弈图》为题让他写诗。这图的内容是韩湘子与何仙姑对弈，其他几名仙人在一旁观看，而只有李铁拐枕一葫芦大睡，纪昀便借题发挥，赋诗二首：

一

十八年来阅宦途，此心久似水中凫；

如何才踏春明路，又看仙人对弈图。

二

局中局外两沉吟，犹是人间胜负心；

那似顽仙痴不省，春风蝴蝶睡乡深。

这两首诗反映就是纪昀官复原职进翰林院后的心情。上次进翰林院做编修到这次复职，十八年来宦海沉浮，酸甜苦辣都有尝试，一颗心常常像河水中的水鸟，飘摇不定，浮沉不稳，十分不安宁。现在又重新回到了光明之路上来，看见仙人对弈图，又引起了他对今后生活的思考，以后自己的路该如何走呢？为了尽快适应社会环境，可以看出，纪昀变得比往日成熟多了，做事不再冒冒失失，凡事都要前思后想。

东归之后的纪昀，又重新得到了乾隆皇帝的赏识与重用，这虽然是可喜之事，可是他的心情在兴奋中又增添了几分苦涩。他一回家，就被很多家务事缠住。

首先是他的长子汝佶。汝佶从小聪明伶俐，纪昀、马氏都视他为心肝宝贝。汝佶二十二岁乡试中举，比纪昀中举还早两年。本指望他通过会试一举成名，然而由于他对自己的前程把握不好尺度，分不清缓急轻重，不再从事宦途之业，执迷杂学和稗官之书，崇尚三表学的知识，不能为社会服务反而愤恨社会。后来，他精神变得忧郁不决，恍恍惚惚，寡言少语，不同于正常人，直至死亡。纪昀在晚年，还写下了回忆：

亡儿汝佶，以乾隆甲子生，幼颇聪慧，读书未多，即能做八比，乙酉年举于乡，稍稍治诗，古文尚未识门径也。会余从军西域，乃自从诗社才士游，遂误从公宴、竞陵两人。后依朱子款于泰安，见《聊斋志异》抄本，又误坠其窠白，竟沉沦不返，以讫于亡。

中年丧子使他悲痛伤感，一直到纪昀晚年，他还常常陷入思念自己儿子的痛苦之中。他心想，倘若那时他不发生戴罪戍边之事，他的长子汝佶也不会遭受这样沉重的精神打击。

其次是他的爱妾郭氏，她一直为让纪昀拿主意，救自己的女儿，而使纪昀暗地通知卢家最后使他获罪戍边的事件后悔不已。纪昀走后她发了疯，得了精神病，天天痛苦自责，身本渐渐虚弱，待纪昀被召回京，她已奄奄一息了。

再者，就是一直跟随他在新疆吃苦受累的老仆施祥，如今纪昀好容易回到京城，受到皇上的重用，可他却不幸死去，纪昀更加伤痛。每当想起往昔之情，纪昀便顿感歉疚。

一天傍晚，纪昀和仆人张凯走上街头，信步闲走，忽然，看到前面不远处，有一个测字的年轻人。纪昀让张凯前去询问，因为纪昀发现这个年轻人并不像是一个街头卖艺的，而像一个进京赶考的落第秀才。纪昀对张凯嘱咐了一番。

张凯来到年轻人的摊前，询问起年轻人来。

年轻人答道：

"在下姓陶名澍，湖南人氏，是应试落榜的举人。由于银钱用完，没法回家，只好想出此种计策，挣点盘缠，等待下一科再考。"他接连地做了回答，脸上露出了羞怯的表情。

张凯突然大笑说："哈哈，果然不出我家老爷所料，既然如此，我家老爷叫我来问你现在是否有现成的文稿，拿给我瞧瞧。他是非常喜欢有才的人啊！"

陶澍急忙答应着："有的。"立刻从他的包袱里拿出一卷文稿，双手递给了张凯，道："拜托老兄交于你家老爷了。"

张凯说："那你明天在这儿等我的消息。"

张凯回到了纪昀的身边，把陶澍的那卷文稿，交给了纪昀。

纪昀马上开卷审阅起来。他看过陶澍的文章，特别欣赏，爱才之心，顿然而生。次日，他就叫张凯传陶澍来家谈话。

陶澍果然第二天等到了张凯送给的好消息，他怀着激动的心情，走进了纪府，见到了纪昀，立即跪拜："学生陶澍，叩见纪大人。"

纪昀见到陶澍，不由自主地笑着说："不必拘礼，快请坐！"

"谢纪大人。学生天生愚钝，还要向大人多多请教！"陶澍坐下，拘谨地

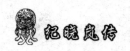

说着。

纪昀诚恳地给他提出意见："你的文章我仔细阅读过了，写得不错。美中不足是在用语方面，稍嫌堆砌，虚词用得太多，败伤文气，正文立意感觉肤浅，要多加思考才好。"

陶澍听后赶紧施礼致谢："是的！多谢大人指正！学生一定改正。"

思索了一下，纪昀真心坦诚地说："我看你就不要在街上摆摊测字了。我家还有多余的房间，你就过来住吧！这样可以免遭疾苦，专心地读书学习了。"

"啊！"陶澍吃惊地啊了一声，他怎么也没有料到纪昀会这样大度，一时竟想不出用什么语言来回答纪昀的话，结结巴巴地说："这……这……这使不得……"

纪昀见陶澍吞吞吐吐的样子，以为他有什么难言之隐，便接着问他："你还有什么感到不便吗？"

陶澍连忙回答："不不！多谢大人的好意，只是学生感觉咱们素不相识，有些受之不安啊！"

纪昀让陶澍不要有什么顾虑，并且更加耐心地说："你不要这样想。人谁不会遇到点困难，大家都互相扶持一下，也算不了什么。我当年也遭受过你这样的打击，心里知道那种滋味。你就不要多心了，尽早搬进来吧！"

陶澍见纪昀的态度十分诚恳，尽管自己还是有些过意不去，但还是听了纪昀的话。

当天陶澍就搬进了纪府。他从此不必再为生活忧虑，从不出门，昼夜苦读。纪昀有暇闲时间，也给他指点指点。日后陶澍果然有了出息，做过安徽巡抚及两江总督，著有《印心》《石屋》等文集。他自己终生不忘纪昀的知遇栽培的大德，称他为恩师，与纪家经常走动，亲如一家。纪昀后来离开了人世，他仍对纪氏后代不遗余力地爱护和扶植。

纪昀一生中，诚心诚意地帮助过很多受难的年轻人，这也表明了他爱才如渴、救才如痴的高尚品德。

正当纪昀门庭复兴、时来运转的时候，他的侍妾郭彩符，也就是郭氏终于大病不起，于壬辰三月三十日死去，这年她才三十七岁，纪昀十分伤感。他曾写下了如下的文字：

余在西域时，姬已病瘵，祈签关帝，问："尚能相见否？"得一签曰："喜鹊檐前报好音，知君千里有归心；绣帏重结鸳鸯带，叶落霜雕寒色侵。"谓余即当以秋冬归，意甚喜。时门人邱二田在寓，闻之，曰："见则必见，然末句非吉语也。"后余辛卯六月还，姬病良已。至九月，忽转剧，日渐沉绵，遂以不起。殁后，晒其遗箧，余感赋二诗，曰：

> 凤花还点旧罗衣，惆怅酴醿片片飞；
> 恰记香山居士语，春随樊素一时归。
> 百折裙湘占画栏，临风还忆步珊珊；
> 明知神谶曾先定，终惜芙蓉不耐寒。

就在纪昀为儿子、侍妾、老仆人施祥这些家室的亡故感到悲伤之际，一项浩瀚的文事工程也摆到他的面前。

2. 征集遗书

乾隆三十七年正月初四，为了编修《四库全书》，乾隆皇帝下旨命令各省督抚及各个学校寻访搜求遗书。这年十月，正式开办四库全书馆，主要由翰林院司职其事，大学士提名由纪昀充任总纂修官，随后又上奏，四库全书浩瀚广博，综核斟酌，以免出现差错，荐举纪昀与陆锡熊为四库全书总纂官。陆锡熊，字健男，号耳山，江苏上海人。乾隆二十六年进士，从此以后，纪昀与陆锡熊互相配合，合作默契。最后还增加了总纂官孙士毅。

纪昀自从与陆锡熊成为搭挡，两人常在一起，交游甚笃。一日无事闲谈，陆锡熊说："近日郊游，饮马四眼井，回舍三思，这'饮马四眼井'怎样对下句？"纪昀稍加思考笑着答道："那就以阁下来对吧，'驮人陆耳山'。"在这里把陆锡熊比作马，开个玩笑。纪昀说罢，两人哈哈大笑。

乾隆三十八年，安徽提督学政的朱筠给皇上上奏说："前明《永乐大典》一书，编织罗列。请选择其中的若干编，分门别类进行缮写，以备著录。"乾隆批审后马上交给军机处复议，并在二月六日作了谕示：

> 昨据军机大臣议复朱筠条奏，内将《永乐大典》择取缮写，各自为书一节，议请分派各写修书翰林等官，前往检查。恐责成不专，徒致岁月之稽，汗青无日。盖此书移贮年深，既多残缺，又原编体例系分韵类次，先已割裂全书，首尾难期贯串。特因当时采摭甚博，其中或有古书善本，世不恒见。今就各门汇订，可以凑成部者，亦足广名山石室之藏。着即派军机大臣为总裁官，仍于翰林等官内选定员数，责令及时专司查校，将原书详细检阅，并将图书成编者，先行摘开目录，奏闻，朕裁定。

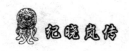

乾隆三十八年二月十一日，乾隆皇帝为朱筠条奏校核《永乐大典》一折，又发谕示，这样校对查核《永乐大典》和编纂《四库全书》，成为一项空前巨大的系列工程。

当年当月的二十八日皇帝又谕示：

> 现在查办《四库全书》之翰林等官，着照武英殿修书处之例，给予饭食。即交福隆安派员经理。钦此。

从以上的谕示可以看出乾隆皇帝对编纂《四库全书》是何等重视，这也说明了，这位满族的皇帝对我们中国汉族封建文化研究的精深度，不但超过康熙皇帝，也超过了清代以前的许多皇帝。他深知学术文化与安邦立业的利害关系，大力提倡和推进对学术文化的整理与研究，并以此当作巩固清帝国统治的工具。治学方面，他提倡重史实、资料和证据，反对没有证据的大谈空论。为此，他多次下谕搜集藏书，编撰图书资料，其规模形势，前无古人。编纂《四库全书》是最为突出、最为显著的一例。

纪昀和陆锡熊合作得非常融洽，纂辑迅速有序，乾隆三十八年八月谕示：

> 办理《四库全书》处，将《永乐大典》内检出各书，陆续进呈，朕亲加批阅，间予题评。见其考订分排，俱有条理，而撰述提要，粲然可观，则成于纪昀、陆锡熊之手。二人学问本优，校书亦极勤勉。纪昀曾任学士，陆锡熊见任郎中，均着授为翰林院侍读。

这已是乾隆皇帝对编纂《四库全书》的第四次谕示了，他不但要对谕示"亲加批阅"，还要"间予题评"，可见皇帝对编纂《四库全书》和修改《永乐大典》是何等的重视；更为重要的是，皇帝还一直监督纪昀和陆锡熊等具体完成这项工作的人员。

四库全书馆成立后，在乾隆皇帝的重视和倡导下，在全国范围内，开展了规模宏大的搜集、整理、编印图书的活动。紧接着又下诏求得一万三千五百多部遗书。

四库全书馆是一个庞大的机构，正总裁官是由皇室郡王皇子和大学士十六人担任，朝廷中的六部尚书和侍郎十几人为副总纂官，但都是由纪昀、陆锡熊、孙士毅三个总纂官负责具体工作，其中纪昀为主力。

全书馆又在总纂官之下，有三百六十多人任编纂，一些著名的史学者如戴震、邵晋涵、王念孙、朱筠、任大椿、翁方钢、姚鼐等都是编纂，总共有四千三百多人参与了这项世界罕见且绝无仅有的文事工程，设"总阅""总纂""总校""提调""缮书"各处，分开在翰林院和武英殿展开工作。

《四库全书》的编纂，是乾隆年间的一项盛大举措。其实它就是对中国自古以来所有的各类书籍进行校复，厘其应刊、应抄、应存，依照经、史、子、集，分门别类，进行编排。

纪昀编纂《四库全书》，十分认真，特别是他整天坐在书馆，博览群书，寻章逐句，非常辛苦。但这项工作也是纪昀一生在文学方面的重大成绩，二百卷提要，整整编写了八年，历时十三年，才全部完成。

乾隆皇帝担心自己在离开这个世界之前看不到《四库全书》的完成，他又下召传谕摘编四部要集，编写《四库全书荟要》，并把《荟要》分别抄写两套，一套贮藏在紫禁城内的擒藻堂，一套贮藏在长春园味腴书屋，每套书的内容四百七十三种，每套装订成一万一千一百五十册。

大学士刘统勋可谓称得上是四库全书馆的奠基人，从乾隆三十八年闰三月刘统勋担任《四库全书》总裁以来，就极力加强编纂力量，加大编纂力度把陆锡熊增补为总纂官。刘统勋为人正直，刚直不阿，敢言敢说，爱才如命，厘剔奸弊，奖掖后进。为选择编纂《四库全书》之人，他敢于打破过去的条条框框，没有真才实学他一律不采用，用现在流行的话说就是改革人事制度，有一段表扬刘统勋的话：

"乾隆中，上特开四库全书馆，延置群儒，刘文正公荐邵学士晋涵，于文襄公荐余学士集、周编修永年、戴东原检讨震于朝。上特授邵等三人编修，戴为庶吉士，皆监修四库书馆，时人谓之'四布衣'云。"

乾隆三十八年，刘统勋的主要职务是东阁大学士，兼任官职是兵、礼两部。刘统勋终因劳累过度，积劳成疾，于同年十一月病死，享年七十五岁。纪昀得知恩师病逝的消息后，心情十分沉重，悲痛欲绝，他为恩师郑重其事地写了一副挽联：

> 岱色苍茫众山小，天容惨淡大星沉。

别人议论，此挽联语气重称，不是刘文正公不可以用此挽联，只有刘统勋当之无愧。

乾隆三十八年五月，乾隆皇帝又一次发布上谕：

……方今文治光昭，典籍大备，恐各山石室，储蓄尚多。用是广为搜罗，俾无遗佚，冀以阐微补缺。所有进到各遗书，并交总裁等，同《永乐大典》内现有各种详加核勘，分别刊抄。择其中罕见之书，有益于世道人心者，寿之梨枣，以广流传。余则选派誊录，汇缮成编，陈之册府。其中有俚浅谈谬者，止存书名，汇为总目，以彰右文之盛。以采择《四库全书》本旨也……所有各家进到之书，俟校办完竣日，仍行给还原献之家……钦此。

乾隆皇帝的这次谕示一下，全国上下一片沸腾。城乡到处用布告的形式张贴皇上的谕示，一张张布告下都挤满了人，识字的就小声地念，不认字的侧耳听。农村里大多用敲锣来宣传，保丁边敲边呼喊着："乡亲们听着，皇上开办了四库全书馆，征集藏书了，家里只要有的，不论是破了的，耗子啃的，都不碍事。谁家要有，全送到里正家去，谁献的书多谁得的奖赏就多！"

这时有三艘载满书籍的大木船，平稳地在运河中航行着，顺流北上，在最前面的船的船头上，站着安徽学政朱筠。在这一次校核《永乐大典》与征集遗书上，他给皇上的奏谏多、出力和贡献最大。现在他正从三江满载而归，满脸笑容，陶醉在运河两岸绮丽的风光里。

在北京的圆明园，停满了满载书籍的大小车辆，收掌官正埋头提笔登记造册，差役们手抬肩扛，忙得热火朝天。他们将成箱成捆的书籍，搬运到临时书库内。纪昀、陆锡熊有条不紊地指挥着编修人员，将打捆装箱的图书分门别类地一本本地分配到经、史、子、集四库。

纪昀不仅要忙于编修书籍，同时他还要抽出一定时间陪伴皇上。当御花园鲜花盛开之际，纪昀伴着乾隆皇帝信步走着，他随时要将编修图书的近况汇报皇上。

有时，在圆明园中的勤政殿，皇帝高坐宝座，大臣们侍立两侧，他传下口谕："编纂《四库全书》，工程实属浩繁，现在从民间征集的遗书卷册又必须多派大臣参与这件事。大学士刘统勋已经病逝，除加派永瑢、永璇、永瑆三皇子之外，另外再派刘纶、于敏中、福隆安、王际华、裴曰修担任正总裁。"

乾隆继续下着旨意："再派张若桂、曹秀先、李友堂充任副总裁。"

此外，乾隆还宣布："原派纂修三十人，再增派十人。郎中姚鼐，主事程进芳、任大椿，进士余集，学士翁方纲，学政汪如藻，侍读邵晋涵、周永军、戴震、杨昌霖等，他们对于古书渊源，都能进行细致的检查与考证。"

在用人的调配上，也能看出乾隆皇帝对《四库全书》的编纂工作是多么的重视和抓紧了。

在圆明园贮书库中，征集的图书堆积得如丘如山，确实是库盈室满，令人颇为欣慰。乾隆皇帝见了此景，心情十分高兴，遂下令嘉奖献书大户。

乾隆三十九年五月上谕：

> ……旋据各省陆续奏进，而江浙两省藏书家呈献种数尤多。廷臣中亦有纷纷奏进者。因命词臣分别校勘应刊应录，以广流传。其进书百种以上者，并命择其中精醇之本，进呈乙览，朕几余亲为评咏，题识简端。复命将进到各书，于篇首用翰林院印，并加铃记，载明年月姓名于书面页。俟将来办竣后，仍给还各本家，自行收藏。……今阅进到各家书目，其最多者，如浙江之鲍士恭、范懋柱、汪启淑、两淮之马裕四家，为数至五六七百种，皆其累世所藏，子孙克守其业，其可嘉尚……著赏《古今图书集成》各一部，以为好古之劝。又如进呈一百种以上之江苏周厚育、蒋曾莹。浙江吴玉墀、孙仲曾、汪汝栗，以及朝绅黄登贤、纪昀、励守谦、汪如藻等，亦俱藏书旧家。并著每人赏给内府初印之《佩文韵府》各一部，俾以珍为世宝，以示嘉奖，……钦此。

皇帝的这次谕示，明确列出能够得到奖赏的献书大户名单，从这个名单中，也清楚地写着纪昀的名字，这也说明了纪昀也是非常支持这件事的。

有一天傍晚，纪昀陪着皇帝在圆明园中散步，霞光四射，他们在夕阳的晚霞中踱来踱去。

乾隆皇帝与纪昀肩并肩地走着，愉快地问纪昀：

"纪爱卿，朕给你修补的旧居，还可以吗？"

一提此事，纪昀的心里总有一种说不出的味道，一股暖流涌上了心头。戴罪戍边去新疆，当时他不知自己要在那人烟稀少的地方待多长时间，所以他只好把京城的宅院典当出去，把家眷送回老家崔尔庄，托咐给他同父异母的大哥纪晫供养。纪晫要比纪昀大十八岁，为人忠厚老实，自幼对纪昀亲如一人，以致使纪昀好久都没感觉到他俩不是一个母亲所生。纪昀发配乌鲁木齐三年，回京后他一贫如洗，没有能力将京城的老宅赎回，只好借住在朋友家或是租赁房屋住。乾隆皇帝得知此事后，便谕令内务府专门派人将纪昀的旧宅赎回，然后进行整修。现在听到皇上问起这件事，纪昀的心里怎能不激动呢！他深有感触地说：

"皇上破费这么多的银两，为臣赎回和修缮旧宅，臣不知道怎样回报皇上的恩德。"

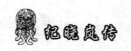

乾隆皇帝赶紧说："哎！哪里，爱卿不正在报效朕，替朕给朝廷做一件让世人都感到震惊的大事吗？这不就是最好的回报吗？哈哈……"他接着又说："现在你们编写的《四库全书总目》，卷帙太多，查阅起来仍不方便。你们是否再编一《简明目录》，在收书范围和提要详略两方面都不同与《四库全书总目》，主要古籍附以提要，内容简明扼要，纪卿以为怎么样？"

这实际上是乾隆皇帝又给纪昀新增派了一项重任。纪昀连忙回答说："皇上的建议非常英明，臣等按照圣上的意思，边编总目，边删除章节提要，不录存目，书名就叫《四库全书简明目录》。此书与《总目》有关，但不同于它的简本。"

皇帝听了纪昀的回答，满意地点了点头。

通过修缮，纪昀在虎坊桥的老宅院，已焕然一新。经过装修后的大门楼，放着异彩。走进那四合院，坐南朝北五间的宫殿式正房，还有东西厢房，门窗檐厦，都刷新一遍。

院子中的假山，新增一块"兔儿山"巨石，上面还有纪昀新雕刻的"孤石"二字，两边新栽植虞美人数丛。山前还有一泓清水池，金鱼在里面游来游去。

宽阔的后院，又新盖了几间瓦房，原来两手粗细的那棵青桐，现在已长成粗细如水桶般，耸峙高拔，枝叶茂盛，密不透日。

纪昀搬进刚装修后的老宅，不用再租赁房屋或在朋友家借住，自然是欣喜异常。复职后俸禄照发，家庭生活也有所改善。到此，生活才算走上正轨。

乾隆三十九年十月，纪昀次子汝传在担任九江府通判时，因渎职拖欠赋税而犯法。纪昀以子不教父之过受谴责，吏部决定将纪昀降职调任，乾隆皇帝知道后又改判为降三级留任。

乾隆四十年，纪昀因儿子株连刚受到降级的处罚，所以在吏部请示皇帝授予翰林院侍读学士的名单中没发现有纪昀。皇帝认为，纪昀在编纂《四库全书》时尽心尽责，竭尽全力，还应该将纪昀列入侍读学士的名单中。

这样纪昀又一次得到乾隆皇帝的开恩提拔，可见皇帝是多么重用和爱护纪昀。

乾隆四十一年正月，纪昀被提拔为侍读学士，担任文渊阁直阁事。同年九月，再次担任日讲起居注官。

纪昀自从接到皇上的命令编纂《四库全书》以来，殚思极虑，赤诚忠心，唯恐辜负乾隆的宠信。纪昀自己也深知与皇上的这种交往比一般人要荣幸得多，它的意义非同寻常。为了感激皇恩，因此他几乎天天坐守书城，手不停拨，有时竟整日不归。

这次大规模的采征遗书，主要是江苏、浙江、安徽、江西各省征集的较多，其次是京城一些官吏家的书。征集工作非常顺利，唯独没有听到京城中各王府交书，如当时怡亲王府藏书颇丰。有元刻本《中庵先生刘文简公文集》没有交出，后来只好从《永乐大典》中辑之。

巨书自从清兵入关以来，并没有发现过整套的《永乐大典》，康熙皇帝曾经多方寻找，始终没有找到。为编纂《四库全书》，乾隆皇帝下定决心把它征集。给纪昀作为总纂，当然更是希望尽早能够得到它。

一天，翰林朱竹坨与纪昀开玩笑说："看来《永乐大典》可能是李自成攻占北京时被垫了马蹄子了！"

庚辰探花王文治，看上去是一本正经地向纪昀建议："事情已到现在，我看你不妨戒肉三天，祈求神灵保佑，也许会有奇迹发生。"

这建议也是王文治与纪昀开玩笑。让这位以肉为主食的纪昀斋戒三日，那简直是一种惩罚。但没有想到，纪昀却认真地说："如果能找到《永乐大典》，三天不吃肉还不是小事，事关忠诚，说话难道是儿戏？！"

纪昀果然斋戒了三天。说也奇怪，就在纪昀斋戒的第二天，宫中的小太监在内廷的"敬一亭"的顶架上，终于找到了尘封三百多年的《永乐大典》。

《永乐大典》的复出，震动了紫禁城，震动了乾隆皇帝，皇帝亲自到"敬一亭"来看刚找出的《永乐大典》，并且还赏赐了这位找书的小太监，通知人将书运往圆明园《四库全书》编纂处。

《四库全书》是按照经、史、子、集四部编写而成，它是将中国两千多年的典籍进行归纳分类，当然是一项非常庞大而繁琐的工作。

经部分十类，包括十三经、四书、古乐、文字学，还有解释经书的著述。

史部分十五类，主要包括各种体裁的史诗，如纪传体、编年体、纪事本末体史籍，也包括地理著作、政治、目录书。

子部分十四类，这一部分收入的书的内容杂、范、广。既有哲学方面的，也包括数学、天文、生物、医学、农学、军事、艺术、宗教、笔记小说和类书，并且还有带有迷信色彩的术学、占候、占卜、相宅相墓、命运相书等。

集部分五类，收集了历代作家一人或多人的文集，大家统称为别集和文集。集部中除收录历代作家的文学作品以外，也有评论、诗、文、词、曲的著作，虽然是以文学为主，但不只是文学。

在纂修《四库全书》的过程中，对收集到《四库全书》中的书籍和一些没有收进到《四库全书》的书籍，全都分别进行编写提要。后来把这些提要再分类编排，编成一部书目，这就是《四库全书总目》，也称《四库全书总

目提要》。这部书现今都是署名"清永瑢等撰",其实是纪昀辛辛苦苦劳动的结果。

《四库全书总目》总共二百卷,著录书籍达万余种,其中包括上面所提及的那些没有销毁掉而又"无碍"的书籍,也就是现存有但没有收进到《四库全书》的书籍共六千余种,附在每类的后面,称为"存目"。这部存目所记录的,可谓是从先秦到清初尚流传在世的绝大部分书籍。于每部书籍均注明来源出处:有采进本,比如《周易注》十卷,是浙江巡抚采进本;内府本,比如《周易集解》十七卷,内府藏本;敕选本,比如《钦定大清会典》一百卷,乾隆二十九年奉敕撰;进献本,比如《读易考源》一卷,两淮马裕家藏本;永乐大典本,比如《易象意言》一卷,永乐大典本;通行本,比如《吴子》一卷,通行本。每部书籍都附有简明提要,为读者了解古籍的编纂过程、著作内容及其优劣得失、文字的异同、版本的渊源和流传,还有作者生平事迹等,这一切都提供了极有价值的参考资料。可以说这是纪昀终生的力作,在有清一代,被誉为:"大而经史子集,以及医卜辞曲之类,其评论抉奥阐阅,洞明理正,识力在王仲宝、阮孝绪以上,可谓通儒矣!"

《四库全书总目》初稿完成以后,由于卷帙浩繁,检阅起来十分不方便,纪昀等对提要又进行了删削提要,不录存目,在乾隆四十七年又编成《四库全书简明目录》二十卷,和《总目》可以相互配合使用。

清代乾隆皇帝下令编纂《四库全书》,美其名曰"稽古右文",事实上是有"寓禁于征"之含意。根据近人陈乃乾在《禁书总录》中统计,清王朝在征集天下书籍的过程中,也毁掉了书籍近三千种。这次纂修典籍的同时,也使中国文化遭受一次空前的浩劫。鲁迅曾经说:"清人纂修《四库全书》,而古书亡。"尽管如此,但它毕竟编出了一部浩瀚的大型丛书,保存与辑存了一大批古籍。后世有许多佚书都是从《四库全书》中辑出的。当然,乾隆皇帝的目的是巩固清王朝的统治,利用与网罗大批知识分子编纂《四库全书》,以表示清王朝尊重汉族文化,这样做也是为了减少反抗因素,使这些人把全部精力都投入汉文化的研究中去。有些人为了逃避政治灾难,也便甘心情愿地投入编纂研究活动当中去。

乾隆皇帝一直对编纂《四库全书》这一浩繁事情抓得很紧。一天,他在紫禁城养心殿御书房召见《四库全书》的总纂官纪昀、陆锡熊,了解有关《四库全书》的纂修事宜。

皇帝说:"编纂《四库全书》这一重任,全指望二位总纂官代联辛苦了。六阿哥、八阿哥、十一阿哥他们的汉学功底薄弱,你们应该经常和他们商议才是。"

纪昀和陆锡熊一块跪禀:"臣等自从担当此重任以来,提心吊胆,宵衣旰食,唯恐难报知遇之恩。臣等愿尽心尽力，不辞劳苦。谨遵圣命！"

乾隆皇帝抬了抬手说："二位爱卿起来就是了，起来讲话！"

纪昀和陆锡熊站立而起。

乾隆皇帝直接了当地问："编纂成册，还有什么有关事宜要与朕商议吗？"

纪昀忙说："臣想，原书大小长短规格都不统一，编纂成册之后，如果全部装订成册，不仅费时费功，而且费用太贵。依臣之见，是否改用手抄，一是有利于修改原书中的错误，再就是能统一书的大小。请皇上明示！"

乾隆皇帝想了一会儿后，点了点头，便问："这样抄写，需要多长时间？"

纪昀马上作出回答："臣初步做了估计，按每人每天抄一千字计算，扣出领书、交书的时间，每人每年可抄三十万字。"

"好！"皇上兴奋地一拍桌案，"朕立马下旨，选派一些懂书法的举人、贡生、监生，进行抄写。"继而告诉肖德录："说给福隆安，所有纸绢装璜武英殿承办，还有监制各方面的事，着添派金简一同经营。书册不必再增加外函，以免浆气导致书虫。"

陆锡熊又接着建议："圣上，臣想《四库全书》卷册数量太多，经、史、子、集四类，如果用不同颜色封面装帧，难道还不便于翻阅？请皇上谕示！"

乾隆说："容朕略思。"停了一会儿，他就想了个主意："嗯！是否是用代表四季的颜色来表示书的类别，经类的书占居群籍之首，好比新春伊始，应用绿色表示；史部著作包括的面宽、广，如火之夏，应用红色；子部采撷百家文学，如同秋收，白色最好；集部文稿荟萃，好似冬藏，黑色最为适宜。绿、红、白、黑，经、史、子、集，哈哈……"

这次，乾隆高兴之余便提笔写下几行诗句：

> 浩如虑其迷五色，挈领提纲分四季。
>
> 经诚元矣标以青，史哉享哉赤之类。
>
> 子肖秋收白也宜；集乃冬藏黑其位。

这样的诗句，出自皇帝之手，实在不敢恭维，但纪昀、陆锡熊为了得到皇上的重信，还只得奉承地说："圣上的主意甚好，就根据这四种颜色规定《四库全书》的四类书的封皮颜色吧！"

《四库全书》所存放的七阁，现还残存着，文澜阁的是按照绿、红、白、黑四种颜色装帧的，同皇上的意见一致；而文津、文渊、文溯三阁却为绿、红、蓝、灰。这究竟是何原因，无处可查。

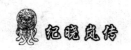

乾隆四十一年的夏天，盛夏酷暑，烈日当头，在《四库全书》的总纂处圆明园里，低矮的房屋闷热异常，没有一丝凉风，远处蝉声噪鸣，更增加郁热的感觉。

四库全书馆到处忙个不停。纪昀、陆锡熊等一千人，热得汗流浃背，汗水不时流到他们书写的桌案上。

陆锡熊放下手中的笔擦了擦汗，发现一旁的纪昀嘴上叼着旱烟袋，皱着眉头说道："我的纪大人，老天爷，你的那个小锅灶就少放点热气吧！"

纪昀拿起毛巾擦了擦汗说："笑话，烟也能放热？"

陆锡熊笑着说："烟火，烟火！吸烟就有火气，怎么不放热？"

"好好好，在下不吸就是了。"纪昀磕去烟灰，收起烟袋眯着眼望着窗外，"老天爷也给对着干，一点风也没有！"

总纂处的人们忙碌着，汗水把衣服浸湿了半截子，可是在这种场合下，谁也不敢光膀子、脱衣服。

纪昀太胖，汗水不停地向脖子流。突然，他把笔一撂，把衣衫和长裤都脱了。

陆锡熊一看，忍不住哈哈大笑起来。

纪昀看看自己裸露的样子，也嘻嘻地笑起来，他对陆锡熊说："有什么可笑的？可凉快哩，你也赶紧脱吧！"

陆锡熊笑着指着纪昀那肥大的肚皮说："老兄，……你好胖哟……"

这时，馆外忽然传来一声呼喊："皇上驾到……"

馆内的人顿时变得惊慌失措。

陆锡熊对纪昀说："快，快穿衣服！"

纪昀已来不及穿衣服，便猫腰钻到案桌下，对陆锡熊说："赶快用桌帷子给我遮住。"

陆锡熊和刘墉放下桌帷子用图书堆过去，将纪昀遮挡在里边。

就在这时，乾隆皇帝由管事太监引着推门进屋了。

陆锡熊和刘墉等大臣，立刻跪地接驾，高呼："恭祝皇上圣安！"

乾隆皇帝进屋一瞧，发现纪昀的椅子上没有人，上面却堆着衣服，皇帝朝四周扫视了一下，便把眼睛落在纪昀的桌案下，他明白这是纪昀在耍鬼点子，便给随行的总裁官和肖德录摆摆手，示意他们不要说话，弯腰坐在纪昀位子上，随手从桌上拿起纪昀编的《四库全书总目》的稿子，翻阅起来。藏在桌子下面的纪昀，窝憋着肥胖的身体，热得大汗淋漓，喘不过气来。

屋里鸦雀无声，一片寂静。所有在场的官员，有的咬着嘴唇，有的以手遮面，不敢笑出声来，有的却为纪昀捏着一把汗。

陆锡熊偷偷地瞧瞧皇帝，若无其事的乾隆还在看着手里的稿子："《左传附注》五卷，浙江延抚采进本，明陆粲撰。粲字子余，长州人，嘉靖丙戌进士，官至工科给事中，以劾张璁、桂萼、谪都镇驿驿丞，终于永新县知事。事迹具《明史》本传……"

纪昀在桌子下，热得几乎窒息了。陆锡熊、刘墉看看皇上根本没有离开的迹象，心里特别着急，害怕皇上怪罪下来。

乾隆皇帝慢慢地放下稿本，说了声："走吧，你们不要动！"摆摆手示意随从先走，自己又悄无声息地坐下来。

纪昀蹲在桌底下，听听没了动静，以为皇上可能出屋，便深深地喘了一口气，把脑袋伸到桌子外面看了看。他眼睛近视，没有看清皇上正坐在自己的椅子上，就探头说道："唉呀，老头子可走了，快把我热死了！"

乾隆皇帝一听纪昀说的话，有些恼怒地说："嗯？纪昀是如何称朕的，休得无礼。"

纪昀慌忙从桌子底下爬出来，满身的汗似从澡堂出来一样，他头也不抬，匍匐在地上，急忙说："臣知罪，臣罪该万死！"

陆锡熊、刘墉的心都悬了起来。

乾隆皇帝不高兴地说："朕事先没通知就来，你们裸露见朕，朕不会怪罪你们。现在你竟敢称朕为老头子。"啪地一拍桌子，厉声说道："是何道理?!"

其他大臣屏心息气，个个目瞪口呆。

纪昀的眼珠转了几下，立刻镇静地答道：

"皇上息怒！臣称老头子，确实是对皇上的尊称啊！"

乾隆皇帝迷惑不解地问："什么?"

满屋子的人也都困惑不解。

纪昀反倒从容地说："皇上允许臣下详细解说。老头子，是京城的百姓对皇上通俗的尊称，并不是臣胡编乱造的。一般百姓称皇帝为万岁爷，难道爷还不老吗？皇帝又在万民之上，难道不是头？皇帝是天子，所以称子。这三个字，除了皇上，别人谁敢享用呀？"

纪昀这一番话，反而让皇上无可奈何地笑了，皇上接着说："人们称李太白为妙笔生花，现在朕看，你可叫妙舌生花了！"

纪昀叩头接连说："皇上过奖，皇上过奖！"

乾隆皇帝看着纪昀淌满汗水的肥胖的身躯说："快起来吧！"

"谢圣上开恩！"纪昀边起身边回答，急忙拿衣服穿上。

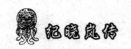

乾隆看着这位滑稽、可笑的爱卿，笑着离开了屋子，陆锡熊等皇上离开后，便用手点着纪昀的头说："你呀，快把人吓死啦！"

纪昀擦着身上的汗水，嘿嘿笑着说："对不起，让各位担惊受怕了，我这也是将计就计。"

又有一次，纪昀陪伴乾隆皇帝游览一座佛寺。君臣看见一尊大佛，是弥勒佛，特别有风趣，端正大方，袒胸露腹，憨笑可人。乾隆皇帝一看，觉得十分有趣。然后他把目光移到纪昀身上，心想：纪昀才思敏捷，现在利用时机难他一下，看他如何解答。于是，乾隆皇帝便用手一指佛像道："纪爱卿，此佛为什么见朕就发笑？"

纪昀心想乾隆皇帝提的这个问题刁钻。佛像本来就是塑的，见谁都是一个样子，如果这样答复，皇帝肯定不满意，若换一个答法，谈何容易？只见纪昀稍作镇定，从容答道："这是佛见佛笑。"

乾隆皇帝问道："此话怎讲？"

纪昀马上回答："皇上是当今活佛。今天又来佛寺拜佛，因此说佛见佛笑。"

乾隆皇帝听后，心中暗自称赞。但他转而又问："那佛见你也笑，又是何原因呢？"

乾隆皇帝是想用问题难住纪昀，纪昀听了皇上这一刁钻的提问，心中也不由一怔，但随即答道："皇上，佛见我笑，是笑我不能成佛。"

乾隆皇帝听后哈哈大笑，又一次领会纪昀的聪明伶俐，于是便称赞道："纪爱卿才思敏捷，能言善辩，确实是朕的一个良臣！"

纪昀得到了皇上当面夸奖，当然心里也暗自庆幸。

纪昀在官场摸爬滚打了二十多年，他已把大清帝国皇帝的安邦治国的策略了解得一透二彻。他知道到大清帝国在巩固了全国统治地位后，已由镇压武装反抗转向利用思想统治，对涉及损害清朝的言论思想，立刻加以取缔和镇压。大清帝国从康熙年间开始，就用"文字狱"镇压了一批对清朝统治不满的文士。到乾隆年间，文字高压政策更加严密，告密的人接连不断，"文字狱"不断出现。

乾隆十八年，江西秀才刘震宇新著《治平新第》一书，刘震宇称此书曾获江西巡抚塞楞额批阅和奖励，于是就刊印发行。乾隆皇帝看到此书后，翻阅时发觉"其书内更易衣服制度等条"，不符合大清制度，认为这是刘震宇"仍敢逞其狂诞，妄訾国家定制，居心实为悖逆"，就下令把刘震宇处死。

乾隆二十年，内阁学士胡中藻，因写诗文与自己的政敌张廷玉互相攻击，而得罪皇上。胡中藻的诗集名为《坚磨生诗抄》，乾隆皇帝认为"坚磨"来自《鲁论》，孔子认为磨涅是春秋晚期在鲁国叛上作乱的家臣佛肸，"胡中藻以此自号，居心何在?"诗中有"一把心肠论浊清",乾隆认为,"加浊字于国号之上,是何肺腑?"胡中藻写的诗集中有"乾三爻不象龙说"句子,乾隆皇帝认为胡中藻有意嘲笑他不配做皇帝,于是下旨将胡中藻处死。

乾隆二十二年,河南布政司彭家屏和秀才段昌绪,因他俩家中都藏有吴三桂发动叛乱的"檄文",以及一些明末野史《潞河记闻》《日本乞师》《豫变记略》和抄本《酌中志》《南迁录》。这些书和"檄文",乾隆皇帝认为都有诬蔑、攻击、反对清朝的内容,都是一些禁书,所以他俩都被处决了。

乾隆皇帝大兴"文字狱",陷害了相当一批宣传反清的汉族文士,其中有些人也并无意反清,只不过是因为用字不当或在一些语言上不加注意而获了罪。这一做法,事实上就是实行文化专制主义,让文人的精神处在恐惧状态中。

纪昀就是生活在这样的社会环境中,他要使自己活得像模像样,就只得这样办,讨好、奉承统治者。纪昀向皇帝呈送的"谢恩折子",每次都自称"燕南下士,河北庸才",直到他晚年,向嘉庆皇帝还谦卑地称"受两朝知遇"大恩。难怪鲁迅先生称纪昀是"前清的世故老人",是有一定道理的。

表面上看,纪昀豁达开朗、乐观向上,对周围的人和事都能左右逢源,但实际上他的处境仍然是十分艰难的。

在四库全书馆,纪昀虽然是首屈一指的总纂官,但是在他上面还有二十几名正副总裁官,乾隆皇帝还在一旁横加干涉,不断下发谕示,一部书稿完成之后,还要逐层交皇帝批阅,编纂人便忧心忡忡地等待皇上的御批。据说一部书完成之后交皇上御览时,故意在开卷首页留下一两处较为明显的错误,以便御览时易于发现改正。这样做的目的是满足皇上感觉自己的学问比任何人都高的心理,这也叫"钦定"。然而皇帝又哪里有如此多的时间"钦定",于是便"合法"地留下来了。乾隆皇帝对《四库全书》的评论也有该书"草率讹谬,比比皆是"的话。作为总纂官,对于这种事情,怎么会不左右为难呢?

为此,乾隆四十一年七月二十六日、九月三十日、十一月十七日,皇帝三次对编纂《四库全书》的工作做过干预、谕示。乾隆皇帝对编纂《四库全书》督察十分严,特别是谕示书中篡改之处特别多,例如:凡是"胡"改为"金","虏廷"改为"北廷","虏"改为"敌","入寇"改为"入塞","贼"改为"人","南寇"改为"南侵",等等,不一而足。据说,乾隆皇帝编纂《四库全书》用手抄,而不用刻本,主要是为了便于篡改史籍,这个说法有一定的道理。在编纂过程当中,负责校勘的许多官员,都遭受过处分。就连纪昀在"乾隆四十二年馆臣校书错误应议,昀特旨免"。尽管得到免议,作为总纂,他的心情也是不会太轻松的。

乾隆四十二年十月二十九日,乾隆皇帝颁赐四库全书馆诸臣哈密瓜,全馆上

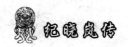

下，联句讴歌，视为无尚荣耀。纪昀特地为《恩赐〈四库全书〉馆哈密瓜联句恭纪一百五十四韵》作序说："此日分尝，真作逢春之草，恩通常格。"

就在乾隆皇帝赏瓜后不几天，当年十一月，新昌举人王锡侯，因为参与考证《康熙字典》，另外写了一部书《字贯》，书里面有一些污辱圣祖的言语而获罪被处死。

总之，乾隆皇帝对待当时的文士，恩威兼施，把好多人推到四库全书馆，做编纂，搞"学问"，发扬汉族传统文化，让他们在书海中消磨人生。稍有逾越者，便利用杀一儆百的手段，示意他们必须俯首贴耳，做清朝文人。

乾隆四十二年的冬天，戴震去逝。戴震是安徽休宁人，自幼家境贫苦，他主要以教书为生。著名文字训诂经学家段玉裁，曾师从于戴震，纪昀与戴震为挚友，他的长子汝洁、次子汝传，都跟随戴震学习。戴震的性格非常耿直，二十八岁才补为秀才，而学业日益渐长。乾隆二十七年参加乡试，在乾隆三十八年，皇上下诏开办四库全书馆，征集国内博学之才。这时戴震被征入四库全书馆担任编校，刘统勋推荐戴震担任纂修，大家称他为布衣。在四库全书馆工作期间，他勤勤恳恳，日夜工作，一年四季没有闲暇。他新进的图书，每次都精心审检，他所编校的《礼记》《水经注》，见解更为精到。

戴震治学严谨，推崇汉学。戴震认为，古训明则古经明，古经明则圣人贤人的精神大放光明。治学精到诚实，让人佩服，研究学问也至精至极，一丝不苟。他曾为《考工记》一书作图，而后纪昀为他的《考工记图》作了序。在哲学思想方面，戴震可以称得上是 18 世纪的唯物主义思想家。他著有《孟子字义疏证》一书，借疏证孟子学说来阐发自己的政治观点和哲学思想，揭露和批判了唯心主义理学。他认为"人的正当欲望和要求是合理的，有欲的人不能说是有私，那些口头讲'无私无欲''去欲'和'灭欲'者，恰恰是以此来实现其最大的'私'"。对理学进行了残酷无情的批判！我们从纪昀的《阅微草堂笔记》中亦可以看出，在这一问题上，他们的立场是完全一致的。不仅如此，他们二人的友谊也极其深厚，如今戴震不幸辞世，纪昀十分悲痛，他为戴震的去世作有致悼二绝句：

其一

披肝露胆两无疑，情话分明忆旧时；
宦海沉浮头欲白，更无人似叱公痴。

其二

六经训诂情谁明，偶展遗书百感生；

挥尘清谈王辅嗣，似闻颇薄郑康成。

戴震的死，对纪昀的打击非常大，无论于私于公都不同一般。戴震在编纂《四库全书》中负责经部，由于他儒学功底扎实，又大力推尊汉学，学识造诣已达到炉火纯青，看待问题常常有独到之处，其见地常常令大才子纪昀另眼看待。

提起四库全书馆内偌大的编纂人群来，真可谓是群英荟萃，统领他们谈何容易，四库全书馆能够如此安稳地善始善终，这不得不归功于纪昀的组织才能。在当时馆内，汉学家占据大多数，这是明末清初大儒顾炎武所开创的学派，其宗旨是推尊汉儒学说，力主研究古代典籍应从文字、音韵、训诂开始，尤长于考据、校勘、辑逸、辨伪、目录，反对不切实际的穿凿附会，反对宋明理学家所倡导的空谈心性的理论，主张用"实事求是"的精神来整理研讨古籍，真实地反映古代社会情况而获得新的见解，以为"当世之务"。他的治学态度尤为切实，方法十分缜密。其不足之处是繁琐和脱离现实。可以说四库全书馆既是乾嘉学风的发源地，同时也是考据学的大本营。除汉学家外四库馆内也有许多推尊宋儒之人，翁方纲、姚鼐就是汉学的激烈的反对者和批判者。意见当时有对立，时常交锋。但由于纪昀有较高的学识声望以及圆滑的处事方法，他对各学派互相推尊，学术之争归于学术，不涉及个人，因而不同学派都能够平心静气地讨论某些问题，所以馆内有着宽松、和谐、团结的良好氛围。

纪昀主持四库馆达十几年，不论编纂自身，还是处理各种关系，都是一个老大难。陆锡熊、陆费墀的死，就是和编纂《四库全书》有很大关联。不论怎样，纪昀总算顺利地走过了全过程，并得到了很高的荣誉，当然这其中有许许多多的酸甜苦辣。在全书编纂告成时，他写了一首小诗：

自题校勘四库全书
检校牙签十万余，濡毫滴渴玉蟾蜍。
汗青头白休相笑，曾读人间未见书。

这首诗充分体现了纪昀在纂修完《四库全书》后的心情，他是多么轻松，多么愉快，尽管为此熬白了头发。

乾隆中叶，为了巩固清政府的统治地位，防止文人士子起来闹事，屡屡兴起的"文字狱"愈演愈烈。乾隆四十三年，浙江举人徐述夔诗狱震惊朝廷内外。徐述夔在其诗《一柱楼》中，大力宣扬灭清复明的反叛思想，激起了乾隆皇帝的极大震怒，下令把已死的徐述夔、徐怀祖父子开棺戮尸，他的孙子徐食田、徐食书

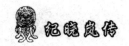

以及校对的徐旨发、沈成濯、陶易之，还有幕友陆炎也全都被处死。苏州诗坛领军人物沈德潜，在乾隆南巡时曾经多次接驾，深得乾隆皇帝欢心。比如第二次南巡，沈德潜已经是"年逾八十，实为蓬瀛人瑞，今来接驾，著加恩给予礼部尚书衔"。第三次乾隆皇帝南巡，沈德潜、钱陈群到常州迎驾，乾隆皇帝亲笔题诗相赠："二老江浙之大老，新从九老会中回，身体康强自逢吉，芝兰气味还相陪，迎堤恭遇以为喜，出诗命和群应推，更与殷勤订清约，期颐定复登金台。"以示慰勉。沈德潜去世以后，乾隆皇帝谕令把沈入祀贤良祠，并亲自御书碑文以示纪念。但是后来乾隆皇帝查出，沈德潜生前有称赞徐述夔的诗句，并曾为徐述夔作过传，乾隆皇帝大骂沈德潜"丧尽天良，负恩无耻，使其身尚在，必当重治其罪"，又谕令把沈德潜牌位从贤良祠赶出，并把祭葬碑文毁弃。在追查过程中，又检查出沈德潜《咏黑牡丹》诗中有"夺朱非正色，异种也称王"的诗句，乾隆皇帝认为这是对清朝的大不敬，诏令把沈德潜剖棺戮尸。沈德潜生前曾受到乾隆皇帝的如此优待，一而再再而三地加官晋爵，可死后竟又被剖棺戮尸，由此可以看出乾隆皇帝对顺从大清和反对大清的知识分子两种截然相反的态度。这对四库馆里聚拢的众多知名知识分子，肯定是有极强烈的震慑作用的。

乾隆四十三年五月二十六日，为警告校对誊录诸人，特下谕示：

朕博搜载籍，特命请诸臣纂辑《四库全书》，弃藏三阁。又择其尤精者为《荟要》，分贮大内及御园，用昭美备。所以多选誊录，宽予期限，以期校成善本，嘉惠艺林。昨办书期届五年，将校对誊录诸人，优予议叙，用示劝扬。惟是进呈各书，朕信手抽阅，即有讹舛。其未经指出者，尚不知凡几。既有校对专员，复有总校、总裁，重重复勘，一书经数人手眼，不为不详。何以漫不经意，必待朕之遍览乎？若朕不加检阅，将听其讹误乎？联因《四库全书》应缮写者统计十六万八千册，卷帙浩繁，既成大事，不妨略其小节。自开馆以来，无不曲予加恩，多方鼓舞，所以体恤之者备至。若此任意疏忽，屡训不改，长此安穷。是徒以四库书馆开幸进之阶，为终南捷径。又岂可不防微杜渐耶！前定总裁、总校、分校等，按次记过三月，查核交部议处，原不过薄示惩儆，使知愧励。乃各总裁仅请每部抽看十分之一二，以图卸责。身为大臣，即不宜如此存心。乃既经抽看，而仍听其鲁鱼亥豕，累牍连篇。其又何辞以自解饰耶。嗣后务宜痛加猛省，悉心校勘。其于去取誊录分校之际，更不宜左袒，屡乞恩准。以无负朕稽左右文之意。毋再因循于咎。特此再严饬在馆诸臣知之。钦此。

　　从以上谕示，可看出，乾隆皇帝对校勘《四库全书》是非常重视的，大小错误和纰漏他都很注意审阅！

　　乾隆四十三年的冬季，天上已飘起了雪花，乾隆皇帝在圆明园的勤政殿内，又召集大臣们讨论关于《四库全书》方面的问题。

　　乾隆皇帝高坐在宝座上，面部非常严肃，目视着四库全书馆各位大臣，厉声训斥道："明代人著录的书集，凡内容和词句与我朝相抵触的，一律要进行销毁！下谕传达给各省督抚，加强注意搜查力度，务必将私藏的禁书全部交出，如果在这次查办之后，发现民间还有违法私藏禁书的人，将来若从其他途径发觉，除将本人治罪外，另外还要仍然拿省督抚是问！将此谕令传达下去让人们知晓……"

　　乾隆皇帝的这次谕旨，非常严厉而明确，由议论校勘图书而发展到挖掘民间禁书加以销毁！于是谕旨下达的当天京城内有些皇差就顶风冒雪，骑马出城去执行差务。全国城乡，征集遗书的活动又一次开始了。接着是布告贴满大街小巷，锣声阵阵，差役们大声喊叫着："百姓们听着，各家各户凡私藏的旧书，全都送到里正家去！若有隐藏不交的，依照法律进行处斩！"

　　在圆明园勤政殿里，乾隆皇帝继续对各位大臣严正地发布着命令："各位大臣都要悉心对待这件事，所有应该销毁的图书，四库全书馆必须开列清单，告诉各督抚按此着力查办！浙江宁波周乃棋所著《厉志》，仅搜查出一卷，是第二十一卷，还不是全书。告知查访人要严加注意搜查，不能使私藏者将此书转移到他处。"

　　圣旨一下，全国各地是一片搜查禁书的呼声。

　　圆明园，成垛成捆的"禁书"，都让清兵送到了燃烧着的熊熊大火之中。

　　燃烧的火焰映红了纪昀的面容，圣命难却，他眼看着大火吞噬着的捆捆书籍，痛惜地流下了眼泪。

　　晚上，纪昀回到公寓，陆锡熊和纪昀对坐案前，默默无语，纪昀不停地吸着烟屋里非常沉闷。

　　过了许久，陆锡熊终于开口说："将这样大批书卷焚毁，难道不是一场史无前例的文化浩劫吗？百年之后，我们是要遭后人诅咒的啊！"

　　纪昀还是沉默寡言，陆锡熊仔细地观察着纪昀，发现他的面容极差。纪昀好长时间才叹出一口气，慢吞吞地说道："我们靠皇俸吃穿，又怎么能不遵守皇命！"说完站起，来到窗前，遥望着星光暗淡的天空。

　　陆锡熊忽然感悟地说："如果是戴兄今日还在，凭他的性格，他会给后辈多

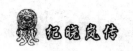

留一些文化遗产的。然而现在，我们的编纂工作日益艰辛，原来皇上允许选用的刘宗周、黄道周等人的集子，皇上又要收回圣谕，这怎么是好?!"

纪昀这时非常愤怒地说："这都是和珅做的诈！他佯装维护大清帝国，其实他是针对四库书馆的人们，我要上奏皇上，堂堂大清皇朝，怎能不能容忍历史上忠臣的言行?"

陆锡熊说："这要看你仁兄的胆识了！"

果真，不久纪昀上了奏折。事情的发展还算尽如人意。为此，乾隆在四十四年二月二十六日，又一次申明编纂《四库全书》的意图：

> 四库全书馆节次汇进各省送到违碍应毁书籍，朕亲加抽阅。内如……前因明季诸臣，如刘宗周、黄道周等，立身行已，秉正不同，其抗疏直谏，皆意切于匡济时艰，忠荩之忱，溢于简牍。已降旨将其违碍字句酌量改易，无庸销毁。因复思明，自神宗以后，朝多批政，诸臣目击国势之阽危，往往苦口极言，无所隐讳。虽其君置若罔闻，不能稍收补救之效。而遗篇具在，凡一时废弛睯乱之迹，痛切敷陈，足资考镜。朕以为不若择其校有关系者，别加编录，名为《明季疏奏》，勒成一书。使天下万世晓然于明之所以亡，亦可重示方来，永为殷鉴。况诸臣弹劾权奸，指摘利病，至不惮再三入告，实皆出爱国体君之诚，而其姓名章疏，不尽见于明史。朕方欲阐幽显微，又何忍令其湮没费彰。况诸臣在胜国言事，于我国家间有干犯之语，彼自为其主，不宜深责。……将此通谕中外知之。钦此。

皇帝此次谕令，态度非常明确，朝廷内外震动很大，和珅一类的大臣不敢再肆无忌惮地进言了。而四库全书馆内的环境却宽松了一些。收集图书的范围扩大了，有相当数量的典籍卷册得到贮存，以免再遭厄运。

3. 仇家报复

有一天深夜，和珅的豪宅大院，悄无声息地蹿进去一个飞贼。飞贼名叫王丁，他也是在京城内出了名的盗匪。他不仅能蹿房越脊飞檐走壁，而且还有拳脚武艺，常常在耍把戏的武艺人员当中混生，养成了杀富济贫的豪侠性格。最近自己手头有点紧，想弄点钱花，便想起了要盗和家的豪宅。因为和珅的财物已是远近闻名。

到了深夜，他听到和家护院的家丁都在下房中睡着，便蹑手蹑脚上了正房的屋脊。他低头望去，正看见和珅和几位官员在讨论事情。为了能准确地听到说话声，他便一个倒挂金钩双脚勾住房脊，把头伸到房檐下的窗户上窥视和府里屋的动静，他听见和珅说："皇上这次下令搜集禁书，由四库全书馆专门负责，我估摸纪昀这爱书的家伙，一定会借机留存许多禁书，不信，这时去他家搜查，肯定能搜出不少禁书。上一次为亲家卢见曾泄露秘密，我密报给皇上，他只落了个'漏言夺职'，去西域戍边三年诏还，这次要是再从他家里搜查出了私藏禁书，皇上一发怒，还不要了他的老命！这才去了我心中的一大祸害呢?!"

另有人附和着说："好主意！这主意太妙了！纪昀有两处宅院，咱们是先去虎坊桥的家收，还是去海淀那边，先搜哪处为好？事不宜迟，大人快拿主意搜出禁书，人赃俱在，我看他纪大烟袋还有什么可说的。"

"什么时候行动？"

"现在就动手！先搜纪家虎坊桥的老宅。"

"对，来个先下手为强，先斩后奏，定能奏效！"

王丁在屋檐下把这些话听了个一清二楚，明明白白，心里大吃一惊。和珅在密谋陷害闻名遐迩的纪大才子，他心里不由得有些愤愤不平。仗义使他要救这素不相识的纪大官人。他一想便从屋顶上溜下来，悄悄地落了地，然后王丁迈开他的飞毛腿，快马加鞭式地向虎坊桥纪昀的老宅奔去。这时和珅带领搜宅的人马也正向纪昀的老宅奔去。

王丁首先来到了纪家门前，在纪家的院子周围转了一遍，便飞上了屋檐。院里很静，只有书房还亮着灯，看见书房里有一个老书生模样的人，正在翻阅着书籍，他想这肯定是自己要帮助的纪大才子了。

他轻轻地从房顶上跳下，咳嗽一声，破门而入："纪大人，在下小人王丁，前来搭救大人！容小人进屋细讲于你！"

深更半夜，有人突然来家，加之他正在翻阅皇上明令禁止的明末野史《潞河记闻》和《豫变记略》，心里不由猛地一惊。

王丁进屋之后，单腿一跪，手一抱拳，把他怎样准备到和珅豪宅盗财物而又听到和珅密谋搜查纪宅，然后再禀报圣上，目的是报复纪昀的一席话从头到尾地学了一遍，纪昀正在半信半疑之际，只听门外已人声沸扬，正在大声喊叫地敲门。

王丁赶紧说："纪大人，你听，搜宅的人已到，你莫再迟疑。我王丁虽穷，却不会要你分文钱银，只是打抱不平，前来救你。大人快把书给我，我帮你藏到屋脊，这样大人就不会被栽赃陷害了！和珅他也抓不着把柄。快把书拿来！"

这时，只听搜宅的人员已蜂拥而入纪家前院了，王丁一伸手将两套禁书抓在手中，掀起窗帘，从窗户里蹿出，越上屋脊。

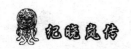

这时，和珅和他的谋士吴省兰带着搜查人员直接到了纪昀的书房。和珅为了报复纪昀，早已派人暗自盯梢纪昀，看见他从禁书堆中，拿过两部禁书，掖在袖筒内。他想给纪昀来个措手不及，来一个人赃俱获，他好在皇帝面前启奏，一定能把纪昀置于死地。他自以为有全胜把握，所以才气势汹汹、理直气壮地亲自出面搜宅。

和珅和吴省兰，一下子冲进书房，见了纪昀也没有了往常假惺惺的客套话，便蛮横地说道："现在要搜查你的书房，看你家有没有皇朝的禁书！"

纪昀正视着这个已经在皇上面前陷害过自己的小人，问道："有没有搜宅谕示？"

和珅奸笑一声："哼哼，就凭我和珅，内务府大人，连搜查四品文官住宅的权力都没有吗？来人，给我搜！"

只看一帮兵丁，马上翻箱倒柜地查了起来。

纪昀伸开两胳臂说："和中堂！如果在我家搜不出违碍书籍，你深更半夜私闯民宅，该当何罪呀？"

和珅瞠目结舌，只好支吾着："这……你不要太得意了，等我搜出赃物，人赃俱获，我看你还嘴硬不！"

"好吧，请便吧！"

王丁探头往书房里看，和珅和吴省兰正一部一部地审查着书目，说着两三个小时已过去，五更已到，东方天空已蒙蒙发亮。这时的和珅已哈欠连天，像泄了气的皮球，疲惫得已支持不住，瘫在一把座椅里，心里不由得产生一阵怀疑："这事就怪了？眼看着他拿了书，怎么就是找不到呢？等着瞧，这不能算完事，冷不丁再给你来个二进宫！"

这时，天已大亮，和珅气呼呼地带着搜查的兵丁离开了纪家的老宅。

和珅一行搜书的时间很长，王丁在房顶上怀抱两部禁书已舒舒服服地睡了一觉，搜宅的人走时才把他吵醒。他听了听院子里已没有了人声，便慢慢从屋顶上溜了下来。

书房里的书籍被搜查的人胡乱地堆满一地，纪昀正在弯腰慢慢整理。这时王丁抱着书，来到了书房。

纪昀一看是王丁，赶紧作揖下拜说："多谢壮士慕名相救，纪昀终生难忘！"

王丁也还了个礼，笑着说："依小人之见，大人逃过了初一逃不过十五，以后和珅肯定还想方设法陷害你，他已经跟大人成了冤家，那必然会干到底！……"

纪昀叫苦连天地说："哎呀，这可防不胜防，有什么办法呢？"

王丁接着胸有成竹地说:"大人如果想逃过劫难,只有让我王丁当您的护院家丁,这群家伙一来搜查,小人我就马上蹿房越脊,让他们找不着。"

纪昀想了半天才说:"我小小四品文官,俸禄不多,平时又没有什么隐性收入,家庭负担又重,这工钱恐怕不会给你多高……"

王丁笑着说:"大人不要为我的薪水发愁。纪大人的名声远近闻名,俗话说:'月是故乡明,人是故乡亲'嘛,我怎能见乡亲有难而不去相救呢?说实话,我摆个卖艺摊,还能挣点钱。"

纪昀见王丁留下的心非常诚恳,又想到和珅拿自己当作仇敌,还不知如何置于自己死地呢,便把王丁留在虎坊桥老宅做了一个称职的护院家丁。正因为这样,和珅始终没有搜查到纪昀带回家的禁书,更没使他陷害纪昀的目的得逞。

乾隆四十四年三月,纪昀被提升为詹事府詹事;四月,又擢升内阁学士兼礼部侍郎。

乾隆四十五年正月十五日,元宵节刚过,乾隆皇帝准备第五次南巡。此时,也是《四库全书》编纂最关键的时刻,乾隆皇帝仍然让纪昀伴驾。

乾隆皇帝第五次南巡,这时他已到了古稀之年。在路过山东渡过黄河后,乾隆皇帝亲自视察了清口东坝堤工;到浙江后乘船去海宁观潮,仍旧驻在踌隅园,视察了海门石塘堤工,并作出谕示:

> ……绕海宁城之鱼鳞石塘,内有工二十余丈,外系条石作墙,内填块石,历年久远,为潮汐冲刷,底桩霉朽,兼有裂缝蹲挫之处,又城东八里之将字号至陈文港密字号,止有石塘工八段,约共长一百五六十丈,地当险要,塘身单薄,亦微有裂缝。此塘为全城保障,塘下坦水所以捍卫塘工,皆不可不豫为筹办。着将两处塘工改建为渔鳞石工,俾一律坚稳,并添建坦水,以垂永久。

从上面的谕中可以清楚地看到,乾隆皇帝是一位特别关心水利事业的专家,他的指示是那么明确,那么肯定而又是如此的具体、细微!这哪像是一位只知游山玩水和吃喝玩乐的皇帝呢!

在回京的路上,乾隆皇帝依然没有忘记这些水利工程。他认为地方上有可能因为筹建鱼鳞石塘而对柴塘不能够加以保护或者拆毁窃用的情况,如果万一石塘工程不能完成,柴塘又被损坏,而到了潮水骤涨之时,堤岸就有可能会冲塌,因此他又特地谕示地方官吏,要保存好柴塘,以作为石塘的重要保障,"将来石工告竣,迟之数年,朕或亲临阅观,尔时柴塘倘有损坏,唯该督抚是问"。乾隆皇帝第五次巡幸江南，也是他最后一次阅视水利工程，为长远之计，他指令用石工代替砖工，地方官员要不惜帑金，一定要把水利工程搞好。一位年逾七十的皇帝，不顾年老体迈，不辞劳苦，亲临工程第一线，体现了务实和办事细致稳妥的务实精神。此次和前几次一样，乾隆皇帝在杭州和江宁又都举行了阅兵式，在江宁又一次祭奠了明太祖陵。视察完河务后，乾隆皇帝一行沿水路北归，到德州改由陆路，在五月初九日回到了圆明园。

乾隆皇帝出巡将近四个月的时间里，纪昀自始至终伴驾身旁，不曾离开左右一步。纪昀十分了解乾隆皇帝心情，作为一员伴驾文臣，不能没有表示。皇驾刚刚返京之后，他马上就献上《五巡江浙恩纶颂》三十六篇。"恩纶"就是"恩诏"；"恩纶颂"也就是对皇帝施惠诏书的颂扬。第一篇"谨序"，然后就是三十六篇颂歌，如：

乾隆四十五年正月十二日

谕免直隶山东经过州县钱粮十分之三奎娄野分，尾箕□列，畛错青徐，域枕渤碣，州络钩带，北燕南越，中亘赵齐，九省通衢。云□初启，麦垄亲阅，途经阡陌，供诚铚秸，崆峒戴斗，岱宗礼日，游豫所经，沛恩非一。时迈兹庚，重邀温绋，盎浆液融，衢尊甘溢，润逮禾麻，欢洽蓬荜，田歌谐韶，击辕中律。

二月初六日

谕赏江南浙江老民老妇

玉辇再莅，阅十五年，昔之中寿，今则华颠，鸠杖竞扶，侠路骈肩，穆穆青光，稽首瞻天，招邀邻里，挈抱曾元。某岁某月，某山某水，缕述宸游，指点从前。雨露滋荣，樗栎均延，翠盖荣斋，今得再观。金缯荷赐，颂祝胪欢，行庆施惠，恺泽逾先，尚期六幸，圣算绵绵。

三月十四日

谕浙江勿尚奢华

西湖山水，词客夙夸。建炎淳熙，侈丽增加，四五百年，越俗因奢，遂令桃柳，多于桑麻，竞艳其盛，熟摘其瑕。帝省民风，非玩莺花。何尔守吏，尚导羹华，濡染费戒，波靡奚涯，其遵彝训，无即于邪，谢尔绮纨，陈尔筝琶，男耕于陌，女织于家，斫雕返林，圣世新嘉。

纪昀伴随圣驾，在五巡江南后回到了京师，此时马上又到了乾隆皇帝古稀万寿圣节。圣上万寿，可谓是盛大节日，虽然皇上多次口谕不要奢华，但实际上是不可能的，也是做不到的。名臣要显示自己的忠诚，奸臣要乘此机会施展钻营才华。乾隆皇帝虽然扬扬得意地讲道："本朝纲纪严整，无名臣亦无奸臣，何则？乾纲在上，不致朝廷有名臣、奸臣，亦社稷之福耳。"实际上这是乾隆皇帝在自欺欺人，也是不可能的。乾隆皇帝万寿，自以为安富尊荣，威严无比，尚不知暗地里已潜伏着许多乱党佞臣。这乱党佞臣之首，就是他最宠信的乖臣和珅。乾隆皇帝竟连一天也不能离开他，乾隆皇帝还把他最疼爱的十公主嫁给和珅的儿子丰绅殷德，君臣变成了儿女亲家。也就在筹备乾隆七十寿典之时，和珅被任命为四库全书馆总裁，这使和珅更加得意。

却说纪昀伴驾回京，又适逢万寿大节，在这隆重的庆典当中，自然要献上赞颂之辞，这正是乾隆皇帝所喜爱的《七旬万寿赋》。赋中这样写道：

灏灏大圆，瑶枢中旋，穆化精以恒运，炜法象以常悬……我皇上四十五年诞膺宝祚，积洪算于七旬，弥精明而强国，虽宵之勤劬，难馨窥于平素，……建元纪号，则义取乎纯乾，神符灵契，盖不偶然，是以德与天合，政以躬先，……臣在讲幄恭书圣政，臣在纶阁敬司诏命……"

总而言之，纪昀在乾隆四十五年所呈献之诗《五巡江浙恩纶颂》和《七旬万寿赋》，都是奉承皇上之作，因此，既缺乏文学特色，也没有诗赋之光辉，只是为了应酬罢了。自然，身为御用的一名文学之士，也只有如此而已，不能够有任何妨碍皇上、违忤圣上的思想。

八月，乾隆皇帝的万寿庆典在避暑山庄隆重举行。凡是王、公、大臣、贝勒、贝子、台吉、额驸等，都必须行庆驾礼。蒙古、西藏也都派来要员朝贺，朝鲜还派来使者参加庆典。纪昀所著的诗赋，都是在此宣读的，因此，纪昀在万寿节上大出风头，火了一把。

从乾隆三十七年开始，乾隆皇帝下令，前后共用十年的时间，集中了大批人力物力编纂的大型书籍《四库全书》终告完成。在编纂过程当中，对辑入《四库全书》的书籍和一些没辑入的书籍，全都又分别编写了内容提要，然后又把这些

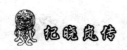
提要分门别类编排，在乾隆四十六年，汇为一书，即《四库全书总目》，又称为《四库全书总目提要》，简称《总目》或《提要》。

乾隆皇帝对于编纂《四库全书》十分关注，时常去探询。

圆明园的春天，碧波荡漾，绿柳发芽，百鸟鸣翠。乾隆皇帝和纪昀君臣二人在湖畔信步闲走，来到圆亭边，望着湖中畅游的红鲤鱼，乾隆皇帝用手捻着胡须思索着说：

"纪爱卿，朕如今已是七十岁的人了，这第一份《四库全书》全部完成，尚需多少时日？"

纪昀听罢乾隆皇帝的话，心里马上就明白了，皇上是担心自己年龄太大了，唯恐自己看不到自己钦定的这套全书，便马上回答道："回皇上话，原总裁官于敏中大学士已经仙逝，各处纂修、校录、专司人等，有的也已作古，还有的恩遇升迁而离开四库全书馆，故而眼下人手缺少，臣想……"

乾隆皇帝还没等纪昀把话讲完，便说道："朕马上派八阿哥、十一阿哥和总师蔡新充任总裁，其他如皇孙、皇曾孙之师，允任纂修、校录，你看如何？"

纪昀面显喜色，慌忙回奏："假如这样，臣想一年，第一份《四库全书》便可全部完工。"

乾隆皇帝微微笑了笑说："很好，很好！"

纪昀此时又说："皇上，臣想提名孙士毅充任书馆总纂，不知圣上意下如何？"

乾隆皇帝口中念着"孙士毅……"三个字，却又怎么也想不起这个人，于是便首肯地点头答应了。

在养心殿御书房里，乾隆皇帝慢慢地来回踱着步。他考虑着自己亲自主持编纂的有清以来规模最宏大的一套全书，应该让自己的皇子皇孙参加编纂才对。一来可以训练他们专心于政治，二来增加他们的才华实学，三是参予了本朝最重要的文事工作。他打定主意，便命令太监把永瑢、永璇、永瑆三位皇子传到御书房来。

三位皇子很快来到御书房，乾隆皇帝看着他们，一边背着手来回地踱着步，一边缓慢而又十分严肃地说道："本朝正在编纂一部大型书籍《四库全书》，朕准备让你们去编纂《四库全书》，学习学习实际本事。四库馆总纂官是纪昀，他不仅才华出众，而且办事认真专一，是难得的好臣子。你们都要敬重他才对！"

永瑢、永璇、永瑆三位皇子齐声回答道："儿臣遵命！"

乾隆停下脚步，又说："八阿哥、十一阿哥！"

永璇、永瑆匆忙答道："儿臣在。"

　　乾隆嘱咐道："从来总裁校书，如果出现错误，经朕查出的，依照惯例要受处罚。你们所校之书，如果出现错误，也同样要受查处，以示公允。你们务必要认真仔细才对。"

　　永璇、永瑆连忙回答道："儿臣牢记在心。"

　　在圆明园里，四库全书馆里上上下下都在忙碌着。总纂官纪昀正伏案书写着什么。

　　这时由纪昀推荐、经乾隆皇帝新提拔的总纂孙士毅，来到纪昀的案前说："纪大人，在下有一事想请教您。"

　　纪昀放下笔，抬起头看了看对他说道："哎，什么大人不大人的，我老兄你老弟的称呼，不就完了嘛，多省事呀，还感到亲切！"

　　陆锡熊在一旁插嘴说道："孙老弟还不是敬重你老兄吗？"

　　纪昀连忙说："咱们一块商量，一块商量。"他用手揉了揉眼睛，接着说，"老弟请快讲。"

　　孙士毅于是在纪昀的对面椅子上坐下，说道："蒲留仙的《聊斋志异》一书，时下正盛传朝野，被天下的文人墨客甚至于识字的黎庶所推崇，但在这《四库全书》里面，大人，啊，不，纪兄，纪兄为何黜之不录呢？"

　　"噢，孙老弟问的是这回事，"纪昀不紧不慢地点上了自己的大烟袋，一边抽一边说："吾认为蒲留仙虽然堪称一才子，但是才子之笔，并非一定是著书之笔。小说虽然叙述见闻，应贵在纪实考证，不能够随意曲笔装点。蒲公《聊斋》一书诸篇，皆是燕寝爱昵之间，狎悔之态，精细入微，曲折盘旋，摹绘栩栩如生，真可谓世人所不及。但是蒲公如此描绘，是他亲眼所见，还是亲耳所闻？这些全都不是，而是蒲公自己臆造出来的。《四库全书》当录入那些近乎高雅可训者，来扩大人们的见闻，怎么能录入那些鄙陋不雅、荒诞不稽之篇乱人耳目啊？"说毕哈哈大笑起来。

　　自纪昀评论蒲松龄的《聊斋》可以看出，纪昀是存有偏见的，一是他站在统治者的立场上，认为《聊斋》诸篇有伤大雅，是卑鄙荒诞不稽之作；二是他对于小说的界定有问题，他还是处于初级写实阶段，他认为"亲眼所见""亲耳所闻"才是小说的写作方法，还不认可小说有"夸张"的做法；三是他的偏见或许来自他的大儿子汝佶的不幸早逝。他认为汝佶是由于读了《聊斋》的手抄本，才变得神魂颠倒起来，以至于最后放弃仕途、萎靡而客死山东。

　　又过了三年，乾隆四十七年二月，《四库全书》第一套编纂始告完成。全书共选录书籍79300多卷，36300余册，共计77493万余字，是我国历史上空前绝后的大型丛书。

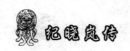

书籍完稿后，乾隆皇帝非常高兴，马上在文武大臣及四库全书馆正副总裁、总纂、总校、总阅等主要馆臣的簇拥下来到书库。刚进入库门，立即就被书山惊呆了，群臣也都讶然惊喜起来。

在纪昀导引下，皇帝和文武大臣们漫步观览。

乾隆皇帝一边用手捻着胡须，一边频频点头，忽然面露得意之色抬头问纪昀："纪爱卿，汉武帝时司马迁编著的《史记》共有多少卷？"

纪昀马上回答道："启禀皇上，《史记》计有 130 篇。"

乾隆皇帝笑微微地点点头，又问道："宋神宗年间，司马光编修的《资治通鉴》呢？"

纪昀立刻回答："计 294 卷。"

乾隆皇帝接着问："明代《永乐大典》呢？"

纪昀答道："《永乐大典》计 22900 卷。"

乾隆皇帝故意地问："本朝编修的《四库全书》呢？"

纪昀认真仔细地说："《四库全书》按经、史、子、集分类，计 79327 卷。"

乾隆皇帝手捻胡须得意地一笑说："这就是说，本朝编纂的《四库全书》，比那明代的《永乐大典》，还要多出 56427 卷啰！"

纪昀回答说："皇上圣明，《永乐大典》尚不及《四库全书》的三分之一。"

"嗯！……"乾隆乐呵呵地点点头，又笑着看了看纪昀说："纪爱卿，朕刚才所问历代累累大书，可知他们修成年各是多少吗？"

纪昀马上回答道："回皇上，太史公撰《史记》历时二十年；司马温公编《资治通鉴》历时十九年，明代编《永乐大典》历时二十二年，这《四库全书》……"

乾隆皇帝哈哈大笑说："仅仅用了十年！"

纪昀陪着笑脸马上回话说："皇上英明！"

乾隆皇帝不由自主地拍着纪昀的肩膀称赞着说："纪爱卿，你确实为朕做了一件留名的大事，你就是汉代的司马迁、宋代的司马光啊！"

纪昀惶恐地说："臣平庸无才，怎敢和古圣贤之辈相比。"

说这话时，和珅也站在乾隆皇帝身边，他听了夸奖纪昀的话，心里更加愤恨纪昀，面色变得十分难看。

这年的五月，乾隆皇帝在文华殿宴请了四库全书馆的所有大臣，主要是庆贺《四库全书》第一套的完成。

酒宴摆好，乐曲鸣奏。大臣们鱼贯而入，欣然依次入座，宴会在欢乐的气氛中进行。

皇帝面带微笑地看着宴会场，最后把目光落在了纪昀身上，他招手示意着说："纪爱卿过来坐！"

和珅听后赶忙凑过去，靠着乾隆皇帝的耳朵说："皇上，纪昀是四品文官，怎么能到这里来坐呢？"

乾隆皇帝抬手说道："朕在去年四月就下谕旨，《四库全书总目提要》见已告竣呈览，颇为详核。所有主要馆臣，著交部从优议叙，部议加一级。今《四库全书》告成，纪昀当列首功，朕加封纪昀为二品兵部右侍郎兼充文渊阁值阁事！陆锡熊和原光禄二卿，现晋升为大理寺卿，原翰林院孙士毅编修，现晋升为山东布政使！原来担任总校官詹事府少詹事的陆费墀，现在升为内禄学士！其余人等待部议叙！"

等皇帝宣布完谕示，纪昀和其他四人依次跪地叩谢乾隆。其他馆臣高呼皇上万岁。

和珅只好尴尬地站在一旁。

纪昀站起身，乾隆皇帝又向他说："爱卿前来坐！"纪昀按皇上指定的座位坐下。

乾隆皇帝面带笑容地大声说道："四库全书馆全体总裁、总纂、总校、总阁都不负朕的重望，今天朕敬各位大臣一杯！"

大臣们举杯高呼："谢圣上！"

宴会举行完以后，一天，乾隆皇帝在御书房里对纪昀说："爱卿在编修《四库全书》的时候，朕就分别在紫禁城、圆明园、满洲、热河四处，先后建成了文渊、文源、文溯、文津四阁，为贮藏《四库全书》做准备。现在第一份《四库全书》已经完成，这第二、三、四份，朕想在最近完成，纪爱卿感觉如何？"

纪昀说："只要皇上下定决心想做的事，臣认为没有不可行的事！"

"好——"乾隆点点头说道，"前者办理《四库全书》，考募各誊录，五年期满，给予议叙。但人数众多，且议叙者尚虞壅滞，若因此致碍选途，又非朕策励人才之本意。所以朕想，这次续修《四库全书》三份，俱着发内帑银两，雇选书手缮写！爱卿以为可行否？"

纪昀马上答道："皇上开明，这样很好！"

"那朕就下旨！"乾隆高兴地对肖德录说，"传朕旨意，召四库全书馆总裁来见朕！"

"喳！"肖德录立马就传旨去了。

自从乾隆三十七年编纂《四库全书》开始，对采入的书籍和一些没有采入的书籍，都编写内容提要，然后又把这些内容提要分别分类编排，在乾隆四十六

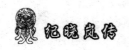

年，编成了一部书，这就是所谓的《四库全书总目提要》，简称《总目》或《提要》。这部书署名是乾隆皇帝的第六子永瑢，实际上却是纪昀。

《四库全书总目》的编撰步骤是，如果一部书籍校订完成，首先由馆臣编写提要，把提要放在这部书的开头。提要的内容，主要是论述各书的主旨及著作源流，此外还要介绍作者的家乡、考证书之得失，以及文字增删与篇秩分合，等等。各书的提要在编入《总目》时，最后由总纂官们综合评议，再对提要内容在文字上润色加工和修改补充。纪昀在四库全书馆为提要的整理加工出的力为最多，《总目》就是纪昀的力作，这也是人们所公认的。

乾隆四十七年七月，《四库全书总目》初稿基本完成。全书总共二百卷，分经、史、子、集四大类，每一大类又分若干小类，其中有些较为复杂的小类再分为子目。每一类的开头都有序文，子目的后面还有存目，存目的书籍是通过纂修官们校阅，认为学术性不高，或它的思想内容不符合本朝的形势，因而不宜收入《四库全书》中。《总目》开头是乾隆皇帝对编纂此书下的"圣谕"，接着是四库全书馆大臣们的"表文"，还有他们的官衔、凡例等，基本上记载了编纂《四库全书》十年来纂修的过程和编写体例。

《总目》对每本书的评价，都是从清王朝统治者的利益出发的。它与清初思想领域的倡导和做法完全吻合。名誉上推崇"汉学"，实际上还是遵从程朱理学，对某些不符合正统思想的著作大力批判和攻击。当然《总目》的著述也有它积极的一面。《四库全书》中收入的书籍共有 3461 种，存目中共收入的书籍有 6793 种。在众多馆臣的努力下，380 余种古书死里逃生，全书大致将乾隆以前中国古代的重要著作收录进去。一万多种的书籍，每一种书籍都编写了比较详细的提要，对后人查阅资料，提供了方便。

《总目》初稿结束后，由于卷册太多，阅读起来不便，于是纪昀他们又简化了提要，在同一年又编成了《四库全书简明目录》二十卷，《简明目录》在收书范围和提要详略两方面，都不同于《四库全书总目》，并不是《总目》的简要本。

从现在看来，作为一部内容比较充实的工具书，《四库全书总目》为我们今天查阅资料提供了参考。然而，并不能说《总目》是一个完美无缺的工具书，它还有它的不足之处，在考证中还有不少纰谬疏漏。以后，纠正错误的著作主要有：余加锡著《四库提要辨正》，胡玉缙、王欣夫编写的《四库全书总目提要补正》。补充内容的著作有：孙殿起辑《清代禁书知见录》，吴慰祖校订《四库采进书目》，王云五编写的《续修四库全书提要》。另外清末张之洞所著《书目答问》也纠正和补充了《总目》。但即使这样，仍然掩盖不了《四库全书总目》的瑕疵。

明代的《永乐大典》一书，卷帙浩繁，内容众多，清理选择其中的许多部书，进行分别辑录，形成单本，以备著录。但不巧的是，现任《四库全书》编纂官朱筠去逝。朱筠与纪昀同为甲戌年进士，比纪昀小五岁。朱筠博闻强记，读书万卷，尤喜奖掖后进，因而，追随学习的年轻人很多。比如陆锡熊、程晋芳、任大椿等，都是朱筠所提拔的。阳湖孙星衍中秀才后，由于不能见到朱筠而感到遗憾。他为人性格耿直，曾如是说："翰林以立品读书为职，不能趋谒权要。"年轻的时候，朱筠曾在刘统勋家授馆课，在刘统勋作了大学士后，他不再访谒刘统勋。一天在路上两个人相遇，刘统勋问他，朱筠回答："非公事不敢谒贵人。"刘统勋深为叹息。纪昀和朱筠治学路子虽然不同，但并不妨碍他们成为好友。朱筠去世，纪昀十分悲伤，曾为一联云：

> 学术各门庭，与子平生无唱和；
> 交情同骨肉，俾予后死独伤悲。

第十章　钱塘观潮

一、随帝下江南

　　纪昀从六十二岁到八十二岁逝世的二十年中，四次任礼部尚书，在三个地方做过御史大臣，还有两次掌管军机兵符。由于他任职礼部尚书时间较长，所以乾嘉之后，人们著述，多数人称纪昀为宗伯。宗伯，是礼部尚书的别称。其次纪昀也在都察院任过职，都察院是由汉代御史台沿袭下来的中央高级机构，到明代改成都察院，它的主要职责是监察弹劾官吏，作为一级组织参与审查重大案件。有的历史书上把都察院又叫作乌台。到了清代，都察院的官吏称左都御史，表面上这个机构官职较高，权力也甚大，在清代左都御史是从一品，实际上也不敢放言高论，独揽大权，当时主要还是皇上说了算，同时有专折奏事权的翰林官，同样可以建言，可以弹劾，所以御史也不是唯一说了算的人了。至于弹劾其他省官员，总是派钦差去查办，出了问题也不大追究御史的责任。倒是京都这一级要格外斟酌一下。纪昀在任左都御史时，曾因为鞫狱不实而免职，又因孝淑皇后奉安陈奏失词改降。不过所谓"革"与"降"，只是说说罢了，实际上仍留任上，这可以说是乾隆皇帝对纪昀的殊遇。纪昀心里当然明白。

　　乾隆五十七年三月纪昀当值，和朋友笑谈："任何事情都有征兆。比如太阳即将升起时就会有霞光万道，大雨将要来临时大地就显得比较潮湿，动动手就能够知道怎么回事了。我从四岁到现在，没有一天离开过笔砚。乾隆五十七年三月二日，在直庐，偶与诸公戏曰：'昔陶靖节自作挽歌，余亦自题一联曰：浮沉宦海如鸥鸟，生死书丛似蠹虫'。百年以后，诸公书以见挽足矣！"

　　刘墉说："上句殊不类公，若以挽陆耳山，乃确当耳。"

　　过了三天，众人就闻听陆耳山的死讯，真是巧合。

　　为了校勘《四库全书》，在这一年的四月，纪昀又去了热河的避暑山庄。他堂兄家的侄子虞惊一同前往参校。

这年由于遭遇天灾，北方收成十分不好，现在有大量的老百姓来到京城讨饭，纪昀在热河听到这个消息后火速赶回京城，上奏皇帝请求放赈救济灾民，设立粥场，皇上应允了他的奏请。

放赈救灾，不但稳定了京城的社会秩序，而且也是对家乡河间等府难民所采取的一项周济办法。

是年六月，纪昀的笔记《槐西杂志》一书完成，并且自己为此写了序：

余再掌乌台，每有法司会谳事，故寓直西苑之日多。借得袁氏婿数楹，榜曰："槐西老屋。"公余退食，辄憩息其间。距城数十里，自僚属白事外，宾客殊稀。昼长多暇，晏坐而已。旧有《滦阳消夏录》、《如是我闻》二书，为书肆此刊刻。缘是友朋聚集，多以异闻相告。因置一册于是地，遇轮直则忆而杂书之，非轮值之日则已，共不能尽忆则亦已。岁月骎寻，不觉又得四卷，孙树馨录为一帙，题曰：《槐西杂志》。其体例则犹之前二书耳。自今已往，或竟懒而辍笔欤，则以为《挥尘》之三录也。或老不能闲，又有所骳欤，则以为《夷坚》之丙志亦可也。壬子六月，观弈道人识。

八月，纪昀重新官复礼部尚书。在纪昀再掌管都察院这段时间里，他和刘墉来往过于密切，公休的时候，两人经常在一起谈论诗画、书法、砚品、书目……说古谈今，十分投机。一天，刘墉赠给纪昀甚爱的物品文砚一方，并题以砚铭："石理缜密石骨刚，赠都御史写奏章，此翁此砚真相当。壬子二月，石庵。"纪昀受老友美意相赠的爱物，多日把玩不止。蒋师爚时任官兵部主事，和纪昀感情也很好，听到此事，题献文砚曰："城南多少贵人居，歌舞繁华锦不如，谁见空斋评砚史，白头相对两尚书"。这时，纪昀已六十九岁，刘墉七十四岁。

这一年，是乾隆皇帝第六次下江南，他下诏让礼部尚书纪昀和吏部侍郎彭元瑞陪同前往。

早春三月，北方依然是冰雪大地，但南方扬州早已花草满地、春意盎然了。乾隆皇帝一行乘着沿大运河由北向南的船只，不知不觉来到扬州的第一个码头。这里不仅繁华热闹，而且环境优美，气候适宜。"一堤杨柳三面水，十里茉荚千艘船"，这就是对此地的描述。

龙舟一到，鼓乐喧天，八音合奏，响彻云霄。码头两岸的官绅，手板脚靴，一片嘈杂，匍匐在船头迎驾。"圣上万岁，万万岁"的欢呼声，随着满河的浪花，荡漾在河面之上。

接着就是一阵噼噼啪啪的鞭炮声。在炮竹声中，载着皇上的船只已顺着河道行驶到城内。乾隆皇帝端坐御船的宝座之上，纪昀和彭元瑞侍立在皇上左右，此外还有金简、惠龄、福康安等几位大臣侍立站在两旁。这时，两江总督萨满、江南河道总督李奉翰，率领地方官员，早跪在船头上等候见驾。

皇帝将萨满传召到船舱内，问他道："此处什么地方可以驻跸？"

萨满奏曰："回禀万岁，万寿重宁寺，已经建好，聊堪圣驾住寝。"

皇上点头表示同意，并吩咐伴驾人员驻跸重宁寺，纪昀等陪伴着乾隆皇帝来到重宁寺。

当天，乾隆皇帝一行就住在了重宁寺，晚上歇息时，有戏班子里的"仙女"陪伴着皇上，跟随的大臣们一夜无事。

扬州又叫江都，也称广陵。它自古就是一个有名的古城。轻扬奢侈，仕女繁华，舟车辐辏，万货云集，诗人才子，美女名娟，一辈接一辈，独领风骚，当时画坛的八怪，正活跃在扬州。隋朝炀帝也在此修建亭阁楼榭，邗江连接开封，作为皇帝巡幸的地方，有琼花观、二十四桥等众多的游览胜地，炀帝临幸江南美女，荒淫无度，而对于国家政事却置之不理，最终导致身亡国灭，而自己也留下了千古骂名，遗臭万年。

乾隆皇帝六次巡幸江南，每次都要来扬州，也多次在这里召幸扬州美女，毕竟领略了她们的万般妩媚。此次南巡，皇上毕竟年事已高，对那美女侍寝已没了当初的兴致。如今对于扬州的秀丽美景，倒感起兴趣来。皇上不仅游览了琼花观、二十四桥，而且还去逛了法净寺、舍利塔、平远楼。在芳圃，品尝了这里的泉水，又登上观音山，游览了隋炀帝的迷影故址，还亲笔题了"功德林""天池"匾额，又赐了一副联："缘水入澄照，青山犹古姿"。随后皇上召见了地方官绅，赏赐了缙绅盐商，对他们兴造园林及献上百般技艺接驾十分高兴。

第二天，由纪昀和彭元瑞陪伴乾隆皇帝穿上便服，出了重宁寺，走在熙熙攘攘的街道上，游逛扬州的大街小巷。沿街是数不尽的绸缎铺，欣赏不完的盐行鱼店，花花绿绿的酒楼。这些店铺，雕梁画栋，古木修竹，令人眼花缭乱，应接不暇。确实是"明月莺花翡翠楼，繁华今古谈扬州"。更引人注目的是扬州女人的装梳。单就发型就和其他地方不同，像蝴蝶髻、望月髻、折颈髻、花篮髻、罗汗鬏、双飞花、懒梳头、倒枕松、八面观音等，形态异常，花样繁多，衣装淡雅大方，又不失妩媚华贵。君臣三人边走边看，指指点点不停地议论。

当他们走到一处盐店铺前，从里面走出一个苗条淑女，步履轻柔，满脸笑容，美丽动人。这女子身穿一件月白透地裙子，里面衬着桃红绉纱女袄，腰系一条素白秋罗湘裙带，真像仙女下凡。乾隆皇帝眼珠一动不动地盯着这女子看。

那女子走出一条街，来到临街的河旁，刚露出裙下的绛瓣弓鞋，轻轻一点，跳到了停在河中的小船上，那一副娇气样，真让纪昀、彭元瑞和乾隆皇帝三人心神不定。

彭元瑞扯了扯纪昀的衣袂，悄不声地说："纪大人，看见了吗，她就是扬州'瘦马'！"

纪昀早就听人说过扬州"瘦马"之事，"瘦马"也就是"雏妓"。在淮扬一带，有一种特殊生意，名曰"瘦马"，当时穷人家生下女孩后，养到七八岁，便被富家买去收养起来，请专门的师傅教她各种技艺。如此，就使得她们个个聪明清秀，性情风流，媚态横生，即使是正人君子柳下惠看到，也会为之心动。贵官公子如果到了扬州，绝对不会放弃机会，宁肯花上一两千的银子，也会在所不惜。卖得的银两，女孩的父母，多也不过只能得到二三十两，其余的，则全归了收养之家，做了教习的谢礼。在扬州城内，盐业可以说是全国之最，富商大贾，数不胜数，谁家没有几个绝色的女子。纪昀暗想，扬州城内美女云集，真正是一个花花世界，怪不得皇上多次南巡，几次都在扬州驻足。

乾隆皇帝偶尔回头，正巧发现纪昀望着自己，心想这个纪昀，又在瞎想些什么？我何不趁机难他一难。于是便说道：

"纪爱卿，你可赋诗一首，以记今天出游。"

纪昀赶紧说："遵命，请圣上命题。"

乾隆思考了一会儿便说："就以刚上船的女子为题，作一首七言诗，描述出女子的衣着打扮，点明是盐商之家，但诗中不能带有女字，纪爱卿你看怎样？"

纪昀听旨，稍加考虑立刻说道：

> 淡红衫子淡蓝裙，淡扫蛾眉淡点唇。
>
> 可怜一身都是淡，偏偏嫁与卖盐人。

皇帝听后忍不住笑道："真是滑稽之极！"

彭元瑞赞叹道："真是一首好诗！"

他们三人继续向前走着，又来到一处富丽的翠楼前，发现楼的大门上贴着一副对联："雪色梅花三白夜，酒灯人面一红时"。仔细一看才知是一所妓院，他们随即停住了脚步。在一小巷深处，乾隆皇帝偷偷地问纪昀和彭元瑞："爱卿，扬州的名胜，你们还有哪些地方没有去过？"

纪昀抢先回答说："曰禀皇上，据说，扬州的虹桥是个绝妙的地方，圣上为何不领臣下去那里游赏一番！"

"噢，这虹桥是什么好地方？朕怎么不知？"乾隆皇帝本来巡游过瘦西湖的，

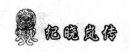

虹桥就横跨在瘦西湖上，这里的风景确实也很美丽，值得人欣赏，皇上见纪昀想去虹桥，才这样问他。

纪昀又回答说："皇上，臣第一次来扬州，没有见过这虹桥，只是臣在读一首题为'梦香'的词，才知道有这个地方。词中写道：'扬州好，第一是虹桥。杨柳绿齐三尺高，樱花红破一声箫。处处驻兰桡。'现在臣伴驾来到了扬州，心里很想去这里望望。"

乾隆听罢，光笑不语，颔首答应了纪昀的请求。君臣三人，换乘小轿，去往瘦西湖。

虹桥，在西园曲水的北面，在瘦西湖上，连接长堤春桥，本来是一木桥，因为是朱栏跨岸人们都叫它红桥。这里景色优美，诗人墨客多来此聚会，吟诗唱和，为一时之盛。乾隆初年，红桥由木桥改建成一座石桥，恰像长虹卧湖，宏伟壮观，于是后来又改叫虹桥。

纪昀虽然这是初来扬州，但他对这座虹桥却早有耳闻。原来他的亲家卢见曾，当年就在扬州盐院，乃两淮盐运使。有一年的三月春暖花开之时，卢见曾到虹桥拜祭，诗兴大发，曾作了四首七律，拿给朋友品评，友人们赞不绝口，竞相依韵而和，谁也没料到，和诗的竟达七千多人，轰动一时。卢见曾将这些诗作，编成一部长达三百多卷的诗集，刻印发表于世。卢见曾做人讲义气，出手大方，用诗集馈赠友人，终于花光了自己的积蓄，发生了乾隆三十三年的"查盐"一案，纪昀为他通风报信，使他免于抄家，却未能免去一死。纪昀也因泄密获罪，戍边去了新疆。事情已过去十多年，纪昀今天来到了扬州，往事涌上心头，怎能不思绪万千，想看看在心中向往多年的虹桥？其实纪昀的隐衷，早被乾隆皇帝看出来了，所以皇上笑而不言。

他们来到瘦西湖后，行走在虹桥之上，乾隆皇帝兴致勃勃，与彭元瑞谈论着这里的风景，纪昀却默默不语，仍然沉浸在往事之中。这时，忽听乾隆皇帝大声说道："纪爱卿，你沉默不语，是否有什么心事？！"

纪昀连忙回答："回禀圣上，臣想起了当年卢见曾的七千人和诗之事。"

皇帝说道："此事吗，朕也有耳闻。卢见曾挪用公款，被朕革去官职，你也因受牵连被贬戍边，莫非卿对此还心有余悸？"

乾隆皇帝的一席话，果真戳到了纪昀的痛处，他不由心里一惊，赶紧跪拜说："为臣并非心有余悸，确是感谢皇上的免杀之恩，心里时常暗自祷念：'吾皇万岁，万万岁！'"

纪昀的花言巧语，倒把皇帝哄开心了。

当天傍晚，微服游逛了一天的乾隆皇帝、纪昀和彭元瑞回到重宁寺。晚餐后，纪昀正在自己寝室看弓，彭元瑞走了进来，手拿一个纸卷，在桌上展开，向纪昀说道："纪大人，你来瞧瞧这件东西，是真品还是赝品？"

纪昀把纸卷拿到手中，纸长三尺多，宽约一尺，纸色略微发黄，是一封书信，字体工整有力，上面写道：

> 恭候
>
> 太太、杨太太、夫人万安：北兵于十八日围扬城，至今尚未攻打，然人心已去，收拾不来。法早晚必死，不知夫人肯随我去否？如此世界，生亦无益，不如早早决断也。太太苦恼，须托四太爷、大爷、三哥大家照护。炤儿好歹随他罢了。书至此肝肠寸断矣。四月二十一日法案

纪昀看完这封书信，揣酌再三，给彭元瑞说："此物从何而来？"

彭元瑞答道："一位门生捡得，听说我们今天来到扬州，特意呈献上。"

"这种物品确属史阁部遗笔，价值连城啊！"

"依你看，此物确是真品了？"

纪昀对古物鉴别能力很强，同时他也有收藏古物的爱好，所以彭元瑞特意请他鉴别一下。

纪昀再次拿起一纸卷，反正地看，又摸一摸墨迹，在灯光下仔细端详，最后又给彭元瑞说道："此物品确是史阁部真笔；彭大人你应当妥善保存珍品才是！"

彭元瑞听后一阵狂喜，说道："我准备呈献圣上，请皇上御题，制成手卷珍藏，你以为如何？"

纪昀对彭元瑞的建议非常赞同，彭元瑞欣然离去。纪昀此时独自待在室内，心中久久不能平静，当年史可法的叱咤风云、威武不屈的英雄事迹，又在他的眼前历历再现。

史阁部即史可法，是明代顺天府大兴县人，崇祯帝年间进士。福王称帝后，史可法在扬州任兵部尚书、大学士督师。清兵入关而南下，明军望风而逃。清廷摄政王多尔衮遣使传诏书，奉劝史可法投降大清。史阁部写书回复，与来书展开了对言，辞婉而志坚，语谦而意决：清兵果然来攻打，"法处今日，只有鞠躬致命，克尽臣节！"

明末在扬州原有以黄得武、高杰、刘泽清、曹腾蛟等督师的四军队驻守，但由于左良玉兴兵"清君侧"，被马士英在扬州调走了三军队，去堵截左良玉，这样使得扬州的兵力更单薄。清兵南下进攻扬州，城内防守力量极弱，加之没有外援的军队，史可法明白扬州城终不可保。于是写下遗书，决心以身殉国，随后他对中军副将史德威说："我死后，把我葬在太祖高皇帝的旁边，如不行，就葬于梅花岭。"

扬州城被清兵攻破，史可法部下不忍心杀死他们的上司，史可法就拔剑自刎，又被部下挡住，未能绝命。后被清兵抓住，带到南城。清廷豫王多铎肃然起敬，奉劝并安慰史可法说道：

"多次传书劝你投降，而你从不服命，现在既然已竭尽臣终，你也不算负国了，如果能帮我大清攻下江南，当不惜重任！"

史可法听罢大怒道："我身为朝廷大臣，岂肯苟且偷生成万世罪人，我头可断，血可流，身不可辱！愿求快死，跟先帝到地下！"

豫王继续对他劝降，说道："君不见洪承畴吗？归降则官贵矣。"

史可法不停地大骂："洪承畴是啥东西！先帝厚恩于他，而不以死报效朝廷，我怎肯仿效他？"

豫王又命归降大将前来奉劝，史可法怒不可遏，破口大骂，都将其骂跑，豫王多铎拔刀要砍，史可法挺身上前，吓得多铎急忙后退，连声喊道："好男子！好男子！确属好男儿！"

史可法最终不屈而死，尸体被清兵肢解，已无法找到，史德威将史可法的衣袍和手笏埋在扬州城西梅花岭下，修建成史可法墓。

纪昀本来对史可法就十分敬仰，这次来到他献身的地方，并且又亲眼看到了他的绝笔，心中激荡万分，那夜彻夜未眠。

第二天，彭元瑞将史阁部的绝笔，呈献给了乾隆皇帝，皇上看后，想了好久，对身旁的纪昀等臣说道："诸位大臣，这史可法将军真乃千秋忠烈，朕追赐谥'忠正'二字，你们看如何？"

乾隆皇帝了解教育大臣的重要性，经常同大臣们谈些礼义纲常的话，今日有这个机会更不肯放过，以此教育臣下报效大清帝国。纪昀心中也早已知道了乾隆皇帝有这意思，便赶忙奏道："皇上贤明，史可法虽知扬州城难保，自己又势薄难支，但不惜性命，失忠殉国，臣等万分敬仰，圣上追赐'忠正'谥号正适合臣等的愿望，乞请圣上有所题赠，重知后人，以表扬忠烈。"

纪昀的这番话，也正合乾隆皇帝的心意，皇上稍加思索，题下了"褒慰忠魂"四字，并撰写一首挽联，要大臣们唱和题跋，且让人刻字立碑，放在梅花岭史公祠内。然后乾隆皇帝又吩咐护驾的大臣们，去一趟梅花岭，瞻仰史公祠。

纪昀、彭元瑞等护驾的大臣，遵照皇上口谕，祭过史公祠，然后乘上船，随皇上继续南下。

行驶的船只到了镇江，驻跸到了金山寺内，寺庙靠山而建，殿堂屡次而上，基本把整个山头都遮挡住了，巍峨壮观。站在山顶眺望长江，白帆点点，云烟濛濛，极目天边，令人心胸开阔。

乾隆皇帝巡游的兴趣极浓，从山腰爬到山顶，又从山顶游到江边。忽然看到一处水草，郁郁葱葱，十分可爱，乾隆皇帝伸出手来，拽了一株水草，并且发出清新悦耳的响声，顿时皇帝有了雅兴，向他身边的大臣们问道：

"诸位爱卿，你们听没听到草发出的声音？"

纪昀抢先回道："回禀圣上，臣等听到了草木发出声音。草木之声，也当作琴鸣瑟响，只因圣上驾临，表示欢迎。"

皇上听着纪昀一番恭维的话，心里确实觉得高兴，于是随手又拽了一株，听见鸣响，然后向纪昀问说：

"这草木之声，是什么字，怎样写法？"

谁也没有想到皇上出了这么一个问题。在场的大臣，都默不作声，只听着这草的响声，大家都瞧着纪昀怎样回答。

这时纪昀正在费尽心计地思索，感到皇上的提的的确是个刁钻古怪的问题。忽听皇上催促道："纪爱卿，你向来是见多识广，学识渊博，此字你不会听不出来吧？"

纪昀被皇上这么一说，感觉心里有点惭愧，他心里在想，就凭自己名声在外，怎么能说没有听懂和不会写这个字呢？于是他就凑到皇上身旁，说道：

"草木的这一鸣声，应该写作'廗'。左边是个提手，右边上面为草字头，中间是水字，下面是土字。于是合起来写作'廗'字。"

乾隆皇帝又问道："为什么这样写法？"

纪昀立即回答："水在土上，草生水中，用手提它，当然应是'廗'字。"他回答时还真正儿八经，和那真事是的。

乾隆皇帝知道纪昀是在胡编乱造字，便又追问他："《说文解字》上有没有这字？"

"圣上容臣解释，《说文解字》中的确没有此字。中国汉字浩繁巨多，约有四万七千个，虽然仓颉造了这么多字，《说文解字》仅收九千三百五十三字，后来又增加了一千一百六十三字，都是后人根据时间、景物和事情的需要而造字。今天圣上又亲自根据事和物让臣下造字，这真是皇上赐给臣的一种福分，现在就不要求得古书上有没有此字了，不必胜求古有。"

乾隆皇帝听到纪昀的回答笑了起来："又是你在信口开河。"在场的大臣们也都随着笑起来了。

晚上皇帝和大臣们都回到了金山寺中，吃过晚饭后，纪昀让人专门在文宗阁内，为他安排了住处。他住在文宗阁，一是看看这里贮藏的《四库全书》的情况；二是为了趁晚上的时间，好好欣赏一下寺中珍藏的古书。虽然白天到处观光巡游，但他晚间的精力依然十分充沛，一直看到子夜，方才入睡。

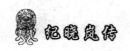

过了几天，御舟离开镇江，顺流而下，又到了无锡，乾隆皇帝游览了太湖之滨，观赏了五里湖，品尝了惠山泉的泉水，然后继续南下，直奔苏州。

苏州历来就有"人间天堂"的美称。这里山清水秀，风景迷人，城内城外到处是名胜古迹，还有独一无二的苏州园林，真使人大开眼界，美不胜举。

乾隆皇帝十分喜欢苏州，他每次来江南，必来苏州驻跸一段日子。为此，这里的官吏不惜招募大量民工，花费许多银两，将徐氏枣园的一座巨大瑞云峰石，搬移到织造府西侧的乾隆皇帝驻跸的行宫内。地方官吏果然受到了乾隆的嘉赏。

乾隆皇帝一行在苏州观赏了园林绝境，又听了当地特色的昆曲吴歌。同时，乾隆皇帝还口谕在苏州城内的大街小巷，处处都张灯结彩。皇帝最喜欢看的便是此地的走马灯，这种灯点燃后光华四射，把它挂在碧瓦飞檐的亭阁间，人物故事在灯中都表现得淋漓尽致，经过循环往复，令人赏心悦目，引人入境。

不知不觉在苏州城已过了一个多月，城内的名胜古迹，皇上几乎游赏完毕。纪晓岚、彭元瑞等大臣们，也跟随着大开了眼界，饱了眼福。然后他们又陪伴皇上巡游城外的虎丘山。纪昀还为花神庙题写了一副对联：

> 一百八记钟声，唤起万家春梦；
> 二十四番风信，吹香七里山塘。

这一联妙处甚佳，所以能在世上流传甚广。

紧接着，纪昀等人又伴驾游完了寒山寺、支硎山。有一天，他们来到了天平山行宫。天平山这地方，是皇帝来苏州的必经之地，来到天平山就必须经过灵岩，到灵岩也必须路过天平山，所以在天平山、灵岩山之间，专门给皇上在此修筑了一条路线，供皇上往来行走方便。

在天平山下，有一个山庄，是宋代范仲淹的义庄。范仲淹第一次到杭州任职时，返回故乡苏州探亲，看到许多人仍过着饥寒交迫的生活，于是他买下良田千亩，在天平山下新建了范氏义庄，周济那些无家可归的贫困人。范仲淹死后，后世子孙多次操修他的事业，经历元、明、清三个朝代，一直未衰。对范仲淹的这种周济贫困的行为和道德，乾隆皇帝特别嘉许，上次皇帝巡幸这里曾赐范公祠一幅"学醇业广"的匾额，并将天平山庄，题名为"高义园"。乾隆皇帝每次到这山庄中，都作诗题咏，这次也不例外。纪昀等臣同声称赞，乾隆皇帝心中非常欢喜。

离开天平山，纪昀随皇上又游到灵岩。这灵岩山，峭壁嶙峋，怪石、奇石、胜景，无不让游人流连往返。君臣们随着台阶而上，每一处古迹都有它由来的传说。

到了山顶的吴宫，更是引人遐想不已，当年为美人西施所建的离宫别馆、吴王井、玩花池、玩月池、梳妆台、琴台石，无不让人心旷神怡。

站在山顶往下看，竹林森蔚，稻畦交错，溪田如绣，更让人心醉的是红黄青绿几色交错在稻田间，绣出"天下太平""万寿无疆"几个大字。皇上看后，激动万分，当即下令，"比一方田亩业主，格外免租"。纪昀心想："这地方官吏，真是挖空心思搜肠刮肚，诡计多端！"转而又想："其情也属可怜啊！"

君臣正在灵岩山寺游玩之际，忽然，天空中电闪雷鸣，大雨倾盆而下，大家只好在殿中避雨，一时无话可说。乾隆皇帝猛然又问纪昀道："纪爱卿，这雨为什么下得如此急呢？"

纪昀立即答道："云从龙，风从虎，皇上至此圣驾，所以云兴雨降。"乾隆皇帝听罢自然高兴。大雨过后，在东方天空出现了两条彩虹，乾隆皇帝诗兴大发，随之吟了两句诗："谁把青红绒两条，半红半紫挂山腰。"乾隆吟出头两句后，一时半会儿吟不出下面的诗句了。他猛然一想，转身给纪昀说道："爱卿继续吟来！"

纪昀没加思索，脱口吟道："上皇昨夜銮舆出，故尔空中驾彩桥。"

乾隆皇帝听后点头称赞。随行人员对纪昀的才思敏捷赞不绝口。

游完灵岩寺，乾隆皇帝一行回到苏州。有一天闲来无事，皇帝就要纪晓岚、彭元瑞陪伴着，微服在苏州城内游逛，玩到他们口渴了，便来到一家茶馆内歇息喝茶。这苏州茶馆有个习惯，喝茶之时可兼听书，这时说书还没开场，就看悬挂的唱书牌上"笑笑笑"三个字，便得知弹唱的是《三笑姻缘》——唐伯虎的故事，乾隆皇帝几次来苏州，去唐伯虎故居巡游过，早就了解了唐伯虎的故事，但仍然兴趣很浓，可是说书的用的是这里的方言，听不大懂，皇上对身边的两位大臣说道："你两位谁能讲唐寅的故事？"

彭元瑞抢先道："唐解元的故事，万岁爷喜欢听哪一段？"

乾隆说道："就讲朕没听过的。"

这下可把彭元瑞难住了，他哪里知道皇帝听过哪里又没听过哪里，正在他为难之际，聪明的纪昀却在一旁动了心思，他想：唐伯虎在苏州的笑话甚多，皇上几次到这里，可能早已听说过，为何不讲一个唐伯虎于南昌的故事，便慢慢问道："圣上对唐寅南昌判案的故事，是否听过？"

皇帝果然没有听过这段故事，他说："纪爱卿给朕讲来听听。"

纪昀于是说道：

"在明朝弘治年间，宁王宸濠蒲临南昌，权势显赫。他家喂养一只鹤，这只鹤是皇帝赏赐的，宁王尤为喜爱，王府派专人照管这只白鹤，不但饮食沐浴照料得精心，而且还每天陪它上街游玩。

有一次，这只鹤路过东门，平民家的一只狗从家中蹿出来，将鹤咬伤。王府

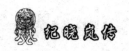

的官吏小题大作，要将养狗家的主人治死罪，告到南昌府衙门，诉状上写道：
'鹤系金牌，乃是御赐。'"

纪昀发现皇帝听得津津有味，又接着说道："知府大人发现状子写的词语关系重大，不敢不受理这桩案子，既怕惹得宁王发怒，更怕朝廷怪罪下来，还要担负责任，但如果判养犬的民家有罪，则既怕不服民心，又怕受士人责备，知府确实左右为难。"

皇上着急地问道："这与唐伯虎有何相干？"

纪昀笑一笑，接着说："恰巧唐伯虎在南昌巡游，知府与唐伯虎相识并有交情，他便和唐伯虎谈起了此事。唐伯虎接过诉状看了看，挥手笑着并帮知府判说：'鹤系金牌，犬不识字，禽畜相伤，不关人事。'知府看后十分赞同，驳回了这个诉状。"

"果然有这样的事？"乾隆转身问了问一旁的彭元瑞。

彭元瑞答道："圣上，确有此事。"

乾隆皇帝捋着胡须笑笑，立刻起身离开茶馆。他们君臣三人又来到一河沿上，发现一个老妇和一个少年正在吵架，周围围观了不少人，彭元瑞过去找人问两人争吵的原因，说是少年无缘无故打死了老妇的一只鸭子。

彭元瑞给皇帝暗示了一下，然后对纪昀说道："纪大人，过去唐寅的'犬禽之争，不关人事'，而今天人禽之争，你为何不前去劝解一下？"

"正是，彭爱卿说的很对。"皇上在一旁也帮着说。

纪昀知道皇上和彭元瑞在一旁看他的笑话，可是他又很难推辞，便顾不上自己是一个礼部尚书的身份和一口北方话，冲进人群，对少年说道："这鸭子是不是你射死的？"那少年看他是一书生打扮，面容清秀，猜他大不了是个穷秀才，又听他说话是北方口音，便直着脖子说道："是我又怎么样？"

纪昀朝那少年露出一副恐惧的面孔说道："啊呀，那你今天可是闯大祸啦！皇上圣驾来到苏州，你知道吗？"

皇上巡幸苏州，已是家喻户晓，那少年还能不知？但鸭子与皇上来苏州有何关系，少年却搞不明白。纪昀这一问把那少年吓蒙了，一时间瞠目结舌。纪昀见少年有些吃惊，又接着说道："这鸭子，会说人话，官府正要拿它进贡皇上，你怎么可以把它杀死呢？"纪昀说着，然后转身向那妇人说："这是不是你家那只鸭子？"老妇人点头称是。

少年听了纪昀这些话，惊惶失措，又见纪昀一脸善相，着急问道："老先生，你说这可怎么办呢？"

纪昀低声问道："身上带没带银两？"

"带着的。"

"多少？"

"十两。"

"交给那老妇，你赶快逃吧！"

少年慌忙掏出了十两银子，一溜烟逃走了。围观的人无不捧腹大笑。老妇人拿着银两叩头拜谢纪昀。

纪昀离开人群，来到皇上身边，皇上笑着问道：

"这鸭子能说什么人话？"

纪昀笑道："它能目呼其名呀！'呷，呷，呷'的叫声，不正像它在自呼其名吗？"

彭元瑞笑得十分开心，乾隆皇帝又笑着说道："你真是极为滑稽。"

不几天，纪昀又陪伴皇帝离开苏州来到杭州。这时已是七月暑天，皇帝不顾天气炎热，把跟随的大臣，全都留在杭州，由浙江巡抚阮元等人接驾，前往海宁。

二、钱塘观潮

1. 拜谒岳飞墓

乾隆皇帝去海宁这段时间，纪昀和彭元瑞等大臣，心里放松了许多，他们可以毫无顾忌地在杭州游览，不必像伴驾那样提心吊胆、小心做事了。杭州是座历史文化古城，名胜古迹比比皆是。尤其那美丽的西子湖畔，让生长在北方并且长期在京城生活的纪昀，怎能不为之心醉，他看着湖中的清澈碧水，平若明镜，清波涟漪，不胜枚举；周围的山，苍翠浓郁。湖光山色，相伴交织。今天来此，他才真正领会了"欲把西湖比西子，淡妆浓抹总相宜"的意境。除此之外还有雷峰夕照、双峰插云、曲院风荷、平湖秋月、花港观鱼、柳浪闻莺、南屏晚钟、三潭印月等许许多多的美景。各具特色，使纪昀、彭元瑞等人看得恋恋不舍，但美中不足的是，此时正值初秋时节，无法领略"苏堤春晓"和"断桥残雪"的美。

一日，纪昀、彭元瑞、金简等人，在浙江巡抚的陪同、引导下，来到栖霞岭下的岳王墓，拜谒宋代抗金名将、民族英雄岳飞。纪昀对岳飞尤为崇敬。祭拜完之后，他们又观看了翁仲、石兽。它们分列两排，肃穆森严，在墓前有四个用生铁铸就的人像，双手反剪，面墓而跪，他们就是陷害岳飞的秦桧夫妇、张俊、万俟卨四人，这一布局和其他任何一座坟墓都不同。跪像后面的墓阙上，题有一副

对联，内容寓意深远，匠心独具，内容是：

　　　　青山有幸埋忠骨；白铁无辜铸佞臣。

　　纪昀一边看一边问陪同的地方官员："这副对联是何人所书？"

　　地方官员回答说："为松江县徐氏女谒墓时题留。"

　　纪昀赞叹道："实在是一副妙对！"

　　此时彭元瑞站在铁像前面，招呼纪昀赶快过来看看铁像。纪昀来到铁像前仔细一看，原来是秦桧夫妇的胸前，每人都挂有一块小牌，写有一副对联，内容是：

　　"咳！仆本丧心，有贤妻何至如此？"

　　"啐！妇虽长舌，非老贼不到今朝。"

　　上联是挂在秦桧胸前小牌上的，下联是挂在王氏胸前小牌上的。这是模仿夫妇二人追悔的口气而写。

　　纪昀看后说："这一联语，亦甚属绝妙，此联又出自何人之手？"

　　地方官回答道："不太清楚，该不是好事者所为吧？"

　　纪昀叹息道："一代奸贼，千秋唾骂，秦桧夫妇实在是罪有应得。"

　　金简在旁边插嘴问道："这铁像又铸于什么时候？"

　　原来，岳飞在大理寺风波亭以"莫须有"的罪名被杀害以后，狱卒隗顺，偷偷地把尸体运出城，掩埋在钱塘门外的九曲城下，为了掩人耳目，称之为贾宜人坟。直到孝宗的时候，冤案昭雪，岳飞被谥为"武穆"，才又改葬在栖霞岭，当时坟前并没有秦桧等人的铸像。到了明代正德年间，浙江都指挥使李隆，在墓前用铜铸了秦桧夫妇、万俟卨三个人的跪像。几十年的时间里，铜像就被人们槌打成了一堆烂铜。在万历年间，按察副使范徕又用生铁重铸跪像，这次还增加了张俊，到后来还是被人们槌打成了一堆废铁。如今纪昀等人谒墓时的跪像则是前不久由巡抚熊学鹏再一次铸造的，上面又有了不少被人槌打的疤痕了。

　　回到馆舍，纪昀激情满怀，当晚就撰出一副挽岳武穆的对联：

　　　　报国精忠，三字狱冤千古白；
　　　　仰天长啸，一曲词唱满江红。

　　彭元瑞在旁边不停地夸赞："妙联，妙联，真是一副妙联！"又接着讲道："秦桧遗臭千古，人人唾弃，哎！我说纪兄，你平时嬉笑怒骂皆成文章，今日面对这奸雄秦桧，怎么沉默了呢？"

纪昀沉思片刻,郑重地说道:"既使怎么骂他,也难解恨,我倒是在想各朝各代,那些做臣子的,怎么会有天壤之别?上天无眼,为什么生出秦桧这样的败类。忙里偷闲,偶得一首,请彭公指教。"说罢他从桌上拿起刚写毕的那张纸,递给彭元瑞。

彭元瑞拿起纸来,看到这首题为《咏岳王》的诗写道:

> 臣飞死,臣俊喜,臣后无言世忠靡;
> 臣桧夜报四太子,臣构称臣自此始。

彭元瑞看罢,感觉冷峻之极,说道:"纪兄此诗尤佳,确是微言大义啊!"

"见笑,见笑,不过天下做臣子的,赵宋一代实在出奇,忠不用,贤之弃,天子臣服于夷狄。大宋江山哪有不亡的道理?"

彭元瑞和纪昀向来意气相投,索幸二人坐下,继续交谈起来。两人谈古论今,说长道短,不知不觉到了深夜。

2. 钱塘秋涛

乾隆皇帝由海宁回到杭州,于行宫内庆贺寿辰与中秋节,而后带领全体伴驾南巡的大小官员,来到钱塘江边螺蛳埠的秋涛宫,君臣共同欣赏钱塘江秋涛。

钱塘秋涛,也就是钱塘江潮,可谓是天下一大奇观。每年的八月十八日前后,是钱塘江涌潮最高的时节,只有此时才能欣赏到钱塘江那汹涌的回潮,拍打着江岸,壮观无比。每到这个时候,沿江的海塘长堤上,车水马龙,川流不息,争看"钱塘秋涛"。

欣赏钱塘江秋涛久已成俗。唐代白居易就有诗咏道:"早潮才落晚潮来,一日周流六十回。不独光阴朝复暮,杭州老去被潮催。"苏东坡于《咏中秋夜潮》里也写道:"定知玉兔十分圆,已做霜风九月寒。寄语重门休上钥,夜潮留作月中看。""万人鼓噪骇吴侬,犹似浮江老阿童。欲识潮头高几许,越山浑在浪花中。"

欣赏"钱塘秋涛",从前以前以杭州江岸一带为最佳观潮位置。后来由于江流改道,自明朝开始,海宁县的盐宫便成了观潮的最佳胜地。只是这儿距杭州较远,来回尤为不方便,为了圣驾观潮,地方官便在杭州城外,钱塘江边的螺蛳埠,建了一座秋涛宫,可以说这也是一处观赏秋涛的胜地。

到了八月十八日,纪昀等官员陪着乾隆皇帝,很早就来到江边坐在观潮台上,等候大潮的到来。此时沿江上下,十几里的江岸早挤满了观潮的人群,满目皆是。靠近江边的朱楼顶上,也全部挤满了观潮的人。

"快看,海潮涌来了!"秋涛宫内忽然间传来喊声,同时也听到远处的人群也

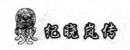

在一齐呐喊。

纪昀抬眼仔细一看，只见天边现出一条横贯江面的白色练带，伴随着轰隆隆的响声，潮头渐渐从远而近，由低到高，如同一群白色的天鹅，一行一行，拥挤着，攒动着，展翅飞翔而来。刹那间，白练咆哮着，汹涌着，化作一丈多高的水墙，喷珠吐雾，勇敢向前！瞬间来到了观潮人们的面前，拍打着江岸，掀起三丈多高的浪头，激起震天的轰响！此后，潮水又坦然飞逝退下，这真是"潮来溅雪欲浮天，潮去奔雷又寂然"。沿岸的欢呼声响彻云霄。

乾隆皇帝高兴之极，坐在高高的观潮台上看着接连不断的巨浪涌来，轰鸣声也一声接一声地不绝于耳。此景此情，真的是让人流连忘返。

第二天，江边依然是人头攒动，络绎不绝。乾隆皇帝依然也是兴致不减，他干脆离开秋涛宫，穿上便服，命纪昀等几个大臣跟随，来到江边的人群中，同观潮的人们，共同分享这观潮之乐。

后来，乾隆君臣来到远离人群的江岸山径上慢慢地行走，忽然看到不远处的一家楼窗半闭半启，一个年轻美貌的妇人，手托香腮，眼望江潮，好像正呆呆地痴想着什么，而那沉思的神态，着实令人喜爱。

乾隆皇帝问身边的纪昀："纪爱卿，瞧这一女子在想何事？"

纪昀又向楼窗望了望说："她在思念自己的丈夫。"

乾隆皇帝问道："你怎知她是在思夫呢？"

纪昀说："少妇独自倚窗，一定是丈夫不在身边。"

乾隆皇帝接着问："她丈夫做什么去了？"

纪昀马上回答："唐诗曰：'嫁得钱塘贾，朝朝误妾期。早知潮有信，嫁与弄潮儿。'瞧这等人家的样式，不似官宦之家，却又分明富有，一定是家商户，丈夫外出经商了，长期不归。年轻的娇妻，定在怀念于他。这妇人望潮沉思，臣想她一定是在思念久别的丈夫。"

乾隆皇帝听他这么一说，觉得有趣，笑着点了点头又说道：

"纪爱卿既知她在观潮思夫，朕就命你作一诗以记其事，但有一条件，句句都必须有个'潮'字。"

纪昀不假思索，便随即吟道：

> 早潮退罢晚潮催，潮去潮来日已回；
> 潮去不能接妾去，潮来可肯送郎归。

"好诗，好诗！"皇上听后称赞不已。

事实上，纪昀这首诗，并非为上乘之作，只是信手拈来，顺口吟出，应对之速恰到好处，因而得到乾隆皇帝的赞许。过了没多久，纪昀又应圣上之命，作了一首"九个一诗"，算来应是一首千古绝唱。

这日乾隆皇帝、纪昀君臣二人，来到江边。天上下起了蒙蒙细雨，君臣二人便来到一家茶楼躲雨吃茶。此时游客稀疏，茶楼里面，竟是空无一人。

君臣二人落座吃起茶来，闲着无事，纪昀便信手打开窗，眺望远处江上的景色。看到江面之上烟雨蒙蒙一片，纪昀指了指江面赞道：

"真是一派大好江色！"

乾隆皇帝听到，没有言语，纪昀转过头来向乾隆皇帝问道："圣上不喜欢吗？"

"朕十分喜欢这里，朕在思江色一派，物佳景绝，当有所题留才是！"乾隆皇帝看了看纪昀说道。

"圣上所言极是，臣去把笔砚取来怎样？"纪昀认为皇上又想赋诗。

"不用了，不用了。朕现在命你用上九个'一'字，作一首七言绝句，来记这一江秋色，怎么样？"原来乾隆皇帝刚才默不作声，正是在这个一字上做文章。

纪昀急忙答道："臣谨遵圣命。"然后，纪昀依窗眺望远处，青山碧野，同白色的烟雨相辉映，江面上看不到来往的船只，四周一片静寂。纪昀忽然看到，临近茶楼的江边上，有一个披蓑戴笠的渔翁，正在临江垂钓，心中怦然一动，"有了。"纪昀转身向皇上笑了笑。

"皇上，这九个一字诗，臣作出来了。"

"纪爱卿快快讲来！"

纪昀随即吟道：

> 一蓑一笠一扁舟，一丈丝纶一寸钩；
> 一曲高歌一杯酒，一人独钓一江秋。

"好一个逍遥自在的垂钓翁！"乾隆皇帝赞叹道，忽然回转话锋又说道，"只是，只是一孤独渔翁一人垂钓这一江秋水不免有几分凄凉的感觉。"

"皇上所言极是，遥想北国，也该是秋风飒飒、禾稼尽熟和满山红叶的时候了，微臣斗胆进言，圣上该启驾回京了。"

乾隆皇帝捻了捻胡须稍作沉思，说道："朕准爱卿所奏，准备近日启驾回京。"

君臣二人脸上露出了会心的笑容。几天以后，乾隆皇帝下达圣谕，启銮回京，结束了此次巡幸江南。乘舟北归，在河流封冻之前，回到了北京。纪昀此时也解除了紧张而疲劳的伴驾生活，君臣都相安无事地回到京城。

第十一章　宦海浮沉

一、善体圣心

　　大清王朝的最高统治者为了巩固其统治，采取"以汉治汉"的策略，笼络和利用大批汉族官僚地主和士人，对全国的老百姓实行镇压和欺骗相结合的两面政策。于文化方面，则采用大兴文字狱、消除异己势力、钳制异端思想、用功名利禄网罗大批文人等种种手段。纪昀是一位异族文人，能够跻身六卿之列，官居一品，除了凭借自己满腹经纶，更由于他善于体察圣心，通达世故，因此深得乾隆皇帝的宠信。纪昀自然也十分清楚乾隆皇帝的意图：乾隆皇帝无非是想利用自己手中的笔。身为一介文士，自己也只能如此而已。这也同岳飞曾镇压洞庭湖杨幺等人起义、张之洞剿杀革命党人一样，在位谋政，各为其主，阶级使然，政务使然，是无法借此评价其个人品质的。

　　由此看来，纪昀的善体圣心，也是下了很大功夫的。他时常能够揣测到皇上的众多他人不能揣测到的众多话外之音，并且他还能身体力行。清初的帝王对明朝降臣、降将颇多微词。乾隆皇帝在四十年十一月诏谕四库馆臣修纂《胜朝殉节诸臣录》时，曾极力轻蔑地指斥过钱谦益等降臣："至钱谦益之自诩清流，恬颜降附，及金堡、屈大均辈之幸生畏死，诡托缁流，均属丧心无耻。若辈果能死节，则今日亦当在予旌之列。乃既不能舍命，而犹假语言文字以图自饰其偷生，是必当明斥其进退无据之非，以隐殛其冥漠不灵之魂。"并且，乾隆皇帝还亲自作了《题钱谦益〈初学集〉》诗："平生谈节义，两姓事君王。进退都无据，文章哪有光？真堪覆酒瓮，屡见咏香囊。末路逃禅去，原为孟八郎。"这首诗着实把钱氏讽刺得一无是处。钱谦益于福王时奉承马士英，被任命为礼部尚书。顺治三年，清兵大举进攻江南，他的爱妾"秦淮八艳"之一的柳如是，以秦淮姐妹葛嫩娘抗清被俘碎舌成仁的事迹鼓励钱谦益，劝他自尽殉国，他不答应，最后终于投降清政府。《清史列传》中有关于他的传记。《清史稿·文苑》记载道：钱谦益晚年家中失火，"惟一佛像不烬，遂归心释教，著《〈楞严经〉蒙钞》"。乾隆皇帝御诗中有"末路逃禅去"一句，就是说的这件事。对乾隆皇帝此句的真实用意，纪昀仔细玩味，着实揣摩，终于弄明白了是怎么回事，皇帝大力表彰明朝殉节诸臣只不过是用来鼓励臣子效忠大清王朝而已。因此，他便在《阅微草堂笔记》中对降清的明朝文臣武将极尽挖苦讽刺之能事。

纪昀在《滦阳消夏录》卷二中，讲了一个故事：有一个人在明朝是一位谏官，曾经占卜问自己能活多大岁数。占卜的人告诉他将在某年某月某日死。但结果到了这天，他却没有死去。后来这位谏官投降了大清。一日，他的同僚家请来仙人占卜，这人一看正是曾经给自己占卜的仙人，他便指责仙人为什么判的不准？不料仙人却说："你不死，我也没有什么办法？"这人仔细回想，才记起当年仙人所判的死期，是甲申三月十九日，正是崇祯皇帝煤山上吊之日。于此，纪昀不动声色地责备了这位不肯为国殉节的谏官。

纪昀在《姑妄听之》卷四还讲了这样一个故事：黄叶道人潘班曾和某林下巨公无事闲聊，多次称呼巨公为兄。巨公十分生气，但仍然笑着，说："我都已七十多岁了，你如此年轻，怎么能和我称兄道弟呢？"这时候，潘班已经有些醉意了，正色道："兄是前朝人，应当和前朝人去比，不该带入本朝。如果以本朝年岁而论，您是顺治元年五月投降大清，我是顺治二年九月出生，仅仅相差十几个月，理所当然应该称你为兄了。"最后，纪昀评论道："不能说潘班讲的没有道理。"明朝官员降清的很多，但是降清以后随即又叛清的也有许多，钱谦益就是其中之一。后来他在柳如是的观劝下，终于弃官回归故里，以著书为娱，后来又暗中联络有志之士密谋反清复明。乾隆三十四年，乾隆皇帝听到此事，大怒，下令把他的诗文集以及全部书版通通付之一炬。

纪昀在《如是我闻》中也曾记载道：他的族祖纪灵在康熙时候，一次路过一农村私塾，看到书案上放着一方旧端砚，便随手拿起来仔细观看，看到砚底刻有十六字狂草："万木萧森，路古山深；我坐其间，写《上堵吟》。"落款是"惜哉此叟"。纪灵随后向塾师打听这方端砚的来历。塾师回答道："村南树林里面有一厉鬼，夜晚走路的人遇上就会寻病。一天，许多人等他出来，马上持兵器追打他，追到一座坟墓忽然不见了。大伙就开始挖开坟墓，在墓中发现了这方砚。吾以一斗粟换来的。"纪昀在文本加了按语，说《上堵吟》是孟达所作。孟达在汉末时曾任新城郡太守，一日他登上白马山，眺望形势险要的新城地貌，无限感叹道："刘封、申耽据金城千里而更失之乎！"于是作了《上堵吟》。孟达原是蜀将，后投降魏，再后来又叛魏。纪昀评论道："是必胜国旧臣，降而复叛，败窜入山以死者。生既进退无据，殁又不自潜藏，取暴骨之祸，真顽梗不灵之鬼也。"如

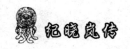

此之语，和乾隆皇帝上谕中的"其进退无据之非"以及诗中的"进退都无据"，难道不是在借死鬼大骂活着的钱谦益吗？

向来聪明绝顶的主子管理自己的奴才，其实并不是一味地"打打打""杀杀杀"，有时也会夸赞几句，或者给些物质上的刺激，有的甚至会赏赐给由于反抗而被诛杀的奴才一副上等的棺木，以标榜自己的公正、宽容和大度。因为这时主子所看重的并非棺木本身，而在于它对于那些活着的奴才所产生的妙用。乾隆四十年十一月，纪昀等人奉旨编纂的《胜朝殉节诸臣录》，正是如此一副棺木。它是由乾隆皇帝亲自创意设计、亮出来给大清臣民尤其是汉族臣民观赏的一副奇异道具。这部书共十二卷，系统记载了明末死于抵抗清兵入关的将官士民以及被李自成、张献忠等农民义军诛杀的明朝官吏，每人一篇或者数人一篇。其中，短的不足一行，仅寥寥十几个字，长的也不超过百言，确实太简略。而乾隆皇帝制作此书的意图，并不像他自己所表白的那样："胜国殉节诸臣，各能忠于所事，不可令其湮没不彰。"而是为了收买人心。作为主子之所以能够如此做，当然是以强大的实力作后盾的，一定是坐稳了皇位之后，才能够有如此力量顾及于此的。但是，此时却突然杀出来一个左都御史张若桂，竟异想天开要"行文各省、各督抚，再加采访"。这等同于又一次要在全国上下煽动一场反清浪潮，乾隆皇帝怎么能够同意？这位张御史似乎已经忘了，无论何事都要有个度。乾隆皇帝只是允许臣子们在小的范围里假戏真做，憨态可掬的张御史却要到广阔天地里去真杀实砍，那如何行得通！而纪昀等人可谓对圣心心领神会，尽管是奉旨编纂，但并不急，慢慢搜罗，仔细磨勘，前后经历十五年，直到乾隆五十四年四月，才把此书编纂完毕恭呈御览。众所周知，卷帙浩繁的《四库全书》和洋洋洒洒百余万言的《历代职官表》，只不过是各用了十多年时间，六十余万字的《河源纪略》，则反用了两年时间，而这区区十几万言的《胜朝殉节诸臣录》，竟然花费了十四年时间。并且，书中错误众多，舛漏不断，其中卷三、卷四、卷五、卷八、卷十一统计死难人数皆有错误；同一数字，卷首、卷尾就不相同。不知为什么，这些进士、翰林们的智商在这时何以如此的低下，竟出现如此之多的错误。从他们对待此书的态度也可看出此书在他们心中的地位。这和乾隆皇帝于每卷末页都钤以"乾隆御览之宝"的认真态度，真是不可同日而语。

这些御用文人，终究还没有愚腐到像张若桂那样，他们连拖带磨，历时十五年，才终于完成。全书共收入死难者三千七百八十人，其中死于靖难之役的有一百二十八人。

抗清而死的人一千二百〇二人，而被李自成、张献忠这些农民起义军所杀死的竟多达二千四百五十人，我们从被杀人数上便可以看出"家贼"厉于"外鬼"。这也恰是乾隆皇帝所谓"俾天下后世读史者有所考质"的用意所在。但是，鲜血染就的历史终究是无法用墨汁来遮掩的，比如"嘉定十日""扬州三月"，于《诸臣录》一书当中，凡抗清而死者，用的都是"被获死""死于难""死节""殉节""死焉""死之"等字，可真是煞费心机，精炼得维妙维肖。而那些被李自成、张献忠这些称作"贼"的农民起义军所活捉的，用的都是"缢杀之""扼吭死""杖死""沉河死""射死""死于乱刀中""腰斩""寸磔死""支解死""脔分其肉而死""断足死""断其舌死""截舌刳目死""剜目剔肾死""刳心剥肤而死""贼击之，骨肉糜烂以死""方有娠，被剖腹死""贼杀之，以其皮布鼓，悬之城门，令出入者击之""戮其尸""焚其尸""屠其家"等字眼，看起来是十分吓人的了。至于是否真的属实又尚待别论，单从编纂者们的笔法可以看出他们的意向所趋了。纵观中国自古以来就有"为尊者讳""为皇家讳"的传统，往往是向"皇家"脸上贴金，往"贼"脸上抹黑！对于如此一本书，文人和书商并没有兴趣传抄、刻印。如果不是当年把它收入《四库全书》，今天人们也许不可能再见到了。

　　主子给奴才指明了方向，奴才也不得不顺着这一方向向前跑。但有时候，奴才们由于过于效力，因而顺着这一方向跑得太远了，主子还得把他们唤回来。乾隆四十二年在乾隆皇帝发给四库馆臣的上谕中有这样一条："日前披览四库全书馆所进《宗泽集》当中，把夷字改写为彝字，狄字改写为敌字。昨日浏览《杨继盛集》，其中亦有如是情况。而在这两集当中又有不改动的，尤为不可理解。夷、狄二字，屡见于经书，如果是有心改易，转为非礼，如《论语》'夷狄之有君'，更何所用避其讳耶？所有这二书的分校、复校以及总裁官，全部交部分别议处。"从这道上谕中可以看出，四库馆臣和南书房的翰林们，如同在夹缝中讨生活，左右为难，十分不容易。这种状况也确实是当时那些御用文人处境的真实写照。

二、官场倾轧

1. 同僚斗智

　　纪昀、彭元瑞、金简等臣，伴驾回到京城，回来之后他们依然官复原职，各负其责。这时金简有事干了，只因他们在侍从乾隆皇帝南巡时，工部衙门着了火，烧毁厅堂房屋数百间，皇帝一回京，马上口谕金简查清失火原因，处罚肇事者，然后皇帝又命令招募工匠，重新建造。

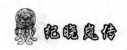

金简本是工部尚书，虽然他陪伴皇帝巡查江南，不在京城，但他的部下找了事儿，他也摆脱不了责任。他为了尽职，督工建造官署的房屋时，显得格外尽力，每天他都忙得焦头烂额，昏天黑地。这时有一位内阁中书，嘲笑金简给他送了一句上联："水部失火，金司空大兴土木。"

水部是工部一个下属机构，是专管水利工程的，这里用工部代替，工部尚书也叫大司空，所以此联将金、木、水、火、土五行融合到一块，此联的下联好长时间没人对上。

一天，纪昀参加一个宴会，恰巧写上联的那位内阁中书也在场，并在酒会上炫耀自己的才能，还把他出的上联讲出来，请在场的人们来对。在场的人基本上都摇头表示不会。他看到此景心里得意扬扬，把头转向默默无语的纪昀，说道："纪学士，您一直以能诗善对而著称，难道也不愿赐教对出下联？"

纪昀看着内阁中书笑道："对此联太容易了。只怕对上后，对中书大人有些不便。"

内阁中书一听纪昀能对忙催促说："不碍事，能对上就好。纪大人赶紧对出下联。"

于是纪昀便说："那好吧，如有不便，老兄请不要在意。"然后就对出下联说道："南人北相，中书君什么东西。"

原来这位内阁中书是地地道道的南方人，可他本人却外表魁梧高大，典型的北方人长相，纪昀对的上半句十分贴切。主要是后半句，在场的所有人听后都捧腹大笑。这位中书发现纪昀对的下联，正好有东、西、南、北、中五方，和他的上联金、木、水、火、土五行，对得工整妥贴。但这个对句却开了中书君的玩笑。这位内阁中书用手推了一下纪昀的后背，说道：

"对句是十分恰当。不过，人们都说你爱开玩笑，今天你居然也拿我开心。"

其实，纪昀爱开玩笑是大家有目共睹的，他不仅喜欢拿别人的相貌特征开玩笑，而且也喜欢依南方人的口音闹笑话。那年他在福建任学政时，给南方人出了一副对联，叫作"睡草屋闭户演字，卧樵榻弄笛书符"，这副对联后来人们一直把它作为笑谈。本来这副对联从字面看非常文雅，但让南方人一读味道全变了，念出来便成了粗野的骂人话："谁操吾屁股眼子，我叫他弄得舒服。"据悉，这对联便成了他用对联来开玩笑的开始。这次他伴驾南巡，就在这副对联的基础上，作了一首诗，以应付南方官员的求赠。题目是"草屋闭户言志"，诗文是：

馆阁居官久寄京，朝臣承宠出重城。
散心松寺寻宵宿，喜幸花轩候晚行。

情切慈亲催寸草，抛撒蓬荜譬漂萍。

身逢盛世述书史，蛮貊氓民慕灵名。

当时，乾隆皇帝听南方官员一念这首诗，个个都变成了"大舌头"，笑得前仰后合，倒在椅背上，险些歪了下去。侍立的大臣们，也笑得东倒西歪，没有了官样。每逢遇到南方官员请求纪昀题留，纪昀就把这首诗照抄一份，赠给人家，惹出一次次的笑话。起初，这首诗确实让乾隆皇帝十分开心，但以后皇上发现这样太不成体统了，就制止了纪昀的这种行为，不让他再给南方官员题赠任何诗句。所以后来有人说纪昀伴驾南巡，观了许多风景名胜，却没有写出多少的诗文，这可能是皇上限制的原因。

但纪昀爱开玩笑的毛病始终没有改，到了元宵节，他让人在家里挂灯，又是出了花样，其中有一盏蓝色的兔灯，一盏白色的龟灯。元宵节这天来他家赴宴的朋友有湖北人王侍郎，湖南人陈御史，还有胡牧亭、刘半江等人。他有意把那龟、兔两盏灯挂在客厅里。

酒会之时，朋友们自然而然地谈起了元宵灯节，议论谁的灯最好，纪昀趁机问道："让诸兄见笑了，今年我家没有好灯，只有头顶上这两盏还能挂出来，诸兄请看这灯做得如何？"

说完，纪昀指着这两盏灯让客人看，朋友看了，都感觉这灯的式样还可以，外观很像乌龟和兔子，但从颜色上，实在不能说符合。非常明显，要是这兔子灯糊成白的，就合乎正常了。在座的朋友搞不清楚纪昀又出什么花样。在自家客厅里，挂上兔灯龟灯，猜不出有何用意，是不是用"龟兔赛跑"的典故？实在想不出是何用意。

胡牧亭在那里犯嘀咕，不搭理纪昀的问话。王侍郎平时不常到纪家来，觉得既然主人问话，不说不好，于是便说道："纪大人，这两盏灯做的式样还行，就是这颜色搞错了。在下出言直率，望纪兄见谅。"

纪昀看着灯愣神，假装不明的样子。胡牧亭知道他又在装呆，心想他又该捉弄人了。果然，纪昀向王侍郎道：

"依兄的意思，这两盏灯，该做成什么颜色？"

王侍郎笑道："纪兄，你真是聪明过人。把两盏灯的颜色交换一下，兔子糊白的，乌龟糊蓝的，岂不正合适？"

王侍郎说湖南话，平时说"湖南""湖北"时，都讲成"湖蓝""湖博"，今天他说"兔子糊白的"，自然说成了"兔子糊博的"，这正合乎纪昀的意图。只听纪昀学着湖南的口音说道：'噢，在下知道了，这兔子是糊白的，这乌龟是糊

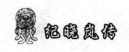

蓝的。"

边说着，纪昀让客人入座。王侍郎没太在意，转身正要落座，身后发出嗤嗤的笑声，扭脸一看，胡牧亭、陈半江等人正笑得东倒西歪。

王侍郎感到纳闷，陈御史插言道："纪大人，怎么不说乌龟是河间的？"

陈御史的这句话引得在座人员哄堂大笑，王侍郎也明白了，纪昀是故意开他们玩笑，才做了这两盏灯。

时隔不久，纪昀又去参加兵部尚书王杰家的宴会，陈御史也来了，他也是个爱开玩笑的人，和王杰、纪昀都是生死之交，而且品性相投，彼此无所顾忌。这时，纪昀还在兵部侍郎任职，是王杰的部下，在衙门里，当着部属的面毕恭毕敬，但到了王杰家里，也就随心所欲了。

在酒宴上，正当他们吃喝得开心之时，门外有一只家犬摇着尾巴走来走去，等候寻吃残肴。

陈御史一看到狗，灵机一动，有意向外一指，佯问纪昀："外面是狼还是狗？"

纪昀聪明，明白陈御史在骂他"侍郎是狗"，他假装醉话随口答道："是狗"。

王杰掩嘴问："你怎么知道是狗？"

纪昀慢条斯理地解释道："狼与狗尾巴不一样。尾巴下垂是狼，上竖（尚书）是狗！"

这话一说出，满座一阵大笑，王尚书被羞得满脸通红，无话可说。陈御史笑得已经坐不住了，还指着王尚书开玩笑说："你今天捡了便宜，我本来是说是狼（侍郎）是狗，可没想到尾巴上竖（尚书）是狗，哈哈哈……"说完又笑个不停。大家的笑声刚停，纪昀又接着说："狼狗之别，尚有其二，从它们吃食来分辨。大家都知道，狼是非肉不吃。狗却不一样，狗是遇肉吃肉，遇屎（御史）吃屎！"

纪昀的这段话，使刚刚停下的笑声，一下子又爆响起来，这一次轮到陈御史满脸发红了，他没想到刚才还扬扬得意，嘲笑尚书挨了骂，顷刻之间，又骂到自己头上，他也是目瞪口呆，无言以对。如此恰当的谐音词句，纪昀经常是张口就来，好像根本不假思索。

胡牧亭知道纪昀有喜欢和友人开玩笑的毛病，他时常有防备，但有时也难免遭他的嘲笑。

有一次，胡牧亭宴请客人，其中就有纪昀，但纪昀迟迟未到，几次让人到门前接迎，终于看到有一小轿朝胡家方向而来。下轿的果真是纪昀。尽管有下人来接，只是纪昀不肯进门，一定要胡牧亭出来亲自迎接。

胡牧亭听了下人的报告，心里琢磨着纪昀不知又在打什么歪主意。

胡牧亭没有办法，只好亲自来到了门口，恰好纪昀也迈上了台阶，没等胡牧亭迈出门槛，纪昀便近上前来作揖施礼，两人在门槛的两边寒暄开来。

纪昀笑道："失礼，失礼，刚才恰巧遇到一件难事，因此来晚了。请多多包涵！"

胡牧亭连忙问道："是什么事能难得住春帆兄？"

"倒不是什么大事，只是由于我人老了，已经不中用了，"纪昀拍了拍自己的脑袋，"今天一家亲戚分家，到了写阄的时候，却怎么也想不起那个阄字是怎么写，就是到了现在还没有想起来，恳请牧亭兄指教。"

胡牧亭笑道："这很容易，门内一龟，就是'阄'字。"

"噢，门内一龟。原来是这样！"纪昀做出明白的样子，双手抱拳作揖，连连道，"承教，承教！"

说罢，纪昀进了院子里，快步来到胡牧亭的客厅。

胡牧亭跟在纪昀后面，心里琢磨着刚才的话，忽然间明白过来："哎呀，坏了，又让这个老家伙给戏弄啦！"

胡牧亭被纪昀取笑为"门内一龟"，他就一直想办法回敬纪昀，只是几次都让纪昀巧妙地给对付了过去。一次，在一个宴会上，胡牧亭、纪昀都在座。胡牧亭看到席间有父子二人都是乾隆戊子科进士，便灵机一动，吟出了一个上联：

"父戊子，子戊子，父子戊子。"

这副对联只用父、子、戊三个字，可谓是个奇联。胡牧亭请求纪昀当场来对，如果对得上来，愿意以百金古砚相赠，如果回答不上来，就要照罚。在场的人都以为这个奇联有可能把纪昀难倒。

纪昀没料到胡牧亭会来这一招，一时想不出对句来。胡牧亭这时十分得意，便催促道：

"既然春帆兄对不上下联，就应该受罚，日后我去贵府，挑选一方你收藏的古砚，怎么样？"

"别急，别急，下句会有的。"

纪昀一边应付着，一边苦苦思索着这下联，忽然他看到对面的司徒张某，心中大喜：张司徒是进士出身，点了翰林，主持乡试，他有个门徒，此时也身居司徒，这下联不就出来了吗？纪昀说道：

"这下联有了。"

众人迷惑不解。纪昀说道："打搅了，借张公来对下联。"于是张口吟道：

"师司徒，徒司徒，师徒司徒！"

众人一听，果然是一副天成巧对，全句与胡牧亭的上联相同，也反用"师"

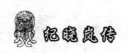

"徒""司"三字，在座的人听后无不赞叹。胡牧亭不得不认输，把自己的一方古砚送给了纪昀。

乾隆五十年正月初六，乾隆皇帝在乾清宫赐千叟宴，六十二岁的纪昀也奉诏有幸参加。

千叟宴早在清圣祖康熙就举行过，这是康熙皇帝为了显示自己文治武功和天下承平，并庆祝自己高寿和在位日久而下令举行的大型国宴，参加宴会的遍布全国各地，不但有官有民，而且也有男有女，凡是年龄在六十五岁以上的，都可参加。一时间，朝野父老会集京师，按照年龄大小顺序，分梯次进行三日，异常热闹。

此项盛会共举行了四次，第一次是在康熙五十二年，第二次是在康熙六十年，他登基一个甲子，在中国历史上开创了空前的纪录。那次宴会时，乾隆皇帝只有十二岁，他看到天下臣民会集京师、祝寿迎禧的盛大场面十分羡慕。因此，到了他自己在位五十年的时候，效法康熙帝也大张筵席，举办千叟宴，宴请四海耆老，规定六十岁以上的都可以参加。

到了那一天，亲王、郡王、大臣官员、蒙古贝勒、贝子、公、台吉、额附、回部、番部以及朝鲜使臣还有众多的士商民兵，年满六十岁以上的三千余人参加了宴会。群臣联吟祝福，作诗唱和称颂，得诗竟达三千四百多首。凡入宴的人都有不等赏赐，其中有如意、寿杖、缯绮、貂皮、古玩、银牌等珍贵器物。

这次参加宴会的当中年龄最大的，是一位一百四十一岁的老翁，当老翁向乾隆皇上祝寿时，乾隆皇帝谕命参加宴会的人们，以这位老翁为题吟联。

在场的这么多人，能够吟诗作赋的也有许多，但他们一时都被难住了，个个都瞠目结舌，不能回答。

此时，身为兵部左侍郎的纪昀站起来向乾隆皇帝说道："启奏陛下，微臣纪昀，适得一联，不知当否，恳请陛下圣裁！"

乾隆看到纪昀首先响应他的提议，非常高兴，当下立即命他快快吟诵出来。纪昀吟道："花甲重逢，外加三七岁月；"

花甲是六十岁，花甲重逢就是一百二十岁，三七岁月就是二十一岁，加起来恰好是一百四十一岁。纪昀刚一吟出口，便立刻引起一阵叫好声，全场无不喟叹。宴席上稍一平静，纪昀随即又吟出了下联："古稀双庆，再添一度春秋。"

古稀之年是七十岁，古稀双庆就是一百四十岁，再加一度春秋，也正是一百四十一岁。这下把宴会推向一个高潮，群情激扬。乾隆皇帝更是高兴异常，马上下旨颁下赏赐。

纪昀谢过皇帝，随即又献上他庆贺千叟宴的八首佳作，题目为《乙巳正月预千叟宴恭记八首》。这些诗作，都是盛赞此次千叟宴的，为皇上歌功颂德。其中一首为：

> 化宇人多寿，耆老近四千；
> 相随登绮席，所见丰华颠。
> 旭日辉宫阙，柔飔韵管弦；
> 自然才六十，已获伴群仙。

乾隆皇帝马上让人大声诵读，他听过后更是欣喜万分，心中暗想：这纪昀十年如一日，含辛茹苦，修成空前巨著《四库全书》，这次千叟宴上，又为朕的宴会大增光辉，跟随朕多年，鞍前马后，新作不断，谢恩折子连连上递，其情甚为可悯，也为朕出了不少的力，是该提拔提拔了。

因此就在这一天，乾隆皇上降下谕旨，提升纪昀为都察院左都御史。纪昀尤为高兴，连忙上疏谢恩。

2. 巧胜英使节

乾隆在位之时，恰值十八世纪西方国家发展到资本主义阶段。乾隆五十四年，即公元 1789 年，华盛顿成为美国第一届总统。欧洲国家正在兴起，他们都急需在东方寻找市场，中国便成了他们输出商品的最重要目标。向中国输出商品的国家首先是英国，其次是俄国。

乾隆五十八年八月，乾隆皇帝在热河避暑山庄接见了英国使节马嘎尔尼。这是个"中国通"对汉语有所研究，他首先按照中国礼节向乾隆皇帝行晋见礼，同时用汉语高呼"万岁"，呈上礼品。乾隆皇帝也赐予英国使臣礼品并宴请了他们。马嘎尔尼向乾隆皇帝呈上英国国王的国书，在国书中英国政府向中国提出一系列无理要求，不但有贸易免税、内河航运等特权，同时还要求割让舟山附近一岛屿，供英国人居住和存放货物。乾隆皇帝看罢，勃然大怒，对英国提出的无理要求逐一进行了批驳，严正指出：英王的要求实在太无理，不但违背了中国的体制和法律，而且侵害了中国的主权，绝对不可行！

马嘎尔尼见乾隆皇帝怒不可遏，他倒笑嘻嘻地从口袋里掏出一个折子，说："听说你们中国是礼义之邦，君臣都善于对对子。我这里有副上联，你们如果能对得好，条件可以协商；如果一时对不出来，可以宽限几日，哈哈！"说罢傲慢地笑了起来。

乾隆皇帝命人接过折子，上面写的是："琴瑟琵琶八大王，王王在上。"此联的确奇特，并且含有明显蔑视中国的意味。乾隆皇帝令群臣一一传示，大臣们个

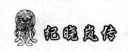

个满胸怒火，但是谁也对不上来。马嘎尔尼看到这种情况无不得意，正想告退，突然纪昀走出来，拦住马嘎尔尼道："且慢！我现在就对出下联！"马嘎尔尼用怀疑的目光看了纪昀一眼。

纪昀严肃地讲道："你仔细听着！这下联应该是：'魑魅魍魉四小鬼，鬼鬼把边。'阁下以为怎么样？"众臣听了，个个扬眉吐气，扬扬得意。马嘎尔尼此时面红耳赤，连连点头，慌忙退了出去。

乾隆皇帝看到这种场景，心中尤为高兴，夸奖道："纪爱卿，你的下联很好，切中要害，真替朕出了口气，替大清国出了气，好联！"

纪昀得到乾隆皇帝的夸奖，也特别自豪，数十年来，终于在今天派上用场驳斥了狂敌，受到皇上的嘉许。他想，自己这些年的孜孜攻读没有白费功夫。

3. 吴雅氏案

在乾隆年间都察院属于朝廷的最高监察机构，它的主要职责是考察官吏是否贪污受贿、整理法律制度。左都御史便是它的最高行政级别，秩为从一品，皇上封给纪昀如此高的官衔，可谓对他的器重非同一般。

纪昀接任左都御史才四个月，就出了一件案子，让他处理起来十分棘手。

案件的经过是这样的：员外郎海升的夫人吴雅氏死因不明，吴雅氏的弟弟贵宁，状告姐夫把他姐姐殴打致死。海升却说他的夫人是自缢身亡。这样案子越闹越僵，很难处理妥当。步军统领这一级处理不了，又提交到了刑部。经刑部进行审理，仍没弄出个水落石出。原因是海升的内弟贵宁，不承认姐姐自缢，不愿在案卷上签字画押。刑部又奏请皇上，特派左都御史级别进行复检。

这个案子按平时处理起来并不麻烦，但因为海升是大学士兼军机大臣阿桂的亲戚，审理官员都怕得罪阿桂，有意包庇海升，错判吴雅氏为自缢，为员外郎海升开脱罪责。没想到，贵宁为了给姐姐洗清冤屈不依不饶，坚持上告，最后惊动了皇上。乾隆皇帝派左都御史纪昀与刑部侍郎景禄、杜玉林，率领御史崇泰、郑澂和东刑部的王士棻、庆兴等人，前去开棺验尸。

纪昀领旨接到这件案子，也感到非常为难。并不是自己没有断案的能力，而是因为牵扯到两位大学士兼军机大臣，一是阿桂，二是和珅。由于纪昀与和珅一直关系不好，长期明争暗斗。原判又逢迎阿桂包庇海升，纪昀能正视此案吗？而死者的弟弟是告不赢决不罢休，贵宁哪有这样的胆量，实际有和珅在暗中撑腰。和珅为什么支持贵宁？是想借机压倒位居他上头的军机大臣阿桂。和珅与纪昀矛盾又深，纪昀如果和原判一样向着阿桂，和珅能不趁机整他一下吗？可给纪昀出了难题！

打开棺材，纪昀和随从人员一同验看，他发现死尸并无缢死的痕迹，心中明白，但他不说，要先听听大家的意见。

景禄、杜玉林、崇泰、郑澂、王士棻、庆兴等人异口同声说脖子上有伤痕，肯定是缢死的。纪昀突然有了主意。于是说道："我是近视眼，有无伤痕也看不太清，似有也似无，既然大家看清楚了，那就依照原判定案吧。"

于是，纪昀和验尸的官员一同签名具奏："公同检验，伤痕实系缢死。"

这下可把贵宁气极了，他准备把步军统领衙门、刑部、都察院一块儿告，就说姐夫和阿桂有亲戚，参加判案的官员有意庇护，徇私舞弊，断案不公，有法不依。

皇帝看贵宁抓住案子不放，也对此产生了疑问，又派侍郎曹文埴、伊龄阿等人再次复验。这回可有好戏看了，曹文埴等人奏称，吴雅氏尸体没有缢痕。乾隆心想，这可能是阿桂搞的鬼，便派阿桂、和珅会刑部堂官和原验、复验所有人员一同检验。这样无法再进行隐瞒，只能将真相奏明：吴雅氏确属殴打而死。

于是传讯被告，海升见再也不能隐瞒，只好说出真情，是他将吴雅氏殴踢致死，然后制造自缢的假象。

案件最后定了案，原验、复验官员几十人全都受到了查处！皇帝发出诏谕："此案原验、复验之堂官，竟因海升系阿桂姻亲，胆敢有意回护，此番而不严加惩儆，又将何以用人？何以行政耶……"阿桂最后被革职留任，处罚五年的俸禄；叶成额、李阔、王士棻、庆兴等人革职，发配伊犁赎罪，皇上在诏谕中一一判明。

唯独纪昀，乾隆皇帝恐怕和珅会借机报复，便有意对他开脱罪责，在谕旨中皇上说："其派出之纪昀，本系无用腐儒，原不是具数，况且他于刑名等案件素非谙悉，而且系短视，于检验时未能详细阅看，即以刑部堂官随同附和，其咎尚有可原，着交部议严加论处。"

皇上只给了他革职留任的处分，别人还能说什么。不久，纪昀又官复原职。和珅本想趁机将立足未稳的纪昀推下台去，如今看皇上如此有意包庇他，他也没有办法，只好完事，没敢挑起事端。

一年后，纪昀改任礼部尚书，胡牧亭官居太常寺卿。

这年夏天，久旱无雨，禾苗凋枯。乾隆皇帝要亲自祈雨，选择黄道吉日，率领一百多名文武大臣，乘銮舆出正阳门，去大祀殿前的天坛进行祭祷仪式。

仪式庄严而隆重，在赞礼官按照祭祀的程序高声唱礼中，乾隆皇帝行过三献礼，就开始宣读祈雨祷文了。

清代时，凡属朝廷的祭祀典礼，都由太常寺、光禄寺、鸿胪寺主持仪式。而这三寺又统属礼部管理，所以读祷文的事情，就自然而然落在了礼部尚书纪昀

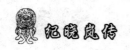

身上。

在来祭祀前，纪昀接到太常寺送来的祈雨祷文，他也没打开看看，随即放进了自己的袖筒里，开始宣读祈雨祷文了，纪昀从袖中取出一看，竟然是一字没有的一张白纸。这可让他为此一惊，立刻明白是胡牧亭搞的鬼，故意使他难堪。在如此庄重的场合，这个玩笑也开得太大了！纪昀旁边的一些大臣见他拿的是张白纸，也都吓了一跳，为他捏一把汗。

乾隆皇帝也知道了这事，虽不明白其中原因，但见他拿着一个字都没有的一张白纸，也感觉又好气又好笑，心想看他怎样对付。

纪昀抬头望了望乾隆皇帝，乾隆皇帝故意不去理会，忙催促道："纪昀，念祷文！"

听到皇帝的命令大臣们都跪在地上静静等待纪昀念祷文。这祷文若一字不念，后果肯定不堪设想。纪昀这时灵机一动，临时集出经中的句子，一字一句、一本正经地宣读道："帝曰：咨尔龙，岁大旱，用汝用甘雨，汝其往，钦哉！"

胡牧亭一看没有难住纪昀，心中佩服他随机应变的能力。平日与纪昀关系好的大臣，也放下了心。乾隆皇帝听了纪昀急中生智的祷文，气势非凡，别出新裁，也满意地点了点头。

一天，翰林王介生来纪昀家拜访。王介生性情耿直，不亲附权势，且愤世嫉俗。这时间，和珅为大学士兼任吏部尚书。王介生却从来看不起和珅，纪昀对此特别欣赏。但是，和珅是个贪财渎职的败臣，凡是不与他走近的人，不要说晋升高职，就是有了功名，也不会完美无缺。

因此，王介生在翰林院工作了十年，一直没有一个正儿八经的职位，生活极为清苦，和他一块进翰林院的同事早已升职到各处任职了，只有他还领着很有限的薪俸，养活一家人，日子非常拮据。大家虽然都同情他，却也爱莫能助。有人给他想办法，让他找纪尚书，或许他能帮助想想办法。

王介生将他的苦衷给纪昀讲了。纪昀听后笑道："这事根本不难，只要你低一下头，到和珅家走走门路，就可得到提升的机会。"

王介生面带愠色，说道："纪尚书，多谢您的高见，在下人再穷却志不短，不会点头哈腰趋奉权贵。介生看得起大人，是因为您与和珅不是一路人啊，既然如此，介生告辞了。"说罢，王介生起身而去。

"且慢，"纪昀忙让王介生坐下，"刚才我只不过是给你开个玩笑，请你不要介意，大家都清楚你的人品，进京这些年来从没做过趋奉权贵之事，刚才我说的话那不是难为你吗？这事好办，你尽管放心吧，不用半年，准让你补一外任。"接着，纪昀说了一些为他打抱不平的话，这使王介生非常欣慰。

在和珅庆寿那一天，纪昀准备了一份礼物，然后用乌贼肚里的黑水，写了一封短信，完全模仿王介生的笔迹，依照他的口吻，吩咐一个仆人将信送到和珅家中。和珅看了开怀大笑说："这小子学精了！"不久，王介生果然被提升为山东学政，对纪昀千恩万谢，然后就走马上任去了。到后来，和珅被弹劾下狱赐死、抄家，凡是通过他的门路并且有联系升迁的人，经查有据的，都受到了惩罚，但王翰林却安然无恙，只因那封信简短，又是用乌贼肚里的黑水写的，时间长了，字迹自然就没有了。

纪昀官场经验丰富，深知那些朝臣的恶习，对此深恶痛绝，因而他写过几十首讽刺京官的诗，其中有一首题为《小军机》，描写得十分形象，极为生动：

> 对表又鬟报丑初，披衣懒起倩人扶；
> 围护侍女翻貂褂，启匣狡意理朝珠。
> 流水是车龙为马，主人如虎仆如狐；
> 昂然直入军机处，低向中堂到也无。

有一个姓曹的翰林，也曾拜见过纪昀，纪昀不愿见他，原来，从前曹翰林与王翰林境况相似，长时间不能派任乡试考官，焦急万分而无法忍耐。于是，他便攀附权贵，后担心不能奏效，又让自己的妻子拜文华殿大学士于敏中的妻子为干娘。但是，没过多久，于敏中在官场上栽了跟头，势力衰微。曹翰林发现自己抱的大柱子已倒，继而又把目标转向东阁大学士兼吏部尚书梁诗正的身上，再让妻子拜梁夫人做干娘。

曹翰林的夫人经常去梁家走动，与梁尚书处得十分火热，甚至有时住在梁家。梁诗正早朝，曹的夫人就先把朝珠在胸膛上暖热了，然后再给梁诗正亲自带上，可以说是达到了亲密无间的程度。

纪昀对曹翰林的这一行为深为痛恨，便作诗讽刺道：

> 昔年于府拜干娘，今日干爷又姓梁。
> 赫奕门庭新吏部，凄凉池馆旧中堂。
> 郎如有貌何须妾，妾岂无颜只为郎？
> "百八牟尼"亲手挂，朝回犹带乳花香。

乾隆五十五年，也是乾隆皇帝八十大寿之年，乾隆皇帝依照惯例又去热河避暑。皇帝每年巡幸热河，一定在中秋节第二天进驻木兰围场，九九重阳节后启驾

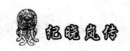

返回京城。沿途有座万松岭，满山都是青绿绿的松树。万松岭上还特意为乾隆皇帝建了一座行宫，乾隆皇帝每年在此度过重阳节。

万松岭行宫内部设施已经陈旧，此度大臣彭元瑞，把行宫内原有的幅贴联语一律旧貌换新颜，待到九月九日重阳节那天一块儿检阅。

彭元瑞遵旨行事，思考如何写作新的联语和殿额。当时正值中秋节刚过，离重阳节还有二十八天的时间。彭元瑞的文笔很好，这个差使正适合于他，他连夜构思，进展很快，自忖能够从容复命。

正在他考虑行宫金殿正中的一联语时，看到山上到处是葱绿青松，便立刻联想出了一句贴切的上联：

"八十群王，处处十八公，道旁介寿"。

上联想出后，彭元瑞特别满意，认为是绝对的佳联："十八公"合成松字，既切合"万松岭"的环境，又包括祝寿含意。不过，任凭他怎样思考，也想不出妥当的下联了，真让他坐立不安。此时，彭元瑞想起了京中对句高手纪昀，心想："这对再难，但也难不住纪春帆！"他马上派遣差员，连夜赶往京城，向纪昀求教。

纪昀正在家中校改《滦阳消夏录》一书，听说彭元瑞派专差，从万松岭行宫赶来求见自己，纪昀心想："莫非元瑞又要考我？"等纪昀打开书信，见是让他补上一副下联语，于是他挥笔在原函后面的空缺处补了下联：

"九重天子，年年重九节，塞外称觞"。

写完后，他随即交给差人，专差急忙火速返回万松岭行宫，彭元瑞看了纪昀给他补的下联后，赞叹道："春帆确实技高一筹！"

总算在重九节前，将行宫旧的设施全部更换一新，彭元瑞这才放了心，松了一口气。

九月九日，乾隆皇帝登高检阅时，看了非常满意，一再赞不绝口。回到京城，乾隆皇帝尤为看重那副"十八公"对联，颁赐给彭元瑞御玩珍物八件，表示对他的奖赏。彭元瑞不敢借花献佛，跪在皇帝面前奏道："圣上容禀，这赏赐物品，微臣不敢领受。万岁所称赞的行殿正门联句，上联是臣所想出来的，而下联实为礼部纪尚书所对，所以臣请圣上，准将此奖品移赐纪昀。"

乾隆皇帝笑道："唔！原来是这样！不过，上下联都好，你自应领赏，朕再颁一份，赏给纪卿。"随即差人给纪昀颁奖一份。

乾隆皇帝又接着欣赏了朝野呈献的为自己祝寿的联句，虽说基本上是属于歌功颂德的联句，但皇上看过之后也十分高兴。乾隆继位五十五年来，皇帝五世同堂，是古代帝王前所未有的。乾隆皇帝在他七十岁时，曾写过一联："七旬无子古六帝，五代曾孙予一人。"如今十年又过去了，他已经是八十岁的人了，在位期间，他的文治武功可以说是得天独厚，无不引以为荣。所以，朝廷上下的祝寿庆贺，乾隆皇帝也乐得自然。

但是，乾隆皇帝仔细看过那些祝寿联语，还是认为纪昀的献联甚好，他的祝寿联语是：

> 八千为春，八千为秋，八方向化，八风和庆，圣寿八旬逢八月；
> 五数合天，五数合地，五世同堂，五福备至，崇朝五十又五年。

与此同时，纪昀还撰写了另外一副庆寿联：

> 飞龙五十有五年，庆一人，五数合天，五数合地，五谷登，五云观，五事修，五福备，五代同堂，祥开五凤楼前，五色斑斓辉彩帐；
> 鹤算八旬逢八月，祝万岁，八千为寿，八千为秋，八宝进，八恺呈，八面畅，八风和，八方从化，歌舞八鸾队里，八仙会绕咏霓裳。

这副寿联确实对仗工整，别具一格，气魄宏伟，真让人赞不绝口，拍手叫好。乾隆皇帝看过也爱不释手。

庆典刚过，乾隆皇帝下了谕旨，赐予纪昀"紫禁城骑马"的殊荣。这里所说的紫禁城骑马，并不是骑马进入紫禁城，而是皇帝对老臣的一种专门待遇，允许年事已高而功勋卓绝的老臣在紫禁城内乘坐两人抬的小轿子，替代自己行走上朝。

纪昀一向就有"神行太保"的美称，年轻走路健步如飞，一般人不能和他比，他虽然已六十六岁，身体仍然健壮，精力充沛，走起路来，步伐稳健，没有任何老态龙钟的样子，所以，虽然皇帝特许"紫禁城骑马"，但他照旧按部就班，步行进朝。

一晃到了新春。圆明园内又开始搭建戏台，搭建的明柱上需要两副楹联，内务府大臣想让乾隆皇帝颁赐。

乾隆皇帝很有雅兴，对此类事情有求必应，御笔一挥，撰写一副长联：

> 尧舜生，汤武净，五霸七雄丑末耳，伊尹太公，便算一只要手，其余拜将封侯，不过摇旗呐喊称奴婢；
> 四书曰，五经引，诸子百家杂说也，杜甫李白，会唱几句乱弹，此

为咬文嚼字，大都沿街乞讨闹莲花。

乾隆皇帝写完此联，沾沾自喜，扬扬得意，大臣们也争先恐后奉迎着乾隆。有的说皇上的对联内容丰富，气势雄阔，别出新裁，对中国从古到今的历史进行了全面精辟的概括，体现了作为帝王应有的宏图大志。

皇上的这副对联在戏台柱上一出，与其相对的另一联就很难出了。乾隆皇帝反复推敲，怎么也琢磨不出满意的，就口谕内务大臣："次楹一联，去找礼部尚书纪昀撰写。"

内务府大臣见到纪昀，把皇上的意图告诉了纪昀，纪昀又询问过皇上的御联，稍加思索，写出一联：

出将入相，仔细端详，无非藉古代衣冠，奉劝众生愚昧；
福善谣祸，殷勤献演，岂徒炫世人耳目，实为菩萨心肠。

纪昀的此副戏台联也出手不凡，词婉意深，独领风骚，表现着一个礼部尚书的深邃洞察力，与皇上题撰一联正好相匹配。

三、观弈道人

1. 世故老人

一时间又到一年的春天，纪昀、刘墉、彭元瑞等几位大臣正在圆明园的书房内值班。刘墉和纪昀开玩笑道："纪公为一代儒宗，才子佳人，我们是无法与你相比拟，深感惭愧。不过，你撰的那众多好诗联句，都是为别人写的，却极少为你自己作诗联句，岂不感到内疚和遗憾？啊？哈哈哈……"

彭元瑞也附和着打趣，笑道："古代曾经出现过陶靖节为自己写挽歌，流传至今成佳话。纪大人对句的水平，尤其为我们所赞叹，待纪公百年之后，无人能为你写出绝妙的挽联，岂不成了世世代代一件遗憾事！"

在场的大臣都大笑起来。纪昀说："诸公的话很有道理。在下就效仿陶靖节自作挽联，自写一联。待我死后，诸公用此作为悼念的挽联，晓岚我也知足了！"

刘墉、彭元瑞等臣催促道："好，好，你说来我等听听。"

纪昀稍加思索，说道：

"'浮沉宦海如鸥鸟，生死书丛似蠹虫'。诸公认为怎样?"

刘墉等道："此联很好! 只是挽联的内容太不符合纪公的性格了，若用来悼念陆锡熊，倒是再合适不过了。"

此话也巧，就在挽联出来的三天以后，陆锡熊真的死在了他被罚往盛京校阅文溯阁四库全书的路上，他是得了风寒，医治不好而亡的。纪昀真的把这副挽联献给了陆锡熊。事后，他对刘墉说："你看这事儿，陆锡熊夺人所爱，把我的挽联抢走了。"两人面面相觑，哭笑不得。

这一年，纪昀已七十二岁，他的夫人马氏一病不起，不久去世。乾隆皇帝派特使前去纪府吊丧，并赐予了非常多的丧事费用。

处理完马氏的丧事以后，纪昀进宫谢恩。乾隆皇帝问他：

"爱卿有海内文豪的美称，并且与马氏夫人结为伉俪，可有悼妻佳作?"

纪昀回奏："臣最近身体多病无力，文字也颓唐，不能再登大雅之堂。唯五十五年结发夫妻，鼓盆之痛，自所难已，所以借用古人陈词，以代表做丈夫的心声。"

乾隆皇帝好奇地说道："古人陈词，所指为何? 你给朕朗诵一下。"

于是，纪昀高声背诵道："如人之相与仰俯一世，或取诸怀抱，唔言一室之内，或因寄所托，放浪形骸之外，虽取舍万殊，静躁不同。当其欣于所遇，暂得于己，快然自足，曾不知老之将至。及其所之既倦，情随事迁，感慨系之矣，向之所欣，仰俯之间，已为陈迹，犹不能不以之兴怀! 况修短随化，终期不尽，古人云：死生亦大矣，岂不痛哉。"

乾隆皇帝听罢问道："纪爱卿所朗诵的，这不是王羲之的《兰亭序》其中的一段吗?"

"回禀圣上，正是，微臣只将开头的'夫'字，改成'如'字。"

乾隆皇帝欣然大笑说："幽默可笑，千年之上，王羲之怎么也想不到，他写的这段文字，居然被你借来做了悼妻祭文了。这事你也真会想!"

仔细回味纪昀借用的这段文字，的确贴切而生动，个中情怀，无以复加，但他的幽默滑稽的举动，的确让人感到好笑。

纪昀六十岁以后，五次改任御史，五次担任礼部尚书，两次执掌兵符。这期间，他也曾因为在都察院任左都御史时以判案不公、审讯不实被革职，又因孝淑皇后奉安陈奏一些不真实的语言而导致降职。但实际上，因为皇上对他的殊遇，故纪昀一直留任，所谓"革"与"降"，只不过说说而已，别人知道罢了。

尽管纪昀为人年高位显，但他那诙谐幽默、爱开玩笑的品性，始终未改。他的同事无一不成为他开玩笑的人，但这倒是他为人处世的一种方法。他去好友东

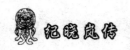

方曼倩家做客，题了一首《咏东方曼倩》的诗，实际就是他本人的一首自白诗：

> 十八年间侍紫宸，金门待诏好存身。
> 诙谐一笑无妨碍，谁遣频侵郭金人。

在这首诗中，纪昀道出了自己做官生涯的苦衷：在皇帝面前做事，需小心谨慎，稍有不慎，就可能是大祸烧身。同时，他也说明了自己之所以幽默诙谐，爱开玩笑，只不过是借以能在皇帝身边生存而已。鲁迅先生评价纪昀为清前期的一位"世故老人"是非常正确的。

纪昀的为人处世，虽然属于那种圆滑类型，但他只不过是为了在那种环境中能有立足之地而已。其实，他也有血气方刚、为人豪爽的一面。

在任兵部尚书期间，纪昀曾督师去广东。有一天晚上，他与一位姓王的棋友下棋，本来纪昀的棋艺比不上王某，但是他一晚上却连续胜了两局，心里有些纳闷，有意想问王某一声，没想王某却先开了口："您的属下刘鼎臣，承蒙纪大人厚爱，感戴至深，现在有个事情向大人请求，刘鼎臣托我转告纪大人，不知当讲不当讲？"

纪昀一听，脸上表露出一种不高兴的样子，然后不客气地说："嗅，这是你今晚输给我的原因！有话就请讲吧。"

王某一看纪昀不耐烦，便小心翼翼地说："事情是这样的，刘兄想谋求一个阳朔县令的职位，希望得到纪大人鼎力相助。"

"想做县令，并且还选地方？啥好事都是他的？"纪昀带着一股讥笑的口吻说道。

"纪大人乃是皇上的心腹，大权在握，您如果愿意出面荐举，我想不成问题。"王某陪着一副谄媚的笑脸，说出几句恭维纪昀的话，显然是早有准备的。

纪昀站起来，背剪双手，摇着头说："如果做官可以自己选择，在下宁肯放弃要职不干，做一名阳朔县令也心满意足了！"

王某表示不信服地说："纪大人您真会开玩笑！"

纪昀严肃认真地说道："这是在下肺腑之言，绝对没有和你开玩笑的意思。"

王某不解地问："大人这是为什么？"

纪昀解释着说，"阳朔这个地方山清水秀，我阅兵去过那里，游览了一番，至今仍记忆犹新，若是能做阳朔县令，生活在画山绣水之间，其乐融融，心满意足矣。"

王某还想再说什么，纪昀生气地说道："不必再说了。"说罢拂袖而走，从此再也没有搭理过王某。

纪昀虽然很喜欢下棋，但他从不计较胜负，他经常运用苏东坡的一句诗"胜固欣然败亦喜"来安慰自己，也常追求王安石"战罢两奁收黑白，一样何处有亏成"诗中的境界。

纪昀早先在家乡读书时，就曾听堂兄纪方洲讲过一个故事：景城真武祠中，有一道士十分喜欢下棋，人们都称他是"棋道士"。一天，纪昀的堂兄来到棋道士住处，见已布置好了棋局，只有三十一个棋子，少了一个棋子。忽然听屋外有争吵之声，走出来看时，原是"棋道士"和一个人正在夺一个棋子，四手相持，力竭一起倒地，而喘息之声大作。为争一局胜负，争执实在可笑。

纪昀认为，对弈之事，"消遣日子，原不妨偶尔下它一次；以胜负大动肝火，则大可不必。"

纪昀一生在官场上起起落落，对世态炎凉感受颇深，也把自己比作下棋对弈，很有一番哲理。他的结论是：不求胜负，"言则易耳"。

从他戍边被召回京城的当年冬天，有人带一幅《八仙对弈图》，求纪昀为这幅画题诗，画的上面是韩湘子和何仙姑对棋，吕洞宾、汉钟离、蓝采和、张果老和曹国舅其他五仙在旁边观弈，唯独铁拐李为局外人，枕着葫芦躺在树下的石头上酣然大睡。此画意义深远，它启发人怎样去生活。纪昀为此动心，题诗两首：

其一

十八年来阅宦途，此心久似水中凫。

如何才踏春明路，又看仙人对弈图？

其二

局□局外两沉吟，犹是人间胜负心。

哪像顽仙痴不醒，春风蝴蝶睡乡深。

纪昀自撰生平业迹，也像苏东坡、王安石一样，只是说说而已，未能实践自己的诺言。他在古稀之年自诩"观弈道人"，只是自己的一种良好愿望而已。

2. 斗权奸

他和和珅的恩恩怨怨一直未能停息，只不过这段时间表面上显得平静一些，但在他的心中时时刻刻没有停止过。纪昀发现皇上袒护和珅，和珅更是有恃无恐。于是，纪昀处处关注和珅，避免与和珅正面冲突，像在一旁看下棋的一样，静观默察，一声不吭。

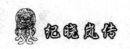

乾隆五十一年，和珅教唆管家刘全，在京城购买了一片宅地，为和珅建造豪宅使用。为了防止朝中大臣的闲话和检举，这件事从头到尾都是用刘全的名义来办理的。但是建造格局超出了清政府的规制，这是无法瞒住的，最终被人们发现，引起朝官们的纷纷议论。清朝建造房屋的规定是很严格的。比如黄琉璃瓦和绿琉璃瓦，除皇帝外，任何人都不得用。还有房屋的建制，王爷也不得超过三十六楹房屋的间数，超过了便算违制，应该受到处罚。

御史曹锡宝和纪昀私交甚笃，曾经暗示过纪昀说自己要参劾和珅，纪昀也不好明着说什么，就把宋时人《咏蟹》中的两句诗赠予曹锡宝，说："水清讵免双螯黑，秋老难逃一背红。"暗示说，参劾和珅，现在时机还不成熟。但是曹锡宝没有听从纪昀的告诫，竟然上了一道奏疏，弹劾和珅的家奴刘全建造房屋规模宏大，超越规制恐怕有倚借主子的势力，招摇撞骗。

乾隆皇帝当时在热河行宫。看了曹锡宝的奏折后，心里明白"醉翁之意不在酒"，状告刘全是假，实际上是针对和珅的。乾隆皇帝知道曹锡宝和纪昀有私交，便怀疑是纪昀由于上年海升殴死妻子吴雅氏一案，而对和珅怀恨在心，指使曹锡宝上奏弹劾和珅，图谋报复。

一天，纪昀正在当值，忽听传来一声："左都御史纪昀接旨！"纪昀匆忙跪在地上叩接圣旨，原来是乾隆皇帝给军机大臣和他本人的谕旨：

> 前据曹锡宝奏：和珅家人刘全房屋宏大、服用奢侈、器具完美恐有招摇撞骗等事一折，已交留京王大臣等查办矣。曹锡宝如果见刘全倚藉主势，乃徒托诸空言！或其言本欲参劾和珅而又不敢明言，故以家人为由，隐约其词，旁敲侧击，以为将来波及地步乎？或竟系纪昀因上年海升殴死伊妻吴雅氏一案，和珅前往验出真伤，心怀仇恨，唆令曹锡宝参奏，以为报复之计乎？以乃朕揣度之意，若不出于此，则曹锡宝之奏何由而来？着留京王大臣，详悉访查询问，务得实在情节。朕于此案总期根究明白，并非因此一虚言欲治和珅，更非欲为和珅开脱。留京王大臣等不可误会朕旨，将曹锡宝加以词色，有意吹求，使原告转为被告，亦无是理。务须平心静气，虚衷详问。如曹锡宝果能指出全儿借端撞骗疑迹，访查得实，即一面从严审办，一面据实具奏，不可同和珅稍回护。若稍存回护，是乃陷和珅亦自陷也。

聪明人一看这谕旨，就明白其中道理，这是为其袒护和珅说话。乾隆皇帝又写道：

又据和珅称：家人全儿已到热河，曾面加诘问。伊供：'不但从不敢招摇滋事，交接官员，即所谓房屋宽敞，器具完美，容或有之，亦非可挟以出外之物。我于曹御史名姓素未闻知，彼又何从目睹，等语'，虽系一面之词，亦尚近理。曹锡宝身为言官，必不至下交奴仆，其车马衣服，尚可云遇诸路途，至房屋宽敞，器具完美，非身临其地何能知悉乎？至全儿代伊主办理崇文门税务有年，稍有积蓄，盖造房屋数十间居住，亦属事理之常。以前及现在，内外大臣家人中似此者恐亦不少，若无以殷士俊等之有真赃实据，概以车服房屋之故，拿查治罪，则在京大臣之仆，安得人人而禁之！且必人人侧足而立，亦断无此政体。设或全儿在崇文门代伊主经营税课，于额税之外私有加增，若累商民以肥私囊，绵恩签派番役，一经查访无难得实。倘王大臣等严行查访，全儿并无生事疑迹，而曹锡宝徒以无根之言，遽行陈奏，以博建白之名，朕又何能以空言遽入人罪乎？将此由四百里谕令留京王大臣等令纪昀知之。即将查讯情形先由四百里驰奏，不必俟本报之使。钦此。

这道谕旨，话中有话，暗地里说出纪昀是被怀疑的人。纪昀听完皇上的谕旨后，不由得吓出了一身冷汗。不管乾隆皇帝如何摆出一副公正无私的面孔，但其真意，就是偏袒维护和珅，纪昀心想这回可真的是冤枉我了，我并没有参与此事，皇上却偏偏把我拉了进来。如果曹锡宝拿不出事实证据，就要获罪，同时也会株连到我，这真好比二人对弈，对局者负局，观弈者反而获罪了。

纪昀回到府第，丛立不安，更是不敢和曹锡宝有任何接触，担心会授人把柄。想当年，由于卢见曾案所受到的牵连，至今仍然心有余悸，再说眼前此事，假如不把别人牵扯进去，尽管曹锡宝他不能指实，皇上有可能也会宽宥他。为什么呢？因为皇上常常以明君自喻，摆出一副从容纳谏的面孔。一旦牵扯到其他人，那就成了阴谋陷言，问题性质就完全不一样了，皇上如果一时多疑，盛怒之下往往会从重处理。

有人从热河回到京城，纪昀派人前去探听和珅的情况，得知和珅处之泰然，似乎没有任何事情似的。这下纪昀更是害怕了，和珅向来是恃宠仗势，以守为攻。看来，曹锡宝是凶多吉少了。纪昀怀着不安的心情，写下了一首《又题秋山独眺图》诗：

秋山高不极，盘磴入烟雾。

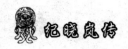

仄径莓苔滑，猿猱不放步。

杖策陟岹岩，披榛寻微路。

直上万峰颠，振衣独四顾。

秋风天半来，奋迅号林树。

俯见豺狼蹲，侧闻虎豹怒。

立久心茫茫，悄然生恐惧。

置身岂不高？时有蹉跌虑。

徒倚将何依，凄切悲霜露。

微言如可闻，冀与孙登遇。

事情的发展确实如纪昀预料的那样，皇上偏袒了和珅和他的家奴刘全，谕令军机大臣，拷问曹锡宝。曹锡宝身为御史要职，一定不会交结奴仆，否则的话罪不可赦，但不是这样的话又怎么能知道刘全的房屋宽敞，器具完美？军机大臣们依照乾隆皇帝的谕令所授，不去纠察和珅家奴刘全，却紧紧追着曹锡宝不放。最后曹锡宝不得不如实说："我和和珅的家人刘全素不相识，即使连他在崇文门管理税务，我实际上也不知道，他在额税之外有无擅自增加另项情弊亦从没有听人说过。我只是听说刘全住房服用甚是完美，在路过兴化寺时留心观察，看到房屋甚是高大，我想他只是一个家奴，哪里有那么多的钱财建造如此华屋？恐怕有借主人名目招摇撞骗之事，因此才上奏。"

曹锡宝如此回答，乾隆皇帝还是不满意，命令军机大臣继续追问，还谕令军机大臣等：

……曹锡宝既云全儿情弊从未有人说过，又未亲到伊家，何以又称'闻全儿住房服用甚是完美'，究竟闻自何人？必有着落，非有人说过，则曹锡宝何以知全儿住兴化寺街，而经过时即留心察看？况京城内外，大街小巷，房屋甚多，御史又无逐户查访之理，若非中有成见，何以独于全儿住房如此留意耶？着王大臣令将全儿滋事不法之处究竟闻自何人，据实明言，毋再任其狡饰，并令都察院堂官及步军统领衙门司官一员，带同曹锡宝，先至刘全家查看，再到阿桂等官家及用事人家住处周历查看，如各大臣家人住房并无全儿之多，即治以越制之罪，若阿桂等家管事家人住房有个儿多且大者，则当法问曹锡宝何以不参劾之故……

乾隆袒护和珅以及和珅的家奴刘全，已是暴露无遗。乾隆皇帝所下达的谕旨是何等仔细用心，身为皇帝的乾隆对这件小事死死抓住不放，确实是让人不可想象。

　　曹锡宝真是后悔当初没听纪昀的劝告，最终招致祸殃，他不得不硬着头皮，咬定纪昀和此事无关。最后乾隆皇帝以曹锡宝参奏不实，处以革职留任，才没有酿成大狱。纪昀在不安中�9过了这段日子。从此以后，纪昀更是谨小慎微。因此，他以后的日子过得真是如履薄冰，提心吊胆，想当个清静无为的观弈道人也不能。

第十二章　尹壮图案

一、上书获罪

1. 力陈时弊

在乾隆五十五年，发生了内阁学士尹壮图参奏案。纪昀和壮图的父亲尹松林是甲戌同年，壮图自进入词馆以后，与纪昀交往甚密，常常到纪昀这儿来请教诗文写作。尹壮图案虽然没有涉及纪昀，但还是使他捏了一把冷汗。

是年，恰值乾隆皇帝的八十寿辰，纪昀为了讨好皇上，写了大量歌功颂德、阿谀逢迎的文字，除了八旬万寿联外，还有《八旬万寿锦屏赋》《蛮陬贡象颂》《礼部恭请举行万寿圣节庆典事折子》《恭谢八旬万寿升秩贷宗展仪阙里直隶广学额免积久加赈一月折子》《御制节前御园赐宴席中得句恭跋》《御制寿民诗恭跋》《御制八徵耄念之宝恭跋》等，尤其是《祝厘茂典记》一篇，洋洋洒洒，热情洋溢地歌颂了这位做了五十五年的皇帝的文治武功，功高三皇，德过五帝，是自古以来最英明的皇帝。请看：

> 乾元各正，虽溥育天寰中；巽命重申，再加施于格外；更于颁诏之后，命普免天下钱粮。成州成赋，为数原多，一体蠲征。承因最溥，滋培有素，已两停转粟之舟；敷锡无疆，又可辍催租之吏。膏雨一时而再降，九谷增蕃；福星每岁而移躔，三年遍到，因宜尧封禹甸，人人后舞而前歌……

乾隆皇帝看罢心想，在众多的文字中，他的文章是最为华美的，自然很得意。偏偏却在这年十一月，不识时务的内阁学士尹壮图直言上奏道：

"近有严罚示惩而反邻宽纵者，如督抚自蹈愆尤，不既罢斥，罚银数万两以充公用，因有督抚等自认应罚若干万两者，在桀骜之督抚借口以快饕餮之私，既清廉自矢者不得不望属员倾助，日后遇有亏空营私重案，不容不曲为庇护。是罚项虽严，不惟无以动其愧惧之心。且潜告其玩易之念，请停罚银之例，将罚项改记大过若干次。如才具平常者，或即罢斥，或量与京职，毋许再膺外任。"

按理说尹壮图是一片忠心，能够直陈弊政，实在是难能可贵的，可是他却不识时务，显得太天真和太迂阔了。这触怒了乾隆皇帝，乾隆皇帝令他把他所指督抚、逢迎上司者、借端勒派致有亏空库项者，一一指出来。

尹壮图再次上奏道："各督抚声名狼藉，吏治废驰。经过各省地方，体察官吏贤否，商民皆蹙额兴叹，各省风气大抵皆然。若问勒派逢迎之人，被上司属员授受时，外人岂能得见？徒以道路风闻，漫形渎奏……"

尹壮图的奏折和纪昀的"尧封禹甸，人人后舞而前歌"是多么地不相衬啊！这等于逆批龙鳞，更加惹恼了皇上，乾隆皇帝在上谕中如此写道：

朕披览再三，折内并未指实一人一事，仍系掇拾浮辞，空言支饰……朕临御五十五年，子惠元元。恩施优渥，普免天下钱粮四次，普免各省漕粮二次，为求何谤万万？偶遇水害偏灾，不惜千百万帑金补助，抚恤赈贷兼施，蔀屋穷檐共沾实惠，凡身被恩膏者，无不家喻户晓。小民等很有天良，方将感戴之不暇。何至蹙额兴叹相聚怨咨？或系尹壮图往来途次，闻有一二小民为胥役扰累者，向其陈诉，尹壮图亦即当据实奏闻，朕必差大臣往办。但此系闻之何人？于何处见此情况，亦令其据实指出。即所言月选官传说缺分美恶，亏空数目，似属确有见闻，据以入告，而折内又云仅属风闻，并未目击，究竟此等传闻之悟，出自何人？岂绝无姓名可指乎？尹壮图又青简派满洲大臣同伊密往各省盘查亏空。不但朝廷无此政体，且各省吏治不同，库项充盈者无待盘查，即或偶有亏短之处，一闻钦差启程信息，早已设法弥补，名曰盘查，仍属有名无实。合计天下州县不少二余，即使经历数年尚不能盘查周遍，在尹壮图之意亦知事有难行，不过自揣学问才具均属平庸，内而不能升任侍郎，外而不能简派学致，至尚书、督抚之任更难梦想，欲借此奏见长或幸录用，又可借盘查之名，汙途下诈，希得资助，可以名利兼收。此等居心，岂能逃朕洞察？朕自御极以来迄今五十五年，寿跻入泯，综览万机，自谓亲政爱民，可告无愧于天下；而天下万民亦断不泯良怨朕者。此据归政之期仅有数载，尤恐年耄倦勤，稍有弛懈，惟自孜孜，冀仰答吴苍鸿眖。每于召见内外大小臣工时，以朕办理庶务情形，时加咨访，金称朕精神强固，办事日益勤励。若如尹壮图所奏，则大小臣工等皆系虚词贡谀，面为欺罔，

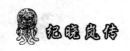

而朕五十四余年来竟系被人蒙蔽，于外间一切情形全无照察终于不知矣。着尹壮图将所奏直隶等省亏空省何等？商民兴叹究系何人？月选官议论某亏空若干？又系闻自何人传说？逐一指实复奏。

乾隆皇帝大言不惭，在这上谕中，他把自己标榜了一番。可惜尹壮图上疏希望皇帝革除弊政的良好愿望，却被乾隆皇帝给歪曲了，乾隆皇帝认为尹壮图是由于"无望提拔"而采取上疏的办法，以引起皇帝的注意。由于如此，尹壮图被看成了一个心怀鬼胎的野心家，在皇上的一再追问下，不得不把山西巡抚长麟等人亏空营私之事据实讲了出来，没想到皇帝对长麟大加袒护，说长麟平日做事认真，名声极好，随后又派侍郎庆成同尹壮图前往山西核查。

长麟原来是和珅的党徒，事发后，早已有人向长麟通风报信，长麟有了准备，自然查不出问题。

于是，乾隆晓谕天下，说自己"诞膺受命，丕绍宏图，保赤诚求，时时以爱民为念，凡泽民之事，敷锡愈溥，不仅明朝所无，就是上溯三代，亦复罕有伦比。天下无一身不被恩泽，共知感戴，而尹壮图蹙额兴叹"，"不但诬地方官以贪污之罪，并将天下亿兆民感戴真诚全为泯没，又朕五十五年以来子惠元元之实政实心，几等于暴敛横征之世"。

乾隆皇帝的谕旨无疑是定了尹壮图"荞言乱政"之罪。最终结果，尹壮图由于言无实据，胡言乱语，又查无实证，被认为纯系"诬官诬民诬皇上"。军机大臣和珅，想借机置尹壮图于死地，以解除心头之恨，于是上奏，奏请把尹壮图拟斩刑！

2. 救忠臣

消息传来，纪昀这位"观弈道人"再也沉不住气了。怎能忍心眼睁睁地看着和珅把他推上断头台？"局中局外两沉吟，都是人间胜负心。"和珅要把尹壮图置于死地，就是乘机为长麟携私报仇。

纪昀再三考虑，终于下定决心，要上殿面君，奏请圣上宽赦尹壮图。本来是"局外观棋"的观弈道人，这回再也按捺不住，而掺和进来了！

纪昀跪在地上向皇上叩头并说："吾皇万岁万岁万万岁，庸臣纪昀，叩谢圣上。"

乾隆皇帝不动声色地说："纪爱卿平身，你有何事？请讲来。"

"吾皇圣明，抚育万方，仁施无边。谋衡及早，筹划于先；事来必然，亦周防于意外，是年直隶河间等府歉收。圣主体恤万民，降下隆恩，命截漕粮五十万石赈济。家乡父老身被恩泽，纪昀自当恭谢圣主恩惠！"

纪昀一席话，听得圣上甜滋滋的。乾隆皇帝随即说道："朕早已知晓了。"

纪昀抬眼看了看皇上的脸色，说道：

"微臣纪昀，实是庸才，伏念久承圣上龙恩，唯思忠心报国。数十年来，微臣勤勤恳恳，不敢有丝毫因循苟且、玩忽职守。今者臣来觐见圣上，是想奏请皇上，于京城之内，延开粥厂。当讲与不当讲，恭请圣上明示。"

"噢，纪爱卿，详细讲来，朕且听听。"

纪昀接着说下去："圣上令截漕放赈，万民深感隆恩，皆颂吾皇仁慈，万寿无疆，臣思受赈万民，其中有极贫次贫之不等，次贫之人，可以维持等待赈济，不肯轻去他乡；至于极贫之户，一听到米贵，不得不就食其他地方，靠近京城之处，大都赴京城佣工糊口，天长日久，不可能人人得所，不得不扶老携幼，拮据得至，积重难返。以极贫之故，离其乡井，而不能同沐皇仁，似为可悯。定例每年从十月初一日起，到次年三月二十日止，五城原设粥厂十处，每日领取官米十石，由坊官煮粥，聚集流户，原可同赈，只是自夏至冬，为期太远，恐贫民来不及等待，并且人数众多，如此米数也不一定能够应付。我想受灾也不过四府，赈米绰绰有余，现请求在原额五十万石之内，拨给京城数千石，从六月中旬开始，每厂煮米三石，至十月初一日以后，于原额十石之外，外加煮米三石，以三月二十日为止。陛下如果能准奏，饥民则会感谢涕零不尽。施以仁政，天下太平，纪昀万分谢主隆恩。"

说罢，纪昀跪在地上差连叩头谢恩。皇上露出满面笑容说道："朕还没有准奏，你就谢恩了！呵呵，那么朕便答应你的奏请！"

实际上，纪昀对当时的社会弊政，不可能不十分清楚，只是不便说出而已，因为他明白皇上是喜欢听好话而不喜欢听孬话的，他哪里敢说朝廷的一句不是呢？比如在皇上庆贺八十万寿之时，阿桂、和珅、福康安、金简等总理此事，皇帝尽管也曾假惺惺诏令要节省，而众多奉行的，依然是极奢尽侈。宫殿内外，大小仪物，全都置办一新，从京城一直到圆明园，楼台亭榭全用金珠翡翠装饰一新，假山上面装饰了众多寺院人物，并装有自动装置，一开动机关，门窗就会自动开合，人物栩栩如生。置办这众多事项，据说至少也要几亿金，但却一点也不能动用官银，那这诸多银两又是从哪里来的？地方上三品以上官员，无一不有进献；朝内各部院臣僚，都捐有米俸，同时还令两淮盐院，捐金四百万。大小物品，都在南京营造，后运到北京，所耗巨额资金，无不是从老百姓那里搜刮而来。谁敢说什么呢？

就在前一年的夏秋之际，关东地区发生严重水灾。辽阳以东地区，几乎形同赤地，从沈阳到山海关，比辽东稍稍好些，尽管如此，饥民由于冬季酷寒，缺衣少食，皇城内冻死了很多人。即使面对这种局面，纪昀也只能在庆祝皇上八十大寿的《祝厘茂典记》中如是写道："虽席豫而履丰，恒成奢而示俭……观瞻所系，惟昭帝制之庄严；节度斯存，不极人工之巧丽。盖我皇上执中建极，规矩生心；称物平施，权衡合道。义当修举，虽亿万而无辞；事近纷华，即纤微而亦谨。"

纪昀如此本领，可以说都是让皇上逼出来的。这次纪昀又搬了下来，他先把皇上歌颂一番，皇上一时高兴，就答应了纪昀的奏请。

事实上，纪昀奏请赈米一事，只是他为下一步行走而投石问路，探探皇上的意向如何。他明白只要皇上高兴了，尹壮图的事就有望了，就能够大事化小，小事化无。皇上如果能痛快地答应了前一件事，那下边再奏请什么事，就会有八成的把握。因此纪昀继续讲道：

"吾皇深念尧咨，恩深禹甸，课晴问雨，每先事以绸缪；发政施仁，一定及时而补救。前已谕令截漕备赈，恤四府灾区；现又复加惠延期放粥，救千万之流民。有加靡己，共知此事之天心；宁滥勿遗，益信从前之盛谕。恐黎民之迁徙，先期而示以黄麻；防黑吏之侵渔，临事而惕认白简，细致周到，识典相体恤之心；诰诫维严，信务使实治之意。觉五十五年之久，圣慈与岁而俱增；溯两千年以来，从前所未有。即父母家庭之爱，无此周详；惟乾坤帱载之功，方兹高厚。邦畿千里，愿长分太极之泉；眉寿万年，期永注长生之箓。"

这洋洋洒洒、悦人耳目的颂词，把皇上听得扬扬得意。纪昀看到皇上脸上满意的笑容，心想时机成熟了，便说道：

"启禀皇上，适才为臣所奏，是'恭谢恩命截漕拨帑筹备直隶赈务'一折，信口讲来，不知是否有欠当之处？"

"不错，不错，如果不是纪爱卿，谁还能有如此宏辩之才能，朕正想怎样赏赐你呢。"

"谢万岁爷，臣下还有一事相奏，不知皇上意下如何？"

"还有什么事？你且奏来。"

"臣不敢奏请，臣怕皇上怪罪下来，臣担当不起。"

"哎，老爱卿尽管奏来，朕赦你无罪。"

适才纪昀把皇上吹到了天上，尤为得意。纪昀的话，皇上可谓句句爱听，句句顺耳，便催促纪昀快快上奏。

"皇上真的不会怪罪臣下？"纪昀要证实好了再说。

"真的不会怪罪于你！"

"那为臣就要详细奏来。"

"数十年来，朕时时对你尤为体恤，什么时候无故加罪于你？有话就快讲。"皇上这时有些等不及了。

纪昀笑着对乾隆说："臣下是来给万岁请罪的，任凭圣上如何发落。"

"哈哈哈，老爱卿又和朕开何玩笑！你犯了什么罪啊？"

纪昀说："微臣听说闪阁学士尹壮图，胡言乱语，诬陷朝政，罪不可恕。臣和他的老父亲是甲戌同一年中的进士。壮图入词馆后，经常向老臣求教，他今天犯了罪，微臣自然也有责任，听候圣上如何处置！"

乾隆皇帝一听这话，脸色立刻变了。他十分明白，纪昀是给尹壮图求情来了，严厉说道："尹壮图犯上作乱，莠言朝廷，军机处已奏请定罪处斩。朕正在考虑如何处置，你今天竟然来替他求情？"

纪昀一看乾隆皇帝发怒的样子，心里有点害怕了，但事到如今，也只能进不能退了，并且皇上说过不会治他的罪，还是硬着头皮讲了下去："老臣不敢。"没想到，皇上大骂起来：

"朕量你也不敢。朕看得起你，以为你学才兼优，所以让你领纂《四库全书》，朕只不过是把你看成'娼妓'与'戏子'供养着，你为什么如此胆大参与国事？！"

这就是所谓开明皇帝骂他的重臣之言，以"娼妓"和"戏子"的身份蓄养着他，当然不能妄谈国事！乾隆皇帝一向被人称为英明皇上，竟然骂出如此不堪入耳的话语，真让人感到无比愤怒！但皇帝骂得再难听，纪昀也得恭恭敬敬地听着。作为一位一品官的礼部尚书，他也只能被皇帝视为奴隶一样进行羞辱和大骂，这纯属一位地地道道的封建暴君。纪昀屈节暴君多年，早知道他的嘴脸，挨几句骂是正常之事，更何况这次是铤而走险，不掉脑袋就谢天谢地了！

纪昀依然平静如常笑着说道："万岁爷别发火。微臣该死！微臣忠诚孝敬圣上多年，多次受到皇上的大恩大德，臣死而无怨！"

乾隆皇帝骂过后，也感到自己有些失态，怒气也渐渐地消了下去，缓声问纪昀："你究竟有何想法？注下说吧！"

纪昀说："臣本是为皇上而来。"

"此话怎讲？"乾隆皇帝的语气完全如往常一样。

"圣上，恕臣直言，尹壮图是个忠厚耿直的人，在群臣中人缘较好。他上疏言政，本是一片忠心，虽说有些言语不可信，且没有证据，但他的确是为了永固大清江山。奏请皇上防微杜渐，洞察秋毫，用心良苦。督抚长期占据一方，恐怕地方官吏贪污腐败挥霍一空，皇上防患未然，防微在先，可使政治清明，天下太平。军机处奏请处斩尹壮图，也属纠察言犯，法纪严明。臣冒死进言，军机处采取的措施是不得当的，圣上英明，千万不要批准军机处的奏请。"

乾隆皇帝表情甚严，仔细地听着纪昀的上言，问道："纪爱卿，怎么说出这种话？"

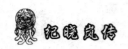

纪昀回答道:"圣上是开明皇帝,政治英明,广开言路,能够虚心听取并接受文臣意见,文武大臣,都能够效死为皇上服务。尹壮图的用意,是在想使朝廷防微杜渐,而军机处如此严刑苛责,使群臣望而生畏,以后谁人还敢再议论朝政?如此做法是陷陛下于不义,望陛下明察。"

乾隆皇帝似有所悟,说道:"此前我皇祖治国六十年,政治清明,而有的臣下奉行不善,玩忽职守,遂产生诸多弊端,使得财政亏空。我父皇欲改变此局面,不得不采取一些过激的措施,实乃是出于万不得已。朕看现在的臣僚百官,看到朕以宽大为治,不免产生放纵之心,务必严明法度,整顿纲纪。我先辈之宽严相济,乃审时度势,至当不易之成宪,后世子孙岂能处此以求天下之道乎?"

纪昀连忙接着说:

"圣上所言非常英明,从古至今,帝王不费尽心机何以饶民?没有威严何以治国?圣上能够审时度势,宽猛相济,恩威并施,是古代帝王所无法比拟的。以臣看,军机处拟斩尹壮图,量刑失当,皇上肯定知晓,决不会应允。尹壮图之案,如今群臣皆翘首观望。皇上若准了军机处所奏,定会使群下猜测,滥传谣言。不如宽大处理,臣下都会感到万岁宽宏大量,敢于揭露私弊。心存不轨小人之辈,自会小心翼翼,不敢以身试法,诚如是国家则是政治清明,永业千秋。臣心存精白,无稍杂以二三。恭谢天恩,伏祈睿鉴。"

纪昀说罢,又一次施礼叩拜乾隆皇帝。在尹壮图一案中,乾隆皇帝本来就感到自己有点感情用事,有些地方太过分了,经纪昀这么一番吹嘘,反倒不忍心拿尹壮图开刀了,于是说道:"朕依据爱卿意思,免去尹壮图一死。"

乾隆皇帝的确驳回了军机大臣和珅等人的请求,下旨把尹壮图革职。如果让尹壮图继续留在京城,倒成了皇帝的一块心病,于是乾隆皇帝就说尹壮图老母已年逾花甲,尹壮图要留在京城,则不能尽到赡养母亲的责任,实为不孝,就勒令尹壮图返回原籍云南省蒙自县。

和珅想把尹壮图置于死地的阴谋没有得逞,后来得知是纪昀在为尹壮图开脱罪责,心中大为恼火,但他始终抓不着纪昀的把柄,所以也无可奈何。

二、国士获释

1. 和珅案

嘉庆四年正月三日卯时,乾隆皇帝在乾清宫晏驾。第二天,也就是正月四日，嘉庆皇帝下达命令，全部削掉和珅的军机大臣、九门提督官衔。正月十五日，皇帝又一次下达命令并宣布了和珅二十条罪状。经审查和抄家核实，和珅私产总共白银九亿两，是中国自古以来未曾见过的富豪。嘉庆皇帝感到非常吃惊，当时人们编成了一句顺口溜"和珅跌倒，嘉庆吃饱"。最后和珅被判了死刑，引起了朝廷上下很大的震动，同时对和珅及其死党进行了彻底清算。那些长期受和珅抑制且深受他迫害的朝廷官员，终于也挺起了腰杆，纷纷上书，揭露和弹劾和珅及其余党的罪行。

这时，纪昀也接连上了两次奏书：一是奏请恢复已故御史曹锡宝的名誉；二是奏请恢复原任内阁学士尹壮图的名誉，这两位朝廷的忠实大臣都必须平反昭雪。

曹锡宝那年参劾和珅的走狗刘全倚仗和珅的势力，招摇撞骗、逾制营建房舍，乾隆皇帝怀疑他受了纪昀的指使，目的是攻击和珅，以参劾事实不清的罪名革职。过了一年多，在乾隆五十七年正月，他含冤而死。

现在和珅被处死，刘全的家也随之被查抄共计二十多万银两，完全证实了曹锡宝的参奏是正确的。曹锡宝被革职问罪，纯属一桩冤案。嘉庆皇帝看过纪昀的奏书，当即为曹锡宝案在正月间下了诏谕：

> 前已故御史曹锡宝，曾经参奏和珅家人刘全倚势营私家资丰厚一事，彼时和珅正当声势薰灼之际，举朝并无一人敢于纠劾，而曹锡宝独能抗辞执奏，殊为可嘉，不愧诤臣之职。今和珅治罪后，查办刘全家产竟有二十余万之多，是曹锡宝前此所劾信属不虚，自宜加之优奖，以旌直言。曹锡宝着加恩追赠副都御史衔，并将伊子照加赠官衔，给予荫生。该部照例办理。

对于纪昀上奏的尹壮图的冤案，嘉庆皇帝也是在同一天下了谕旨：

> 前原任内阁学士尹壮图，曾以各省仓库多有亏缺，藉词弥补，层层朘削，以致民生受困之处，具折陈奏。其事虽查无实据，而所奏实非无因，似此敢言之臣，亟宜录用。尹壮图前以礼部主事请假回籍，着富纲传知尹壮图，令其即行来京，候旨擢用，并准其驰驿。

过了两个月，尹壮图回到了京城，立刻到纪昀的家中拜望纪昀。纪昀设宴款待了他，尹壮图感激万分，在吃饭时两人谈到和珅等人，尹壮图深有感触地说："和珅专制掌权二十多年，朝廷内外的大臣们，没有不对他趋炎附势的，唯有老宗师您

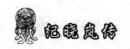

和大学士王杰、刘墉及朱珪、铁保、玉保，最终不曾受他压抑和制止，刚正不屈，壮图我把你们作为楷模。在下承蒙宗师垂爱，奏请皇上召弟子回京师。壮图复出以后，定不会忘记宗师栽培提携之恩。"

纪昀语重心长地对尹壮图说："楚珍啊，刚才的语言欠思虑。虽然皇上处治了和珅及其同伙，也有彻底整顿吏治的决心，但和珅专权任职的时候，广结党徒，朝廷的上上下下，有几个不与和珅有点瓜葛？人家都说法不治众，事情究竟如何还难预料，千万不可再鲁莽行事。要学会看风使舵，顺水行船啊！"

尹壮图听了纪昀这肺腑之言，连连点头。嘉庆皇帝处死和珅的果断措施，确实让许多贪赃枉法的官吏，尤其是和珅的余党不寒而栗；同时也激发了一些刚直忠正的官员，勇敢地上疏言政，弹劾和珅等人的罪行。尹壮图刚回京后，深受这种环境的熏陶，情绪激昂，仍然带有些迂直和固执，不听纪昀的劝告，老病重犯，又开始上疏奏请嘉庆皇上，清查各省旧的规章制度，铲除贪官污吏。他奏折言语恳切，忠正之心仍有，报国之情可嘉。

嘉庆皇帝看完尹壮图的奏折，随即下了一道谕旨，尹壮图看了皇上的谕旨，不免大失所望。

> 陋规一项，原不应公然以此名目达于朕前，但为县于经征地丁正项，以火耗为词，略加平余；或市集税课于正额交官之外，别有存剩；又或盐当富商借地方官势，出示弹压，年节致送规礼；其通都大邑差务较繁，舟车夫马颇资民力，皆系积习相沿，由来已久，只可将来次第整顿，不能概行革除。今若遽行明示科条，则地方州县或因办公竭蹶，设法病民，滋事巧取，其弊较向来陈规为甚。……且所谓廉洁重臣，一时既难其选，倘所任非人，权势过盛，尤属非宜，况令周历各省，传集绅士父老，询问年规数月，俾之逐一证明，尤觉烦扰纷歧，未协政体。

尹壮图的忠正之心和爱国之情，一下子灰飞烟灭。他把心中的积愤，讲给纪昀听。纪昀听罢劝道："楚珍，你呀你呀，叫我说你什么好呢！你上疏陈奏诸事，皇上哪能不知道？自然会设法治理。你上疏言劾，忠正可靠，但皇帝如果看后有不悦的地方，再给你定个纷言乱政的罪行，你怎么担当得起呀？依我看，嘉庆皇上对敢说的大臣，未必真有重用的意思，你可要学会谨慎从事啊！"

尹壮图无言回答纪昀。纪昀又接着问道："吏部有消息没，皇上准备任你什么职？"

尹壮图说："还没有听到任何消息。"

"好吧。待我向吏部尚书朱珪打听一下再说。"纪昀又说。

次日纪昀早朝以后，见到吏部尚书朱珪，悄悄地向他问了问尹壮图任职的事。朱珪与纪昀是一年中举的，第二年他就成了进士，比纪昀早两届。他曾给嘉庆皇帝侍讲古文、古体诗，是嘉庆皇帝名副其实的老师。嘉庆继位后，对朱珪礼遇颇隆，已将他提拔为大学士兼吏部尚书。

朱珪知道纪昀不喜欢问这类闲事，如今见他亲自探问，一定是因为他和尹壮图的深厚友谊，便偷偷告诉他说："根据我听到的消息，皇上是有意任用尹学士，但他连续几次上疏，直陈弊政，一矢中的，得罪了很多人，皇上恐怕恢复原职之后，他再挑起事端。再说皇上对和珅等人的处置，已渐渐显露出宽容、饶恕之意，看来尹学士被重用的事不太好办啊！"

纪昀听了朱珪的这番话后，表示赞同。回到本部衙门，马上收到皇帝降下的一道通谕。其中有一段话："……朕所以重治和珅罪者，实为贻误军国事务，而种种贪黩营私，犹其罪之小者。是以立即办理，刻不容缓，初不肯别有株连，惟有儆戒将来，不复追咎既往，凡大小臣士，毋庸心存疑惧。"

通谕降下，有些因受和珅牵连而心有余悸、恐惶不安的贪黩营私的大小臣工，立刻振作了起来，纷纷上书拜谢圣恩，已经和从前一样的"平静"。就是嘉庆皇帝在宣布和珅二十大罪状的上谕中亲自点名的人，都没有判罪。纪昀、刘石庵、刘权之、王杰、朱珪等人心中愤然生气，但谁也不敢说三道四。他们也搞不清楚嘉庆皇帝的心里到底是怎么想的！

2. 归乡里

不久，翰林洪亮吉做了领头羊，投石问路。洪亮吉写书投给亲王等人，指斥嘉庆帝不按习惯推迟早朝，恐怕有"俳优近习，荧惑圣听"，又论和珅之党羽不问，大臣之有罪释放不当。这下把皇上惹恼了。嘉庆终于原形毕露，并谕令军机大臣和刑部一块查问洪亮吉。军机处准备以不恭敬皇帝的罪名对洪亮吉处斩，嘉庆降谕从宽免死，发配去伊犁。

纪昀和洪亮吉，也是知根知底的朋友。乾隆四十九年，纪昀充任会试副考官。洪亮吉这年参加礼部会试，他的房师祥庆，做事拖泥带水，洪亮吉的试卷最后阅完且三场的试卷都最后才报送主考官和副考官。恰好纪昀阅过洪亮吉的试卷，对他极为欣赏，一定要把他的名次排到第一。但这时全科的名次已基本排定，一动将全动，其他考官们也不太乐意，这样一来麻烦事就来了。内监试郑澄坚决提出疑义，他说洪亮吉的试卷最后阅完，现在要排他为第一名，里边一定有问题，坚决要把洪亮吉排到第四十名。纪昀固执己见，不依不饶。于是，两人便大吵起来，最后竟出口伤人，互骂起来。纪昀是何等人物，把郑澄骂了个狗血喷头，十分难堪，闹得正

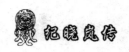

考官蔡新德无法解决。后来还是副考官胡高望平息了此事，最后把洪亮吉除了名。纪昀的火气还是未消，在洪亮吉的试卷最后，题写了六首《惜春词》，张榜后，纪昀来不及回家，赶紧去了洪亮吉的住处来访，倾诉心中不平，使洪亮吉十分感激。下届会试，洪亮吉中了进士，进了翰林院，这样他和纪昀便常来常往，成了挚友。

洪亮吉这次被治罪戍边，纪昀心中自然抱有不平，但在专制的嘉庆皇帝面前也敢怒不敢言，只得眼睁睁地望着洪亮吉被发配去伊犁。

纪昀也明白了：嘉庆皇帝与他老爹是一丘之貉。他特意制作连环砚铭提醒自己：

> 连环可解，我不敢；知不可解者，以不解解之。

纪昀的这句连环砚铭，变成了他以后生活中为人处世的哲理。

嘉庆四年四月，皇帝降下一道谕，任命了尹壮图一个有衔无权所谓给事中的虚职，并命令他放假返回原籍。尹壮图对此气愤且闷闷不乐。别的且不用说，就说皇帝用的这一招，确实没有超出纪昀的预料：嘉庆皇帝怎么会重用尹壮图这样耿直迂钝的人呢？但让纪昀认为十分可笑的是，皇帝谕旨中的一些话：

> 前因原任内阁学士尹壮图曾奏各省仓库多有亏缺，经派令庆成带同尹壮图赴近省盘查，各督抚等冀图蒙蔽，多系设法弥缝掩饰，遂至尹壮图以陈奏不实降调回籍，此皆朕所深知。且礼部尚书纪昀等人奏请开复，是以降旨令其驰驿来京，另候擢用，今尹壮图到京，具呈谢恩。具军机大臣面奏，尹壮图现有老母年逾八十等语，尹壮图籍隶云南，距京师较远，既难迎养，若有留京师供职，则母子万里睽违，朕心实有所不忍。尹壮图以前尚属敢言，着加恩赏给事中衔，仍令驰驿回籍待母，他年再候旨来京供职。

纪昀怎能忘记，乾隆五十五年尹壮图被以"诬官诬民诬皇上"的罪名治罪，多亏自己冒死在乾隆面前苦苦哀求，并让皇上羞辱了一顿，才给了他一条生路。但乾隆皇帝还是对尹壮图抓住不放，怕他在京城挑起事端，又以不孝的罪名加以谴责，对他施以压力，最后尹壮图被迫返回了原籍云南。

现在，嘉庆皇帝又封了尹壮图一个给事中的虚衔，匆忙地将他打发回籍，名义上是不忍心让他们母子分离，做一个孝敬的儿子，多么让人感到可笑！乾隆皇帝用严词色厉的态度责斥，嘉庆皇帝用仁慈为怀的态度同情，都是以孝母为借口，责罚而不重用吗？尹壮图此次离京城，将永远失去了起用的机会。纪昀越想越气，心中更加憎恨嘉庆的专制，但这次再也不敢在皇帝面前替尹壮图苦谏了，只好叹息着为他送别。

一天，尹壮图来到阅微草堂与纪昀辞别，最后一次拜望对他恩深似海、生死难忘的老宗师。在尹壮图给纪昀叩头致谢时，花甲之年的尹壮图禁不住潸然泪下。

纪昀把尹壮图扶起来，两人面面相觑，沉默良久。随后，纪昀从自己嗜爱的九十九砚斋里找出一块古砚，对尹壮图说："我都知道了。什么话都不要说了，我想你这次回云南，不知哪天再入京城。我已是七十六岁的高龄，恐怕今日一别，将成永诀……我没有什么贵重的礼物送予你，这方古砚是宋代之物，我珍藏了多年，刘石庵多次向我索要，也没舍得给他。这次我把它送给你吧，作为诀别的纪念。"

尹壮图站起来，双手接过石砚，只见上面布满了旋涡状的小孔，非常可爱。侧面刻着纪昀自制的砚铭："石出盘涡，阅岁孔多，刚不露骨，柔足任磨。此为内介而外和。晓岚铭。"

尹壮图眼里含着泪说："多谢宗师厚爱，学生愧领了。只是在下还有一事相求，不知宗师是否答应？"

"答应，答应，何事你尽管说。"纪昀让尹壮图坐下说话。

"学生今天来拜见老宗师，本有两事，一是向您告别，二是学生想请老宗师为家母题写寿序。今年中秋节后，是我老母亲的八十寿辰，学生来京的时候，就有让您写寿序之意，几次来访，未曾开口，事情已到这种地步，学生不想在京城逗留。恳请宗师把寿序写好，学生回去时，一块儿带走。烦劳宗师，学生感恩不尽，来生图报！"

说罢，尹壮图向纪昀跪了下去。

"不必如此，不必如此，"不晓得纪昀是惋惜尹壮图的才能不能得以施展，还是悲伤从此一别恐无相逢之日，他此时的言语都有些语无伦次了。他说道："好好！我马上就给你写，今天你就可以带走。"

纪昀说完，拿出文房四宝来，稍事思索，开始挥毫泼墨，龙飞凤舞一蹴而就。尹壮图看了，面露喜色，感动地说道："恩师尽知吾心。此序非吾师不复能为！"

的确，这寿序的语意深刻，话里有话，表面上是盛赞尹氏母子卓然与古人争光的节操，实际上是对乾嘉父子虚伪面目的讽刺。而且含而不露，却又软中带硬，愤懑之情尽寓其中，使人无所瑕疵可挑。从中可以看出，乾隆、嘉庆二帝对于尹壮图如此忠正的大臣弃之不用而他求，那国家的弊政什么时候才能清除？和珅党羽依然逍遥法外，鱼肉百姓，百姓被逼无奈起而反抗，天下何时才能太平？纪昀"平生恒内愧"的哀叹，正是这个老于世故的"观弈道人"的内心呐喊，是"知不可解，以不解解之"的处世哲学的真实写照。

第十三章 一代文宗

一、晚年生活

嘉庆八年六月，纪昀八十寿辰。阅微草堂被修葺一新，大门上镌刻着两副新的对联，其中一副是刘墉手笔：

两登耆宴今犹健，五掌乌台古所无。

刘墉的这一对联相当有水平，他把纪昀一生的两项殊荣写了出来，一是他在乾隆五十年、六十年两次出席了乾隆皇帝的千叟宴，二是从乾隆五十年到嘉庆二年，纪昀五次专任或兼任都察院左都御史。有这种特殊经历的人，在中国历史上纪昀是绝无仅有的一个。

另一对联出自诗人、书法家梁山舟之手：

万卷编成群玉府，一生修到大罗天。

梁山舟的对联颂扬纪昀完成了《四库全书》的总纂，这一千秋伟业成就了一代文宗。两副对联互为补充，相映生辉。

阅微草堂的门楼，坐落于草堂院东北角，门向南开，面临大街。从门楼进来，一直向里走去，是一条直通后院的细细长廊。门的左面，即阅微草堂的前院。前院建有一假山，山的下面巧设一洞，名为"泄云洞"，可通向长廊，洞前有一花圃，于花圃周围，种有梅、兰、竹、树。于假山西面有一泓清水，叫作"凝碧池"。凝碧池的北面，就是纪昀的三间书房，从西自东，依次名为"绿意轩""瑞杏轩""静东轩"，在这三轩的墙壁上，爬满了藤萝，郁郁葱葱。自瑞杏轩穿过，就是草堂的中院，有五楹瓦房，中间为客厅，西侧为卧室，蔼云、卉倩曾经在这里居住。房前栽有两株海棠，长得尤为茂盛，枝杈已经爬上屋檐。由中间客厅穿过，就来到草堂的后院，东侧种有一株古朴的槐树，西侧种有一株高大的梧桐，所以树下的房屋，分别叫作"槐安国"和"孤桐馆"，马夫人和沈明玕生前在这里曾经居住。从后院和中院，都可以进入东面的长廊，直达大门口，长廊内挂有许多当时名人的书画。寿辰之前，纪昀把自己题咏宅邸的几首诗作，请书法名家装潢配成诗画，挂在廊内和室内。

阅微草堂

读书如游山，触目皆可悦。
千岩与万壑，焉得穷曲折。
烟霞涤荡久，亦觉心胸阔。
所以闭紫荆，微言终日阅。

绿意轩

杂树荫庭除，雨过如新沐。
晓日下檐际，枕席生微绿。
霜清水叶老，摇河一何速。
依依色不改，犹有凌寒竹。

槐安国

万古一梦觉，大千才瞬息。
七情纷扰攘，当境谁能识。
安知此树下，不有槐安国。
安知此天地，不在槐根侧。
真妄竟何有，辗转空疑惑。
且看向南枝，皎然映月色。
移榻坐轩楹，忘机两冥然。

孤桐馆

月出夜苍苍，秋色淡无际。
梧桐叶萧瑟，影落庭前地。
览景欲有吟，寂然无一意。
淅沥微风声，心情亦不寐。

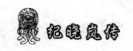

从修葺阅微草堂之事，可以看出纪昀此时心情的舒畅安适。事实上，纪昀到了晚年，同僚、同年、门生还有众多晚辈，来求书序跋、求墓志铭的人很多，有时感到难以应付。尽管如此，他还是不愿意流于应酬，还想实实在在地给他人办一点实事。这确实有些勉为其难。好在纪昀还有此精力，也乐于为之。是年春天，偶然见到赵谓川新修《安阳县志》，赞赏其"体例谨严，考证详确"，欣然为之作序。

> 今之志书，实史之支流，然一代之地志与一方之地志，其体例又不同也。故修地志者以史为根柢而不能全用史，与史相出入而不离乎史。其相沿之通弊，则莫大于夸饰，莫滥于攀附。一夸饰，而古迹人物辗转附会；一攀附，而琐屑之事迹、庸沓之诗文相连而登。

到了六月十五日纪昀寿辰之日，嘉庆皇帝大清早就命上驷院卿常贵到纪府来颁赐珍品，庆贺寿诞。纪昀自然感激万分，连忙复折感谢圣恩。

这天，亲朋故交，门生属吏，纷纷前来祝贺，寿联、寿幛、寿画、寿序……蔚为壮观。尤其是他的门生汪德钺上的寿序《纪晓岚师八十序》，更是别开生面，绝大多数寿文都称纪昀宏才博学，贯通古今，而汪德钺则极力盛赞恩师纪昀的德操。节录如下：

> ……顾吾师以才名掩德，自亲炙八年以来，窃窥见其神明阴相者，外人或弗克尽知，爰独为文以献……吾师居台宪之首，据宗伯、司马之尊，登其堂萧然如寒素，察其舆马、衣服、饮食备数而已，其俭也若此。精力绝人，巨细毕究，自束发以逮服官，书卷则寝食不离，落书亦钩考维严，其勤也又若此。性耽阒寂，不乐与名流征逐。公退后，闭门独坐，冲然自得，其静也若此。乃其宅心之厚，行事之恕，更仆数之不能终，姑举梗概言之。其好恶也，褒秋毫之善，贬纤芥之恶，迫于董茂安之性也。岂知改过自新者，记人之善，忘人之过。则又任定相之宽大矣。其煯煯于宗族故旧也，即囊无赢财，亦与之同饥寒而后慊心，是又许文体之纪纲同类矣……且吾师文章著述，足以传世，即山阪海诬，儿童走卒皆知之，又与致寿之源毫无比附，德钺是以略而不道也。

这从另一个侧面反映了纪昀的为人。

整整一天，阅微草堂门前都是熙熙攘攘、车水马龙，就连虎坊桥四面的大街上，都挤得水泄不通。

刘墉、彭元瑞、朱珪、庆桂、董浩、刘权之、王昶、永庆、保宁、沈初等众位臣僚，都在退朝以后前来祝贺。阅微草堂内，聚集了不下几百人。纪昀在瑞杏轩接待众位来客，客人们上完寿礼、寿序，品尝了一些瓜果茶点之类，便陆陆续续告辞了，只剩下亲朋好友和部院大臣们，则被让到中院的客厅内设宴款待。

客人中有位叫宋玉树的，是去年的新科进士，他住在近处，是走着过来的，还出了一身汗。他来到阅微草堂，进了瑞杏轩，看到里面已坐满了人，个个谈笑风生。他当着众人的面，拜见座师，然后献上贺礼，纪昀神采奕奕，满面笑意，热情款待自己的弟子。他说道："看你累得，快坐下歇歇，尊府在什么地方，肯定很远吧？"

"不远，学生没走多少路。寒舍就在恩师这阅微草堂的后面，仅一步之遥。"

"你就住在这后面？我怎么没听到过？"

"学生进京一年了，还没有置办馆舍，只在樱桃街小住一段时日。""噢？樱桃街？"纪昀又吃惊地重复一句，"天气炎热，有劳足下前来祝寿，多谢多谢，不过你这一来，倒为老朽解开了心中的疙瘩。"

宋玉树不明白是怎么回事，问道："学生不知何事？"

"噢！是这么回事，我这里有个对子，想了好长时间也没有想出下句来，你这一来，倒启迪了我，我突然想起来了，用你来对正合适。"

"用我来对？敬请老宗师赐教。"

纪昀用手摸着胡须，一本正经地说："是呀，非你莫属，这个句子就是'宋玉树小住樱桃街'。"

当时罗锅子刘墉也在人群当中，他明白纪昀不知又要拿谁开玩笑。他静静地听着，宋玉树说："恭请恩师赐教上联。"

纪昀依然一本正经地说道："这个上联嘛，就是'潘金莲大闹葡萄架'。"

"轰"的一声，人们都笑得前仰后合。恰在此时，一个叫林凤梧的门生也前来贺寿，他刚一进门，大家又大笑起来，这是因为林凤梧第一次拜访纪昀，纪昀问起林凤梧命名的含义。林凤梧回答说："在我出生的时候，母亲梦到一只凤凰，落在梧桐之上，所以给学生取名为'凤梧'。"

纪昀听后连忙说："哎呀，真险哪！足下真是幸运。假设不幸的话，如果梦见的是一只鸟，盘旋于芭蕉之间，则足下的名字便不会如此好听啦！"这个玩笑惹得大家都笑了。这次他刚一进门，人们马上又想起了这个笑话，所以又都大笑起来。

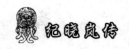

纪昀八旬寿辰刚刚过罢，皇上谕命署兵部尚书并教司庶吉士。为此，纪昀又写了谢恩折子，并且写得更加谦卑、恭谨、得体。写道：

> 窃臣庸材钝质，滥列卿班，承乏春官，涓埃未效。方温纶载锡，复畀兼摄中枢。伏思司马一官，总持戎律，事关武备，责任非轻。闻名自天，实深惭感。且欣且惧，莫可名言，至于词馆储才，首闻训迪，必宿儒硕学，始称斯官。臣学殖荒芜，文章奄陋。昔官翰林之日，分曹教习，已愧无功；今已衰年，得叨简任，使总司其事，尤梦想之所不期。臣惟有勉竭驽驷，殚心宿夜，以报高厚鸿慈于万一。

嘉庆八年七月，易县太平峪地宫终于竣工，孝淑皇后从静安庄转移到地宫安葬，嘉庆皇帝看到办事王大臣奏折内有"掩闭石门，大葬礼成"之语后，十分恼火，训谕道："尔等粗心疏忽，措词不经。此地乃皇考赐朕之吉地，非赐皇后，既闭即可复开，至'大葬礼成'，王大臣等又何忍出诸口，形诸笔墨？朝廷上实无真心办事之人，因循就俗，殊为勘忧！交吏部与宗人府严议！"只是对于纪昀，嘉庆皇帝却谅解了他，又特谕示："纪昀久任礼部，向来于典礼事宜尚为谙习，唯年已八旬，于各处事务不能兼顾，予以免议！"

正是由于嘉庆皇帝的特别恩典，才使得这位年已八旬的老臣免于罪行。

纪昀此时为官已久，阅历可谓深广。还有，他这时尽管年事已高，却精神依然矍铄不减当年，耳聪目明，对一切政事的处理，不但没有那种老迈昏聩丢三落四的行为，而且是件件桩桩紧要的事情都办得十分得体，毫无漏洞，这一点是为当时以及后来人所称道的。

嘉庆八年，纪昀主持礼部，为了表彰节烈妇女，向嘉庆皇帝上奏，提出个人意见，《请敕下大学士九卿科道评议旌表例案折子》如下：

> 窃惟旌表节烈，乃维持风化之大权，必一一允惬人心，方足以示鼓励。伏查定例，凡妇女强奸不从，因而被污者，皆准旌表。其猝遭强暴，力不能支，捆缚撑抑，竟被奸污者，虽然终不屈，仍复见戕，则例不旌表。臣愚昧之见，窃谓此等妇女，舍生取义，其志本同。徒以或孱弱而遭狂悍，或孤身而遇多人，强肆奸淫，竟行污辱，此其势之不敌，非其节之不固。卒能抗节不屈，捍刃捐生，其心与抗节被杀者实无以异。譬如忠臣烈士，誓不从贼，而四体縶缚，众手把持，强使跪拜，可谓之屈膝贼庭哉？臣掌礼曹，职司旌表，每遇此等案件，不敢不照例核

办。而揆情度理，于心终觉不安；质之众论，亦多云"未允合无"。仰恳皇上天恩，饬交大学士九卿科道公同详议。如悯其同一强奸见杀，而此独遭之不幸，与未被奸污者略示区别，量与旌表，使人人知圣朝奖善，略迹原心，于风教似有裨益。如其中果有不可旌表之情理，为庸耳俗目所不能测者，亦玥白指驳，宣示中外，以祛天下后世之疑。是否有当，伏祈训示！

一位年近花甲的老臣，办事不因循守旧，而能据理力争，以理服人，替受到污辱遭受损害的妇女主持公道，不愧晚年的清名。

二、与世长辞

嘉庆九年，纪昀次子汝传提升为滇南知州，孙子树馨也升任刑部陕西司郎中，一门三世同受恩宠，纪昀又上谢恩折子，云：

伏念臣年逾八秩，职列六卿，精力渐颓，涓埃未效。自惟衰朽，方内省而多惭，何意鸿慈，尚频加而未已。前者老臣子汝传已以写官之隶，荐登州牧于滇南；今兹臣孙树馨又以任子之班，旋擢星郎于比部。九重锡福，骈联在两旬之中，三世叨荣，忭庆集一堂之内。捐糜莫报，感愧难名。臣惟有共矢忠诚，互相劝诫。虽曰才同樗栎，请慎勤亦务尽乃心；明知蹇以驽骀，少壮老惟各惮其力，以仰酬高厚深仁于万一。

嘉庆十年正月二十六日，由于纪昀主职礼部以来，功绩卓著，于是命以礼部尚书、协办大学士、加太子少保，管国子监事。纪昀激动之余，又呈递谢恩折子，感谢皇上的恩遇。

纪昀受了风寒，在床上连躺了三天没能起床，这是他从乌鲁木齐被赦回京之后，几十年来第一次因病卧床不起。这使儿孙们非常担心，都来到他的床前。

午睡醒来后，他把三子汝似、四子汝亿和几个孙子叫到床前，对他们说道：

"我自三十一岁步入翰林，到如今已经历了五十个春秋。在领纂《四库全书》时，得以遍读世间群书，人生旅途，可谓知矣。有几句话，你们要切记心中。"

说罢，他连续咳嗽了几下，然后慢慢地把姚安公临终时讲给他的"四莫"遗言

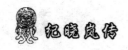

吟咏了一遍：

> 贪莫断书香，富莫入盐行；
> 贱莫做奴役，贵莫贪贿赃。

纪昀停顿了一下，又问道："你们都记住了？"

在场的儿孙们都含泪点了点头。

嘉庆皇帝听说纪昀患病，命御医到纪府来给纪昀治疗。几天之后，纪昀病愈了，就又能上朝执事了，不过这时是坐着轿子，或"紫禁城骑马"。纪昀的老朋友刘墉，却在此时去世，享年八十五岁，赐谥"文清"。

刘墉去世后，纪昀十分伤感。还好，纪昀还有一位老朋友朱珪。

二月四日，纪昀和朱珪两位老人连骑进入内阁，同赴翰林院，一时传为佳话。这是因为，纪昀这年八十二岁，任职协办大学士；朱珪这年七十五岁，任职体仁阁大学士，堪称两名老年相国。纪昀、朱珪二人的家乡一个河间，一个大兴，同属于畿辅，乾隆丁卯科一同参加乡试，闱中本定朱珪第一，后来改为纪昀，而朱珪名列第六。后来，纪昀领纂《四库全书》，朱珪担任颙琰师；晚年又同廷称臣。两位老人又是终生不渝的好朋友。

二月十日，纪昀再次得病，十三日，朱珪亲自登门探视。纪昀拉着朱珪的手说："不是什么大病，只是口中有些痰罢了，朱公请放宽心吧！"

二月十四日，纪昀昏睡了整整一天，气息十分微弱。掌灯之后，纪昀醒来，精神尤为振奋，两眼炯炯有神。他对一直守护在身旁的汝似、汝亿说："生死聚散，是人之常情。我今年已八十有二，即使死去，也称得上是长寿了。我死后，你们不要过分悲痛，丧葬之事，一切从俭，切不可铺张浪费。上次卧病之时，我把要说的话都说了，你们要牢牢记住，传给子孙后代，我也就放心了。"

汝亿的媳妇看到纪昀醒来，连忙端来莲子羹。汝亿接过来，倚在老父亲的床边，用羹匙一勺一勺地喂给他喝。喝了有小半碗，他摇头不喝了，咳嗽了几声，清了清嗓子，用低弱的声音缓慢地说道：

"我想出一个对子，你们来对对看！"

不等孩子们说什么，他就吟起来：

"莲（怜）子心中苦"。

说罢闭上了双眼。汝似、汝亿看父亲已气息奄奄，哪里还有什么心思去对老父亲的对联？但又不忍心违背，就站立在一旁，假装思索。

纪昀睁开眼睛，这时声音更低了，几乎听不到：

"何不……对，对'梨（离）儿……腹……内……酸'。"

说毕，合上了双眼，溘然长逝。一代文宗结束了他的一生。

董浩、刘权之等人，依照他生前的愿望，合写了一副挽联：

> 浮沉宦海同鸥鸟，生死书丛似蠹鱼。

纪昀逝世时，是二月十四日酉时。

嘉庆皇帝听到消息，十分悲痛，马上在二月十五日发布恩诏，云：

> 协办大学士、礼部尚书纪昀，学问淹通，办理《四库全书》始终其事，十有余年，甚为出力。由翰林荐历正卿，服官五十余载。本年正月，甫经擢襄纶阁，晋锡官衔。遽闻溘逝，深为珍惜。着加恩赏给陀罗经被。特派散秩大臣德通，带领侍卫十员，前往赐奠，并赏广储司库银五百两经理丧事。其任内降革处分，俱予开复。所有应得恤典，该衙门察例具奏。钦此。

嘉庆皇帝亲自为纪昀撰写了《御祭文》和《御赐碑文》，对纪昀的一生才德功劳评价极高。

碑文部分云：

> ……尔原任太子少保、协办大学士、礼部尚书纪昀，稽古淹通，致身靖献。求惟实是，河间家有藏书；举辄先登，日下名无虚士。阶基清贯，班历华资。遂荷先帝特达之知，独蒙学问素优之誉。一麾出守，剧任恐掩传才；四品加衔，殊恩特邀破格，嗣瑶华之远贡，正玉局之宏开。美富罗四库之储。编摩出一人之手。红梨照院，校雠夜逮于丙丁；青楼濡毫，品第月呈其甲乙。遍搜浩博，只字刊讹。别采菁华，片言扼要。似此集成今古，备册府立大丈；皆其全力始终，尽儒臣之能事。荐叨异数，惟懋赏于内廷；不囿常资，预升庸于上列，试惟甫侍，端尹施跻。俄待割于西班，伦敷丹阙；继襄犹于南省，绶绾金章。乌署提纲，伊威棱以持霜简请云晋秩，领俊采而圣冰厅。凡国家典礼攸行，胥宗伯直请是矢。有嘉谟砍资辰告，位权大仪；虽硕学难折卒卿，望孚金仪。屡司文柄，三典春官。鉴秉虚公，市近而门如水；体崇雅正，氄及而眼天花。……既饰终以赐祭，复褒美以易名。敏而好学可为文，固实华之并茂；授之以政无不

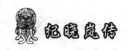

达，矧齿德之兼尊，式被嘉称，用彰令范。……

嘉庆皇帝于碑文中盛赞了纪昀："学问贯通，素优士林；总纂《四库全书》，为册府置雄文，极尽儒臣之能事；主持文柄，为朝廷从优选士；尽职礼部，位称大仪。最后总评纪昀道："敏而好学可为文，固实华之并茂；授之以政无不达，矧齿德之兼尊。式被嘉称，用彰令范。"所以纪昀谥号"文达"。在那时，作为一个臣子能够寿终正寝，并且能够得到皇帝亲赐祭文和碑文，这实在可以称得上备极哀荣了。

依照纪昀的生前遗嘱，丧事办得尤为节俭。随葬品只有一串朝珠，共三十八颗；一顶玉制帽盔以及他生前的印盒、玉蝉等少许物件。

那时，献县崔尔庄纪家坟地十分狭窄，并且祖茔都是依次排列，但是纪昀是当朝重臣，墓地应有的设施无法安排设置，于是纪氏家族商定，决定重新选定墓址。从纪昀开始，墓地移到了崔尔庄西南家六里的北村南宝地。墓向朝东，呈携子抱孙式的排列格局。纪昀以下是他的四个儿子汝佶、汝传、汝似、汝亿的坟墓。

纪昀陵园共占地一百多亩，墓地前面是苍松翠柏，葱郁茂盛。在它的外围是高大的白杨树，纪昀的坟墓便在陵园的正中央，占地约二百多平方米，高约八九米，如同一个大土丘。坟墓前有一块高大的"蛟龙碑"，嘉庆帝《御赐碑文》就刻在正面，高约四米，宽一米，厚四十厘米。碑前有供祭品用的石案、石炉。前面是宽阔的神道，神道两旁有相对的气势恢宏的石人、石马、石骆驼……神道的最头处立着一块高大的石碣，在它的正面刻着一行镏金大字："皇清太子少保协办大学士礼部尚书纪文达公神道碑。"碑旁有一块下马石，清代制度规定，凡路经此地的官员，不论品阶高下，文官下轿，武官下马，以表达崇敬之意。